Alexander Krex

3,345108 Millionen

BERLINER

Von denen hier einige erzählen, wer sie sind,
wie sie leben und was das alles soll

Illustriert von Francisca Ruff

ROGNER & BERNHARD

1. Auflage, September 2013
© 2013 by Rogner & Bernhard GmbH & Co. Verlags KG, Berlin
ISBN 978-3-95403-024-8
www.rogner-bernhard.de

Umschlaggestaltung: Francisca Ruff / Wednesday – Paper Works
Layout und Herstellung: Leslie Driesener, Berlin
Gesetzt aus der Goudy Oldstyle Std
durch omnisatz GmbH, Berlin

Druck und Bindung: CPI – Clausen & Bosse, Leck
Printed in Germany

Berliner

Anton

Da läuft ein Mann mit Brillengläsern so dick, dass sie traurig machen, er läuft am Wasser entlang, irgendein mit der Spree verbundener Kanal, er läuft durch Schneematsch, ein buntes Strickkäppi auf dem Kopf, die Haare darunter orange, die Hose längs gestreift. Sein Körper leicht gebeugt, der Gang wirkt schwermütig. Mit einem kleinen Handzeichen grüßt er einen vollschlanken Herrn, der in beiger Steppjacke auf dem Fahrrad vorbeirollt. Der Mann mit den dicken Brillengläsern ist längst kein Junge mehr, nicht mal mehr ein junger Mann, aber er sieht wie jemand aus, der immer noch damit hadert, dass er einfach so in diese Welt gespuckt wurde.

Ich: Entschuldigung? (Pause) Entschuldigung, sprechen Sie Deutsch?
Mann: Ja, schon.
Ich: Darf ich Sie was fragen? (keine Pause) Ich bin … Ich schreibe ein Buch über Berliner …
Mann: Ich bin kein Berliner. Ich komme aus Ingolstadt.
Ich: Na, das ist egal. Ich porträtiere Leute, führe Interviews, die Leute müssen nicht aus Berlin sein. Sie müssen nur hier sein.
Mann: (bleibt stehen, schaut, er schielt)
Ich: Ich quatsche einfach Typen auf der Straße an, die interessant aussehen. So findet man die besten Leute, manchmal.
Mann: Ich weiß nicht, ob ich der Beste bin.
Ich: Na ja (lacht). Also wenn Sie Lust haben, könnten wir … wir könnten reden, ich lasse ein Tonband mitlaufen und tippe das dann ab und beschreibe auch so ein bisschen, wer Sie sind und was Sie machen und so. Was würden Sie mir denn erzählen?
Mann: Hhmm, also … Geld kommt vom Amt … und sonst, Wohnung ist alles okay, das funktioniert. Ich male.
Ich: Aha? Zu Hause? Oder wo malen Sie?

Mann: Ja.

Ich: Und … also nur, wenn Sie Lust hätten … würde ich Sie mal besuchen, dann können Sie mir alles erzählen.

Mann: Ja, aber heute ist schlecht, so jetzt gleich …

Ich: Nee, heute sowieso nicht, ich bin ja gerade joggen, ich schwitze und hab auch gar nichts mit. Sie können ja …

Mann: Du kannst auch du sagen. Ich bin Anton.

Ich: Alex.

(Handschlag)

Ich: Wie machen wir das denn jetzt, ich hab blöderweise nichts zum Schreiben mit, auch kein Handy. Hhm, haben Sie irgendwie … Stift oder so … Ich sollte halt immer einen dabeihaben.

Anton holt sein Handy raus, es war vielleicht mal weiß, das Display war nie größer.

Anton: Also (tippt), A-l-e-x, schon wieder einer.

Ich: Vielleicht schreiben Sie noch »Buch« dahinter, wenn Sie so viele Alexe kennen?

Anton: (tippt: Buch)

Ich: Sie können mich … also du kannst mich einfach anklingeln, ich ruf dann zurück. Kein Problem, du hast ja bestimmt Prepaid, oder? Okay?

Anton: Okay. (fummelt unbefriedigt in seinen Jackentaschen rum) Hab ich denn gar nichts?

Nach einer Weile zieht Anton eine Postkarte aus der Innentasche, die aussieht, als trage er sie schon eine Weile bei sich. Er hält sie mir hin. Die Karte zeigt zwei mit rotem Lippenstift bemalte Fäuste, auf den Fingern der Hand links steht FUCK, auf denen der Hand rechts YOU. Ich denke: Vielleicht ist Anton ja gar nicht traurig. Vielleicht sind seine vorsichtig wirkenden Schritte wohlüberlegt gesetzt. Er weiß anscheinend, wo er hinwill in dieser Welt. Zumindest weiß er, wo er nicht hinwill.

Ich: Ist doch viel besser als eine Visitenkarte, echt. Dann bis bald! Du meldest dich …?! (wartet kurz) Also … wenn du Lust hast … Schönen Spaziergang noch, auf jeden Fall.

Anton: Ja. Pass auf beim Joggen, fall nicht hin.

Ich: Werd's versuchen.

TOI, TOI, TOI.

Edith

Berlinchen heißt der Laden, er ist fünf Minuten vom Hauptbahnhof entfernt. Eine »Alt-Moabiter Kneipe«, so steht es auf dem Schild, in einer Schrift, die wohl Altdeutsch sein soll. Vor der Tür flattert ein roter Schultheiss-Sonnenschirm, im Fenster blinkt ein *Open*-Schild, ein 0,3er Bier kostet 1,90 Euro. Hier ist noch früher.
Hinter dem Tresen aus dunklem Holzimitat steht Edith. Ihre Haare sind blondiert, an ihrer Bluse sind nicht wenige Strasssteine festgemacht. Edith trägt Armreifen, Ohrringe, Ringe – so viele, dass sie klappert, sobald sie sich bewegt. Wenn ihr was nicht einfällt, immer dann, wenn andere mit den Schultern zucken würden, lässt sie ihre Hand auf den Tresen fallen, dass es kracht. Ediths Gesicht hat Kneipenpatina, dagegen arbeitet hellblaue Schminke, sie gibt ihr etwas Jugendliches. Seit 1959, das heißt, seit sie existiert, lebt Edith in Tiergarten, fast genauso lange steht sie hinterm Tresen. Ihre Welt, das sind drei Spielautomaten – einen davon haben zwei dicke Automatenexperten gerade auseinandergebaut –, Fußballschals, Kindl, Schultheiss, Futschi, ein Schild: »Kein Bier vor vier«, ein weiteres: »Kampftrinker im Einsatz«. Irgendwo in dieser Welt läuft ein Hit-Radio. Die Biergläser sind bauchig, am Fenster steht eine Vase mit einer einzelnen Blume.
An diesem sehr frühen Donnerstagnachmittag gehören noch zwei Personen zu Ediths Welt. Ein Namenloser, der mit ein paar Papieren und einem 0,4er Schultheiss am Ecktisch sitzt, und der andere, Bernd, der sitzt direkt bei Edith am Tresen. Bernd wohnt gleich um die Ecke, er ist immer da, wenn Edith da ist. Bernd mit der halboffenen Lederweste, unter der man ein bedrucktes T-Shirt erkennt. Könnte ein Pferd sein oder ein Löwe.

Edith: Du bist doch eigentlich immer da, wa Bernd?
Bernd: Na ja, nich immer, ick hab ja ooch zu Hause wat zu tun.
Edith: Wir leben von unsern Stammgästen, is ja nich mehr wie früher. Früher

standen se in drei Reihen anne Theke. Heute is nich mehr ville los. (Edith schaut jetzt sehr ernst, hebt die rechte Hand und reibt Daumen gegen Zeigefinger) Früher hamse mehr verdient.

Bernd: (guckt vom Kreuzworträtsel seiner *BZ* auf, überlegt kurz) Früher standen se in drei Reihen anne Theke.

Edith: Im Moment komm eh nich ville. Dit Wetter is noch so schön, da sind viele in ihrem Jarten. Im Oktober oder November renkt sich dit aber allet wieder ein, da komm denn mehr. Am Samstag wird mal Darts jespielt, denn is ooch voll. Denn kommt mal 'ne Weihnachtsfeier, denn is ooch voll. Am ersten Weihnachtsfeiertach ham wa immer zu, da is Familie. Am zweiten is wieder uff. Silvester ham wir sowieso uff, und Neujahr is zu.

Um elf macht dit *Berlinchen* uff, denn bin ick hier, immer bis sechzehn Uhr. Spät mach ick nich mehr, nur noch janz selten, wenn se einen brauchen. Ick bin ja Springer. Manchmal is bis fünfe morgens uff, manchmal is ooch schon um neune Schicht. Dit kann ick gar nich sagen, dit is so wat von unterschiedlich. Kommt echt druff an: Wenn da kurz vor Schluss noch ma so 'ne Kolonne rinnkommt, is halt länger uff. Manchmal komm ooch Touristen. Wir hatten schon Schweden, Dänen und ooch Amerikaner, aber kannst nich sagen jeden Tach. Die Touristen komm hier eigentlich nich rinn. Viele fragen, ob wa wat zu essen haben. Aber dit dürfen wa ja nich, weil wa 'ne Raucherkneipe sind.

Bernd: Aber 'ne Pizza kannste dir nebenan holen und hier essen. Dit jeht. (schüttelt den Kopf)

Edith: Jut, ab und zu werden ooch mal freitags Bouletten jemacht. Und wenn die Handballer am Wochenende nach'm Training komm, jibt's ooch mal wat. Wat hatte se letztet Mal jemacht? Weißwürschte mit Brezeln. Aber wenn dit Ordnungsamt vor de Tür steht, muss man janz schön bezahlen.

Der Namenlose am Ecktisch hakt höflich ein, er wolle nicht stören, sagt er, aber er hätte gerne noch ein Schultheiss. Edith nickt, was heißen soll: Kommt sofort!, und hält ein bauchiges Glas unter den Zapfhahn.

Edith: Bevor ick hierherkam, hab ick inne Badstraße jearbeitet, gleich um die Ecke. Die Kneipe hieß *Zum fröhlichen Zecher*. Da war Bernd ooch immer. Dit

Haus hamse aber vollkommen saniert, da hamse Wohnungen draus jemacht. Da war noch 'n Jemüseladen und 'ne Fußpflege drin. Jibt's nich mehr. Alle raus. Ick wohn aber immer noch hier, und ick jeh aus dem Kiez ooch nich raus. Der Laden heißt ja erst seit ein paar Monaten *Berlinchen*, die alte Chefin hat uffjejeben. Der neue Chef hat noch zwee andere Läden inne Nähe vom Ku'damm. Die alte Telefonnummer hamm wa übernommen und ooch sonst allet. Der Neue wollte nichts verändern. Is allet beim Alten jeblieben. (Edith klopft auf das dunkle Holzimitat) Toi, toi, toi.

Yuko

Als ich das erste Mal hierherkam, war es so dunkel wie jetzt. Ich habe das Licht gesucht und wurde ein bisschen panisch, weil ich es nicht finden konnte.

Yukos Stimme hallt durchs Treppenhaus. Sie greift in die Dunkelheit, was man nur erahnt, weil ihre Daunenjacke ein Geräusch macht. Das Licht brennt nur, wenn unten einer auf den Schalter drückt, dann ist es vielleicht eine Minute hell. Yuko sitzt ganz oben, eine halbe Treppe über dem Plattenladen *Hardwax*, auf einer Stufe mit marmoriertem Linoleum. Hierher kommen Kunden, um eine Zigarette zu rauchen, das Fenster zum Hof steht offen, gegenüber leuchten Lampen in Küchen.

Dann kam ein anderer Kunde, machte Licht, und ich bin hinter ihm die Treppe rauf. Techno ist mein Job, deshalb musste ich unbedingt herkommen, das *Hardwax* gehört für mich zu den wichtigsten Plätzen in Berlin. Der Laden ist eine Techno-Institution, nicht nur hier, sondern weltweit. Jeder, der irgendwie mit elektronischer Musik zu tun hat, kennt den. Es ist wie eine Pilgerstätte, die du gesehen haben musst. Wenn Freunde in der Stadt sind, nehme ich sie oft mit her, auch wenn sie keine Platten kaufen wollen. *Hardwax* hat diese sehr berlinische Ästhetik, dieses Underground-Feeling, die nackten Betonwände.

Yuko ist Japanerin, vor drei Jahren ist sie von Tokio nach Berlin gezogen, jetzt vermittelt sie Berliner DJs in ihre Heimat. Dort, am anderen Ende der Welt, ist die Stadt mit dem legendären *Berghain* so bekannt, als läge sie auf einer kleinen Insel vor der japanischen Küste. Seit Yuko hier ist, läuft in Tokioter Clubs noch mehr Berlin-Techno als vorher.

In Plattenläden habe ich fast alles über Musik gelernt, was ich weiß. Du redest mit den Verkäufern und den anderen Leuten im Shop. In Japan kleben auf vielen

Platten kleine Zettel, auf denen steht, wer der Künstler ist, wo er herkommt und wer sie produziert hat. So lernt man eine Menge, nur indem man mit den Händen durch die Cover wandert. In Tokio gibt es kaum noch solche Läden. Früher bist du da hingegangen, du kanntest die Leute, und sie kannten dich und wussten, was du hörst. Sie konnten dir Platten empfehlen, die du wahrscheinlich nie selbst aus dem Regal gezogen hättest.

Um ihren Job gut zu machen, muss Yuko sich auskennen, deshalb ist sie ständig im *Hardwax*. Die Platten stehen nach Labels geordnet in unspektakulären Pressholzboxen, es gibt Plattenspieler zum Reinhören und an manchen Tagen auch eine Warteschlange davor. Hinter der weißen Plastiktür ist die Kundentoilette, die muss sein, weil Leute hier nicht nur einkaufen, sondern Lebenszeit verbringen. Die Atmosphäre ist familiär, als Yuko vorhin reinkam, hielt gleich einer hinterm Tresen eine Platte in die Luft, weil sie mal gesagt hatte, dass sie die gern hätte.

Ich versuche, regelmäßig herzukommen, so zweimal im Monat. Meistens kaufe ich fünf oder sechs Platten. Zu Hause habe ich ungefähr tausend, eigentlich viel zu viel für mein kleines Zimmer, aber das war schon immer so. Als ich noch in Tokio lebte, hatte ich um die dreitausend, bevor ich hergezogen bin, habe ich die meisten verkauft. Nur die, die ich wirklich mag, habe ich nach Berlin verschifft, vielleicht siebenhundert.

Yuko ist sechsunddreißig, sie trägt Turnschuhe und Jeans, an ihren Ohrläppchen hängen große silberne Ringe. Ihre gewellten Haare sind zu einem Zopf gebunden, weil es kalt ist, drückt sie die Knie aneinander. Wenn Yuko zuhört, ist sie Japanerin, dann nickt sie mit dem Kopf und bestätigt jeden gesagten Satz mit einem tonlosen, aber energischen »Mmh«, es zeigt an, dass sie bei der Sache ist. Als Teenager lebte Yuko sieben Jahre lang in Australien, dort hat sie Englisch gelernt. Zurück in Japan, arbeitete sie als Dolmetscherin für Musikmagazine.

Ich glaube, es war 2005, da hat jeder Musiker von Berlin erzählt: dass er gerade da war oder bald hinzieht oder einfach dass es dort wahnsinnig cool sei. Irgendwann wurde ich selbst neugierig, auch weil ich mich damals immer stärker für Techno interessierte. Ich habe dann auch Musik aus Berlin entdeckt, den House-Produzenten Henrik Schwarz zum Beispiel. Seine Musik hatte viel Soul – das war gar nicht der Soundtrack, den ich mir zu dieser Stadt vorgestellt hatte. Berlin war für mich immer nur die Hard-Techno-City gewesen, der *Tresor*.

Das erste Mal kam ich 2007 für ein paar Wochen. Ich war überrascht, wie relaxt Berlin war, ich hatte es mir viel hektischer, enger und intensiver vorgestellt. Ich mochte den Look, so industriell und voller Graffiti. Ich fühlte sofort, wie liberal es hier war, so viele verrückte Leute, und niemanden schien das zu stören. Subkulturen faszinierten mich schon immer, Popkultur war nie mein Ding. Berlin war also perfekt für mich. Nicht durch und durch kommerziell wie all die anderen Städte im Westen.

Zweiter Hinterhof, Aufgang A, dritter Stock: Wer zu *Hardwax* will, läuft an vierzehn Mülltonnen vorbei, grüne für Glas, gelbe für Verpackung, braune für Bio, graue für Müll und orange für Datenträger.

Der erste Berliner Club, in dem ich war, war das *Watergate* an der Warschauer Brücke. Ich bin da alleine hin, einen Tag nachdem ich gelandet war. Ich wusste schon in Japan, dass DJ Dixon spielen würde, ich gehe nie zufällig irgendwohin, ich gucke mir immer das Line-up an. Es ist wie beim Kino, da weiß man ja auch, welcher Film läuft. Für mich als Bookerin ist Feierngehen immer auch Arbeit. Ich weiß ja nie, wann ich einen Künstler entdecke. Wenn da jemand ist, dessen Musik ich liebe, buche ich ihn für Japan. Es macht mir Spaß, guten Künstlern ein neues Publikum zu geben, das ist mein Job. Wenn ich im *Berghain* stehe, stelle ich mir vor, wie dieser oder jener DJ in meinem Lieblingsclub in Tokio oder Osaka auflegt. Gerade jetzt spielen übrigens zwei DJs, die ich gebucht habe, im *Circus* in Osaka. Wie spät ist es? (Yuko guckt auf ihr iPhone, das in einer neongrünen Gummihülle steckt) Vielleicht ist die Party gerade vorbei. Ich glaube, es sind sieben Stunden Zeitverschiebung, oder acht, ich komme immer durcheinander mit der Winterzeit hier. (Yuko zählt die Stunden an ihren Fingern ab) Ja, ich glaube, die Party ist zu Ende.

Mohammed

Auf Mohammed und seine Cousins ist Verlass, sieben Tage die Woche, vierundzwanzig Stunden. Einer von ihnen steht immer hinter der Theke; der Spätkauf am Mehringdamm gehört zur Familie. Es ist ein kleiner Laden, in der Mitte eine gewaltige Bierkastenburg, an der Wand Kühlschränke mit Glastüren, die blaues Licht aussenden. Der Rest ist mit Süßigkeiten und anderem Zeug vollgestellt, für 19,99 Euro kann man ein gebrauchtes Samsung-Handy kaufen. Eigentlich macht die Bezeichnung Spätkauf gar keinen Sinn, weil ja auch früh um vier einer da ist – Mohammed, wenn er nicht gerade Schule hat, oder eben ein Cousin.

Ich arbeite seit drei Jahren hier, der Laden gehört meinem Onkel, also er ist nicht direkt mein Onkel, aber sozusagen. Am Anfang habe ich nur mitgeholfen, irgendwann fing das an, dass ich Schichten alleine gemacht habe. Wir haben zwei Schichten, früh und nachts von null bis acht. Hier in der Gegend gibt es fast nur Studenten und Touristen, die kommen aus München, Aachen und so, für die ist das was Besonderes, die haben keine Spätis. Die kommen hier rein und sagen: Guck mal, ein Späti! Und dann freuen die sich, dass wir Tegernseer haben oder Club Mate, aber Sterni ist Nummer eins. Also Sternburger, das ist das billigste Bier, aber auch das berühmteste. Bei denen gibt es ab zehn Uhr keinen Alkohol mehr, das erzählen die uns manchmal. Außerdem haben wir vierundzwanzig Stunden Internet, da sind auch immer alle möglichen Leute da. In letzter Zeit vor allem Italiener und Spanier, die sprechen nicht richtig Deutsch, deswegen reden wir auf Englisch. Manchmal kommen auch Flüchtlinge her, aus Syrien zum Beispiel, mit denen reden wir natürlich arabisch.
Manche kommen auch zum Quatschen. Ich glaube, in diesem Haus gibt es nur Studenten-WGs, und zwei von denen sind, wie soll man sagen, schon Freunde geworden. Die sind Stammkunden, für die machen wir die normalen Preise, die gehen gar nicht mehr zum Supermarkt. Im Sommer chillen wir mit denen,

wir nehmen ein paar leere Kästen und setzen uns vorne auf die Straße, arabisch eben.

Mohammed ist Libanese, er ist neunzehn, nächstes Jahr macht er sein Abitur. Heute hat er einen blauen Pullover an, auf dem eine fette 36 steht, das ist eine alte Kreuzberger Postleitzahl. Mohammed hat kurze schwarze Haare, schwarze Nikes und einen Bartschatten in seinem jungen Gesicht. Gerade macht er Pause, er sitzt auf einem Bürostuhl im Hinterzimmer, zwischen Getränkekisten und Bildschirmen, an denen man für einen Euro die Stunde mit zu Hause chatten kann, wo immer das ist.

So ein Spätverkauf ist ähnlich wie die Läden im Libanon, in der arabischen Welt ist es ja so, da haben die Läden auch immer nachts offen. Mittags haben die aber zu, weil es zu heiß ist. Im Libanon gibt es viele Christen, das heißt, du bekommst auch in Beirut Alkohol. Aber ich bin Moslem, religiös gesehen ist es nicht so schön, dass ich hier Alkohol verkaufe. Aber was soll man machen? Manchmal denke ich … ich will jetzt auch kein Heuchler sein, ich sage nicht, ich bin der größte Moslem oder so. Aber ich denke schon darüber nach, was das heißt, die saufen sich hier voll und machen danach vielleicht irgendeinen Scheiß wegen mir. Ich trinke am liebsten Spezi oder Red Bull … voll viele meckern immer, dass die Energydrinks so teuer sind, aber die Miete hier ist ja auch hoch.
Es kommen sehr viele komische Leute, die sind auf Drogen oder stressen rum, oder wollen klauen. Manchmal lassen die hier extra was fallen, dann gibt's Streit. Aber wir versuchen, das nicht direkt mit Aggressionen zu lösen, außer wenn jemand angemacht wird. Aber sonst ist es eigentlich ganz cool. Gestern zum Beispiel haben ein paar Jugendliche versucht, was zu klauen, da haben wir auch nichts gemacht. Wir haben sie geschnappt, sie haben bezahlt, und dann war gut. Einen Überfall hatten wir noch nie … oder? (haut seinem Cousin auf die Schulter, der am Computer nebenan sitzt) Hatten wir schon mal einen Überfall gehabt? Traut sich jemand? (lacht) … Nee, ist noch nichts passiert, zum Glück. Aber gestern ist fast jemand gestorben, der kam zu uns in den Laden, war voll auf Drogen und so, dann ist er in die U-Bahn runtergegangen. Und dann haben wir von jemandem gehört, dass er tot ist. Wir kennen den, der war oft hier, der

war auf LSD oder so was, keine Ahnung. Die Feuerwehr hat ihn mitgenommen, aber wir sind uns nicht sicher, ob er wirklich tot ist. Wir haben schon in der BZ geguckt, aber da steht nichts drin.

Mohammeds Vater, ein Autohändler, ist seit 1978 in Berlin, Mohammed kam Jahre später mit seiner Mutter nach, da war er sechs. Seine drei jüngeren Geschwister sind hier geboren. Vorne im Laden läuft Musik: Hip-Hop, arabische Beats, Dance-Zeug, immer im Wechsel.

In Berlin ist es so, sorry, wenn ich das jetzt sage, aber wenn man Spätkauf sagt, denkt jeder an Kanaken. Also, ich meine, die meisten Läden gehören einfach Arabern oder Türken oder Kurden. Wir waren einer der ersten Spätkaufs am Mehringdamm, vier Jahre gibt's uns schon, wir hatten noch nicht einen Tag zu. Dann hat gegenüber einer aufgemacht und an der Ecke auch noch einer. Am Anfang dachten wir, es wird schlechter für uns, aber das stimmt nicht, es kommen immer mehr Leute hier lang, der Mehringdamm wird wie der Ku'damm. Zuerst hatten wir ein bisschen Streit mit den anderen, aber mein Onkel ist rübergegangen, und jetzt sind wir Freunde, wir helfen uns gegenseitig. Wenn uns was fehlt, gehen wir einfach rüber. In Neukölln ist das noch krasser, die Sonnenallee ist wie Arabien, die Leute dort ticken auch genauso. Die Imbissbuden da gehören fast alle Libanesen oder Palästinensern, Falafel und so. Ich esse Falafel nur bei meiner Mutter, nicht draußen, die machen das nicht gut. Aber das beste Hühnchen gibt's in der Sonnenallee, City Chicken, das ist auf jeden Fall das beste Hühnchen … City Chicken, kennst du nicht? Musst du mal hingehen.

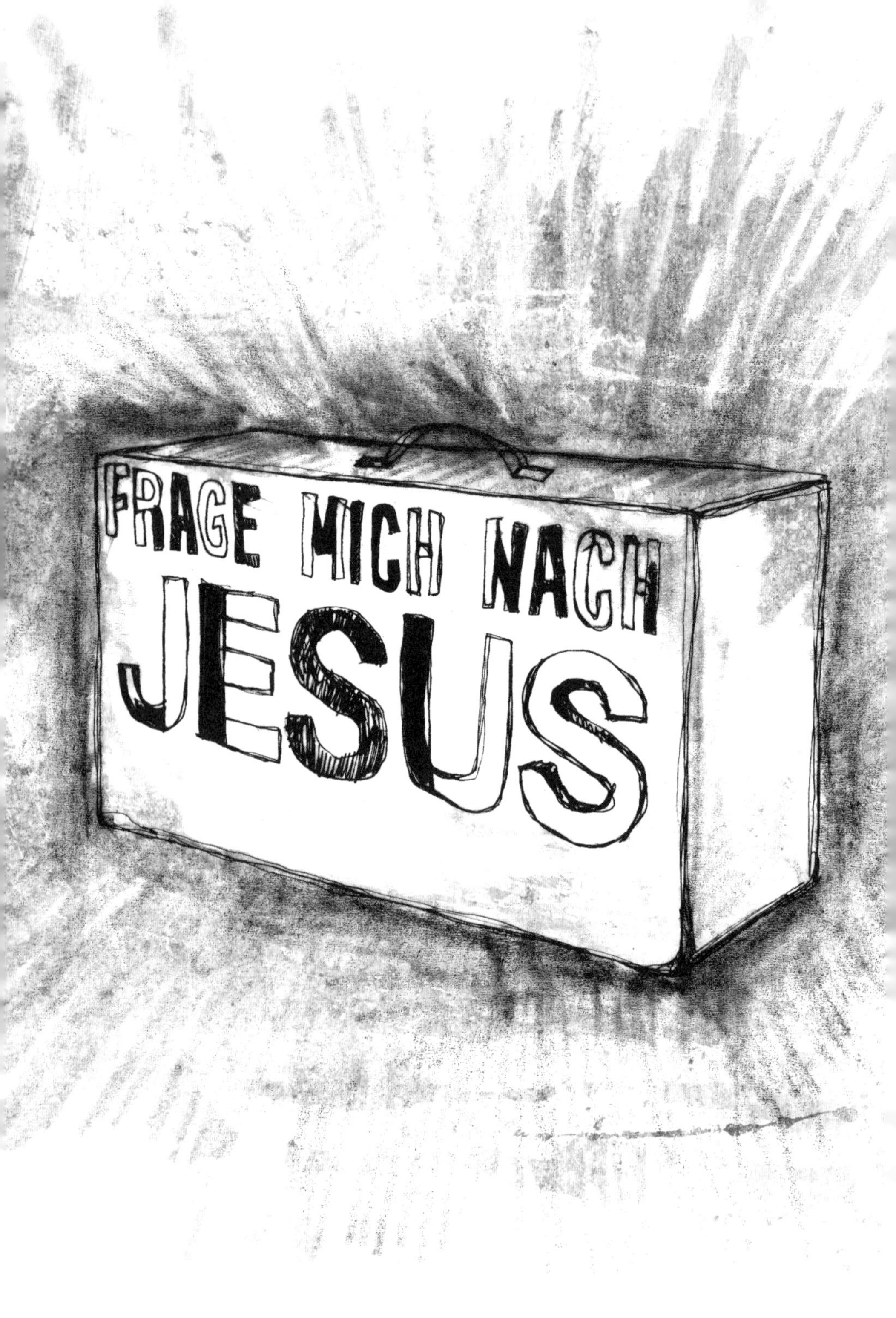
FRAGE MICH NACH
JESUS

Peter

Jedes Mal wenn Peter sich gegen die schräge Ebene in der anfahrenden S-Bahn lehnt, lehnt er sich auch gegen diese gottlose Stadt auf. Wie immer hat er seinen Koffer dabei, den mit dem großen Aufkleber »Frage mich nach JESUS«. Es ist ein Metallkoffer, Peter hat ihn im Baumarkt gekauft, eigentlich gehört eine Bohrmaschine hinein.

Wenn ich unterwegs bin, spreche ich nur zu meinem direkten Gegenüber, ich darf ja in der S-Bahn keine Predigt halten. Ich würde das schon gerne machen, aber ich muss mich an die Deutsche Bahn anpassen. Für alle Fahrgäste zu predigen wäre sicherlich effektiver, manche hören ja mit, auch wenn sie nicht so offen sind – aber sie hören. Und das Wort kehrt nicht leer zurück, bevor es ausführt, wozu es gesandt ist. Das Wort hat immer eine Wirkung. Ich bin nicht frustriert, wenn ich mit niemandem ins Gespräch komme, die Leute lesen ja zumindest, was auf meinem Koffer steht, dass Jesus Wahrheit ist. Die lesen, und da passiert was. Die von der S-Bahn wollten mir schon untersagen, mit meinem Koffer zu laufen. Da habe ich gesagt: Ich kann doch auf meinen Koffer raufschreiben, was ich will. Die sagen, das ist wie eine Werbung, und da ist ja ein Fünkchen Wahrheit mit drin. Ich stelle mich ja immer so hin, dass die Leute meinen Koffer sehen können.

Gerade steht Peter auf dem S-Bahnhof Westkreuz, direkt neben dem Asia-Imbiss, es riecht nach Bratnudeln in Sojasoße. Peter, fünfundsiebzig, blaue Baskenmütze, weißer Rauschebart, Wildlederanorak, zu kurze Stoffhosen, wenige Zähne. Er wartet auf die S-Bahn Richtung Innenstadt, seine Hände stecken in gefütterten Lederhandschuhen, in der linken hält er den Koffer.

Meine Aufgabe ist es, in der S-Bahn und U-Bahn umherzufahren und Zeugnis abzulegen. Im Sommer bin ich auch manchmal am Schlachtensee, wo die jungen Leute sitzen, da gehe ich zu denen hin und setze mich dazu. Und donnerstags oder freitags bin ich am Alexanderplatz, da gebe ich dann auch Zeugnis von Gott und von Jesus. Im Winter helfe ich abends in der Stadtmission am Hauptbahnhof Suppe austeilen. Da bin ich immer bis nachts unterwegs, und deshalb muss ich gut ausschlafen, damit ich denn am nächsten Tag wieder Kräfte habe. Deswegen fahre ich heute erst am Nachmittag los. Ich mache das seit ungefähr zwanzig Jahren, immer in Berlin. Gläubig bin ich seit einunddreißig Jahren.

Lautsprecher: »Sehr geehrte Fahrgäste, wegen Verzögerungen im Betriebsablauf wird der Zug S75 nach Wartenberg, Abfahrtszeit 13.09 Uhr, heute leider entfallen. Wir bitten um Entschuldigung.« Peter sind Durchsagen dieser Art egal, für ihn ist jede Bahn die richtige.

Ich steige immer vorne oder hinten ein, je nachdem. In der Bahn suche ich Augenkontakt, und wenn ich sehe, die sind gleichgültig oder gucken weg oder so, dann gehe ich weiter. Wenn die natürlich lächeln oder so oder mich wiederholt angucken oder länger auf meinen Koffer gucken, als es unbedingt nötig wäre, denn gehe ich auf die zu und suche das Gespräch. Und denn tut sich auch manchmal was. Meistens bin ich innerhalb des S-Bahn-Rings unterwegs, aber manchmal, wenn ich ein Gespräch habe und da fährt einer nach Ahrensfelde oder so, dann bleibe ich auch mit dem bis zur Endstation sitzen. Manchmal, aber das ist sehr selten, soll ich für jemanden beten. Dann bete ich für ihn. Und wenn jemand zum Glauben kommen will, spreche ich ihm Sätze auf dem Bahnsteig vor. Und wenn er die nachspricht, denn kann ich ihn nur beglückwünschen, weil er jetzt eine Entscheidung getroffen hat für die sichtbare und unsichtbare Welt. Aber das ist äußerst selten, das kann ich an einer Hand abzählen. Der Letzte, der das gemacht hat, war ein Musiker, das war auf dem S-Bahnhof Griebnitzsee.

Die Bahn kommt, und Peter steigt ein, letzter Waggon, ganz hinten. Der Ablauf ist immer gleich: Er steht im Türraum, den Koffer auf Kniehöhe den Fahrgästen zugewandt. Kurz warten. Zwischen den Sitzen entlang zum nächsten Türraum, umdrehen, damit auch die den Koffer sehen können, die in die andere Richtung gucken. Kurz warten, umdrehen, weiter. Die Bahn hält, Peter steigt aus und sprintet zum nächsten Waggon. Er muss aufpassen, dass er sich

den Metallkoffer dabei nicht ans Knie haut – oder anderen. Im übernächsten Waggon spricht Peter einen jungen Mann mit Kapuze und Kinnbart an. Wahrscheinlich hat er zu lange auf den Koffer geschaut. Die Bahn quietscht so laut, dass man Peter zunächst nicht versteht.

Peter: … dann hab ich Yoga gemacht, Buddhismus, Hinduismus. Ich war politisch, Hippie, Anarchist, habe Drogen genommen. Immer auf der Suche nach dem Sinn des Lebens: Woher? Wozu? Wohin gehen wir? Seit mehr als dreißig Jahren bin ich gläubig, ich glaube an Jesus. Ich bin angekommen, und ich bin zufrieden.
Mann: Was ist denn in dem Koffer da drin?
Peter: In dem Koffer ist eine Bombe, Sprengstoff (kurze Irritation beim Mann), da ist die Bibel drin. Das ist ein Buch, das Kontroversen auslöst, Sprengstoff.
Mann: Das muss man gut einsperren, ja?
Peter: Ja, das ist da gut drin eingesperrt. Es ist natürlich auch gut zu lesen. (Die Bahn quietscht wieder sehr laut) … wünsche dir, dass du erkennst, dass es einen Schöpfer gibt. Dass es einen gibt, sieht man ja an der Natur. Und der Schöpfer will eine Beziehung zu dir haben, jeder Vater will ja zu den Seinen eine Beziehung haben. Er sagt ja: Kommet her zu mir alle. Wenn man darauf sagt: Och nö, ich weiß nicht, ich will nicht, dann ist man noch nicht bereit, dann muss man noch ein paar Kreise ziehen. (Quietschen) … Also, alles Gute, ja?
Mann: Ja, ciao.

Am Hackeschen Markt hat Peter die Spitze des Zuges erreicht, er steigt aus. Die nächste Bahn, die kommt, ist seine, Richtung egal. Lautsprecher: »Sehr geehrte Fahrgäste, wegen Verzögerungen im Betriebsablauf wird der Zug S5 nach Spandau, Abfahrtszeit 13.43 Uhr, heute leider entfallen. Wir bitten um Entschuldigung.«

Die Bibel ist Sprengstoff, weil sich daran die Geister scheiden, das geht ans Herz, das sind nicht nur Worte Gottes, die sind auch inspiriert. Ich habe die Bibel schon mehr als zwanzig Mal durchgearbeitet. Ich streiche mir die verschiedenen Inhalte an. Alles über Krankheiten und Heilungen mache ich mit Grün. Alles, was mit dem Heiligen Geist zu tun hat, mit Blau. Alles, was mit Verheißungen zu tun hat, also Gottes Versprechungen, das mach ich mit Gelb. Orange habe ich für Sachen, die allgemein hervorzuheben sind. Und Rot für Sachen, wo man aktiv sein muss.

Die Worte in der Bibel sind geladen. Und da gibt es natürlich auch Widerspruch, manchmal auch Aggressionen. Das ist anders, wenn ich über Buddhismus rede, da kann ich einen ganzen Vortrag halten, das ist in Ordnung. Aber bei Jesus ... dahinter stecken unsichtbare Mächte und Kräfte, die das immer verhindern wollen. Früher wurde ich auch angegriffen von Chaoten, meistens Leute, die mit Drogen zu tun haben. Durch die Drogen sind sie ja empfänglich für die unsichtbaren Geistwesen. Dann gibt es ja auch noch die Satanisten und Okkultisten und so weiter.

In zwei Minuten kommt die Bahn. Peter steht etwas gebeugt da und guckt aus seinen blauen Augen auf den Bahnsteig. Sein langer Bart verdeckt den Mund, aber seine Lachfalten sind so tief, dass man denkt, er würde immerzu lächeln.

Eine Welt, in der alle an Jesus glauben, wäre herrlich. Dann hätten wir Frieden, dann könnten wir die Polizei abschaffen, dann bräuchten wir kein Militär mehr, dann würde sich die Natur erholen. Weil wir ja sonst immer auf Geld und Profit aus sind und alles ausbeuten. Wir hätten hier paradiesische Zustände. Ich laufe ja nicht aus bloßer Freude mit meinem Koffer durch Berlin, sondern weil Erkenntnis verpflichtet. Wenn man etwas gefunden hat, von dem man weiß, das stimmt, das ist die Wahrheit, dann kann man nicht sagen: Na, mir geht es gut, ich habe alles, und die anderen haben Pech gehabt. Die können hier planlos rumrennen oder sich verführen lassen durch andere Sekten oder Alkohol.

Peter kennt das Berliner Nahverkehrsnetz so gut, dass er nie gucken muss, welche Bahn ihn wo hinbringt. Die Bahnsteige wechselt er blind. Jeden Monat kauft er sich ein Seniorenticket, das ist billiger. Seine Wohnung im Südwesten kostet hundertfünfundzwanzig Euro warm, ein Zimmer, kein Bad, Gemeinschaftsdusche. Seine Kochnische braucht er nicht, Peter isst nur Äpfel, Bananen und Orangen.

Ich bin Rohköstler. Ich werde nicht krank. Ich hatte schon jahrelang nichts mehr. Die Viren und Bakterien in der Luft haben gar keine Möglichkeit, wenn der Darm und das Immunsystem in Ordnung sind. Das hat Jahre gedauert, bis ich zur Rohkost gekommen bin. Ganz streng bin ich auch nicht, wenn ich in der Notübernachtung helfe, esse ich da auch mal eine Suppe. Fleisch esse ich auch ab und zu, aber sehr reduziert, weil das nicht gut ist wegen der Bildung von Harnsäure. Ich habe mich schon lange für Fragen der Ernährung interessiert. Ich habe drei Berufe gelernt: Mein erster Beruf ist Herrenmaßschneider, mein zweiter Masseur und mein dritter Fachkaufmann für das Reformhaus. Ich habe ein Reformhaus in der Pallasstraße in Schöneberg mit aufgemacht, *Peace Food* nannte sich das. Ich war auch mal Makrobiot, auf der Schiene war ich voll drauf. »Makros« heißt ja groß und »bios« ist das Leben, also: »das gesamte Leben betreffend«, das stammt von Professor Hufeland. An sich ganz gut, aber die garen fast alles, die haben die Sache mit der Rohkost und den Enzymen nicht richtig verstanden.

Im Fahrradabteil sitzt eine Frau mit Wasserflasche in der Hand, kann gut sein, dass sie gerade vom Yoga kommt. Sie nimmt ihre Sporttasche vom Nachbarsitz, und Peter setzt sich zu ihr.

Ich bin am Nollendorfplatz zum Glauben gekommen, da waren die Jesus People aus Amerika. Vorher war da immer irgendwie ein Vakuum. Aber die Leute dort hatten so eine Fröhlichkeit, so eine Freiheit, darüber habe ich mich gewundert. Die sagten: Jesus hat mich von Drogen frei gemacht. Da dachte ich: Hey, das ist schon erstaunlich. Ich habe gemerkt, da ist eine lebendige Kraft, das ist nicht nur eine Philosophie oder eine Theorie. Ich habe die Leute beobachtet, und das hat mich nach und nach überzeugt. Das hat aber gedauert, ich war arrogant, habe gedacht, dass ich voll durchblicke. Am Ende eines Gottesdienstes konnte man sein Leben Jesus übergeben, das habe ich dann 1981 gemacht. Das ging danach nicht aufwärts wie eine Rakete, aber ich war an der Angel Gottes, könnte man sagen, der hat mich irgendwie begleitet. So war das bei mir, bei manchen ist das ein großes Erlebnis, die weinen, machen ihre alten CDs kaputt oder so. Natürlich war das eine Sache des Heiligen Geistes: Niemand kann zum Vater kommen, als dass der Vater ihn ziehe.

Mein Suchen ist zu Ende. Selbst wenn ich heute meinen Körper verlasse, weiß ich, ich gehe von Herrlichkeit zu Herrlichkeit. Früher habe ich auch an Karma geglaubt, an die Wiedergeburt. Aber heute weiß ich: Ich werde nicht wiedergeboren, ich gehe nach Hause.

Peter wendet sich von der Frau mit der Wasserflasche ab und wird lauter. Er predigt jetzt auch ein bisschen für all die anderen, die hier im Fahrradabteil sitzen.

De jure, rechtlich, sind wir alle bereits mit Gott versöhnt. De facto wird das aber nur gültig, wenn man das weiß und annimmt. Andersgläubige … na ja, die bemühen sich. Die suchen auch, die haben sich vom Materialismus schon getrennt, vom Atheismus haben sie sich auch schon getrennt, also die sind schon irgendwie angerührt, sie sind suchend und ahnend. Im Koran steht zum Beispiel, in der vierten Sure, Jesus ist gar nicht am Kreuz gestorben, sondern ein ihm Ähnlicher. Jesus sei vorher entrückt worden, das geht natürlich nicht zusammen. Das hat nichts mit Intoleranz zu tun, es sind einander diametral gegenüberstehende Aussagen, die können nicht beide wahr sein. Und die Buddhisten, die suchen ein anderes Bewusstsein, die meditieren. Aber es ist eine atheistische Philosophie, die kennen keinen Schöpfergott, Ziel des Buddhismus ist das Nirwana, die Transformierung des Menschen. Aber Gott sagt, die Erlösung kann nur von oben kommen. Der konnte das ja auch nicht anders wissen, der Buddha, der war ein Königssohn, der … (die Frau mit der Wasserflasche steht auf) Sie müssen raus, ja? Na dann, alles Gute.

S-Bahnhof Charlottenburg, die Frau steigt aus. Peter auch, er rennt zum nächsten Waggon.

Ich habe nach dem Sinn des Lebens gefragt. Deshalb habe ich mich ja als Autodidakt mit Philosophie befasst, ich habe mit einem Taschenbuch angefangen, Plato. Zuerst hatte ich die Griechen im Visier, Sokrates und Mark Aurel und so weiter. Ich habe alle Antiquariate durchforstet, weil ich nicht viel Geld hatte. Ich bin auch manchmal an die Universitäten gegangen und habe dort gehört.

Später kam ich zum Buddhismus, ich habe neun Monate in einem buddhistischen Haus in Frohnau gewohnt, dort habe ich für einen Mönch aus Ceylon gekocht. Der Buddhismus war quasi mein Einstieg in die Religion. Ich hatte gemerkt, dass die Philosophen nur im Vorzimmer der Weisheit sind. Die können über die entscheidenden Fragen kaum Auskunft geben. Wobei es auch Philosophen gibt, die gläubig waren, wie Kierkegaard oder Max Scheler.

Peter hat dieses sprunghafte, immer lauernde Autodidaktenwissen. Er ist all die Wege schon einmal gegangen, die in der Rückschau nichts als Umwege waren. Alles nur, damit er den Leuten in der S-Bahn seine Abkürzung verraten kann: Jesus. Die Sache ist nur, dass die meisten in dieser gottlosen Stadt lieber auf ihr iPhone gucken oder sogar aus dem Fenster.

Dann kommt natürlich meine Hippiezeit noch ins Spiel und die Drogen. Ich habe ja sieben Jahre lang Drogen genommen, von 1968 bis 1975, Cannabis indica oder sativa, also Haschisch, und LSD, im Laufe der Zeit so ungefähr zehn Trips. Die jungen Leuten haben gesagt: Was du da mit deiner Meditation machst, das erreichen wir mit unseren Psychodrogen. Um da mitreden zu können, habe ich das probiert. Das war schon ... also, das war schon bewusstseinserweiternd, das muss ich schon sagen. Man nimmt mehr wahr. Wenn man reines Cannabisharz raucht, pur mit dem Glaspfeifchen (macht eine Rauchgeste, wobei er wie Popeye aussieht) ... dann wirst du wach (Peters Augen werden ganz rund, er hebt die Hände und lächelt schräg), und du kannst wunderbar kommunizieren, hast auch eine gewisse Ruhe irgendwo ... also das waren schon tolle Erlebnisse. Na ja, heute würde ich das nicht mehr empfehlen. Die Leute von damals sind teilweise schon tot, einer ist aus dem dritten Stock gesprungen, der hat überlebt, ist aber ein Krüppel. Da hat ihm wohl ein Geist gesagt, dass er fliegen kann oder irgendwas. Man ist ja nicht mehr Herr seines Denkens und Wollens. Man kommt mit der Geisterwelt in Kontakt, und es gibt ja nicht nur Engel, mit denen alles positiv ist, es gibt auch Dämonen.

Ein blondes Mädchen mit bunter Strickmütze lächelt selig, als Peter seinen Koffer präsentiert. Sie gibt sich als Gläubige zu erkennen und wird ein wenig

rot, weil die anderen Leute sie angucken. Peter erwidert, sie solle treu bleiben, weil es keine Alternative zu Jesus gebe. Dann geht er weiter, mehr muss er hier nicht sagen.

Den Koffer hatte ich nicht immer. Erst hatte ich nur einen Button, so wie der (öffnet die Jacke und zeigt auf den Button an seinem blaukarierten Tweedjackett: »Deine Chance, Jesus Christus«). Später hatte ich eine Umhängetasche mit einem großen Aufkleber. Der Koffer ist aber am besten, weil ich den auch von der Seite bekleben kann. Ich gehe eigentlich nie ohne den Koffer aus dem Haus, da bin ich nicht so zufrieden, da fehlt mir was. Also, ich muss irgendwas haben, woran die Menschen erkennen, den kann man auf Jesus ansprechen. Ich muss mich schon orten lassen.
Gott liebt alle Menschen, er liebt auch die Berliner. Aber er leidet natürlich an dem, wie der Satan hier die Menschen manipuliert, in die Irre führt, durch die Drogen kaputtmacht, durch ihr Internet oder durch falsche Philosophie. Also, Gott sieht ja alles, der sieht ja, was hier abläuft. Und wenn das Maß der Sünde voll ist, dann ist irgendwann auch mal Ende.

Die Zugspitze ist erreicht, Peter ist mal wieder angekommen. Er steigt aus, stellt seinen Koffer auf den Bahnsteig und versucht den linken Klappverschluss zuzumachen. In letzter Zeit klemmt er ein wenig.

Jürgen

Es sind keine schlechten Menschen, die Jürgen gegenübersitzen, das Einzige, was sie von den meisten unterscheidet, ist, dass sie irgendwann in ihrem Leben etwas Verbotenes getan haben. Manche waren lange im Gefängnis, bevor sie zu Jürgen kommen, andere müssen ins Gefängnis, wenn sie nicht kommen.

Menschliches Verhalten ist ungeheuer vielfältig, oft irrational, oft unvernünftig … eben menschlich. Ich habe gelernt, dass auch die schwersten Straftäter erstaunlich (zeichnet Anführungszeichen in die Luft) normal sind. Kein Mensch wird als Straftäter geboren, das hat immer eine Geschichte. Ich habe ganz selten mal jemand, wo ich sage: Huch, wo kommt das denn her? Wenn es hoch kommt, haben vielleicht fünf Prozent meiner Probanden so was wie kriminelle Energie. Bei den anderen ist es eher das Symptom einer Fehlentwicklung, emotionale Defizite, kalte Elternhäuser, Gewalterfahrungen, überforderte Eltern oder eine Suchtproblematik in der Familie. Wie frei ist der Wille des Menschen? Das überlege ich mir inzwischen immer öfter. Es ist sehr schwierig, aus den immer gleichen Verhaltensmechanismen rauszukommen und sich andere anzueignen.

Jürgen ist Bewährungshelfer, ein großer Mann mit großen Händen, er ist sechsundfünfzig, hat braune Augen und einen grauen Fünftagebart. Sein Pullover ist rot, seine Brille eckig und ohne Rand, während eines Gesprächs nimmt er sie manchmal ab und legt sie vor sich auf den Tisch. Jürgen drückt sich genau aus, damit sein Gegenüber die Chance hat, ihn zu verstehen. Er ist ein exakter Typ, einer, der eine Scheibe Brot bis in alle vier Ecken mit Butter bestreicht.

Ich hatte so gut wie nie Angst, das Problem ist mehr die Fantasie. Wenn man die Klientel nicht kennt, glaubt man, da ist das Böse auf einem Haufen oder in einem Menschen vereint. Ich bin jetzt sechsundzwanzig Jahre dabei und kann mich an einen einzigen erinnern, der mir nicht geheuer war, weil ich ihn als so aggressiv erlebt habe. Es ist aber nichts passiert. Neben der Straftat gibt es immer auch die rein menschliche Seite, die mit dem Verbrechen erst mal nichts zu tun hat. Die Menschen, die zu mir kommen, können sympathisch, humorvoll und auch empathisch sein. Letztlich ist die Straftat selbst auch ein menschlicher Akt. Manchmal gibt es natürlich Gewaltdelikte, die man sich kaum vorstellen kann, so brutal, so exzessiv. Das sind Gott sei Dank die Ausnahmen, hätte ich nur solche Fälle, könnte ich die Arbeit gar nicht machen. Es wird auch darauf geachtet, dass so etwas gleichmäßig unter den Kollegen aufgeteilt wird. Am Ende ist es eine Mischung aus Eierdieben, Wirtschaftsbetrügern, Suchttätern und Totschlagsdelikten bis hin zum Mord. Um welche Delikte es sich auch handelt, solange jemand nicht versteht, warum er straffällig geworden ist, ist die Gefahr der Wiederholung groß. Deswegen machen wir auch das, was man Tataufarbeitung nennt. Warum soll sich was verändern, wenn jemand gar nicht weiß, warum er hier vor mir sitzt? Es gibt Leute, die eine lange Strafe abgesessen haben und immer noch nicht verstanden haben, warum. Nicht weil sie nicht wollen, sondern weil sie nicht können. Ich muss natürlich auch respektieren, dass jemand vielleicht gar nicht über die Tat sprechen will, gerade wenn es eine schwere Tat war. Manchmal klappt das erst im zweiten Jahr. Es ist natürlich eine Zwangsbeziehung zwischen mir und ihnen, es gibt eine gerichtliche Auflage, aber wenn es gelingt, das Vertrauen aufzubauen, tritt der Zwang in den Hintergrund.

Jürgens Büro liegt im zweiten Stock eines hellen Justizgebäudes mit Säulen am Eingang und breiten Türen auf den Fluren. An den Zimmerwänden hängen Poster von Kunstausstellungen, der Stahlschrank voller Akten steht hinter der Tür, im Bücherregal lehnt die Strafprozessordnung. Auf der Straßenseite gegenüber ist das Amtsgericht Wedding, ein grauer Kasten mit rotem Ziegeldach und grün gewordenen Kupfertürmchen.

Im Moment betreue ich sechsundsiebzig Probanden. Der erste Kontakt ist meistens bei mir im Büro, es kann aber auch sein, dass ich jemanden in der Haft besuche, kurz bevor er entlassen wird. Die meisten Probanden sehe ich im ersten Jahr einmal monatlich, danach seltener, wenn es gut läuft. Wir sehen uns mindestens zwei Jahre lang, eher drei, in Einzelfällen bis zu zehn Jahre. Es sind wirklich lange Zeiträume, was aber nicht heißt, dass ich allen sehr nahekomme. Ich komme einer Person nur so nahe, wie sie mich lässt. Wichtig für mich ist die professionelle Distanz. Das heißt natürlich nicht, dass mir das immer hundertprozentig gelingt, manche Schicksale berühren mich besonders. Ein junger Mann zum Beispiel, damals Mitte zwanzig, war wegen Totschlags verurteilt. Das war jemand, der aus einem kalten Elternhaus kam, der die Liebe der Eltern immer vergeblich gesucht hat. Irgendwann fand er Anschluss an eine ältere Frau, die ein Mutterersatz für ihn wurde, vom Alter her hätte sie auch seine Großmutter sein können. Sie hat ihn quasi als Enkel adoptiert, und er hat alles für sie gemacht, eingekauft, geholfen und so weiter. Dann ergab sich eine Situation, in der sie ihn beschuldigte, sie bestohlen zu haben – was nicht stimmte. Diese Beschuldigung hat er nicht ertragen, das hat ihn so aus der Fassung gebracht, dass er sie im Affekt erstochen hat. Er hatte sich so sehr gefreut, endlich ein emotionales Zuhause gefunden zu haben, hat sich für die Frau abgemüht und dann das. Der hat sich seine Tat nie verziehen, er hat sehr gelitten. Das ging mir nahe.

Heute ist Uwe gekommen, wie immer sitzt er an dem quadratischen Tisch mit der hellen Holzplatte. Es ist Montagvormittag, vor dem Fenster biegen sich Weddinger Birken im Wind. Uwe war zwei mal zehn Jahre im Gefängnis, JVA Tegel, zuletzt wegen versuchten Mordes. Seit elf Jahren ist er wieder ein freier Mann. Uwe ist klein, hat kurze graue Haare, ein spitzes Kinn mit Bart und eine runde Brille. Sein linker Handrücken ist tätowiert, ein durchbohrtes Herz, rot. Eigentlich muss Uwe schon lange nicht mehr mit Jürgen reden, aber er will, er hatte Ärger mit der Polizei, den muss er loswerden.

Uwe: Ick habe meinen Führerschein verloren … das ist eine Geschichte, da hat mich meen Leben einjeholt. Vor ein paar Wochen war ick bei meinem Sohn, der ist Dauerkiffer, und ick bin da ja ooch nicht abjeneigt, also haben wir beede dranne jezogen. Nachts um halb vier bin ick nach Hause, und direkt vor der Haustür standen die Bullen, die Polizei. Schwenken die Kelle, Alkoholtest, okay, zwee Gespritzte hatte ick, also logischerweise roch ick nach Bier. Beim Pusten hatte ick 0,7 Promille, also musste ick mit zur Wache, sollte dort warten und noch mal pusten. Nach einer Stunde hatte ick unter 0,5 Promille, das ist nicht mehr strafbar. Aber beim Warten hat der Polizist ein bisschen auf seinem Computer rumjedrückt und mal jeguckt, wer hier eigentlich vor ihm sitzt. Da sieht der mich auf einmal an und fragt: Wird dit jetzt hier jefährlich? Ick sage: So lange wie ihr mich in Ruhe lasst, wat soll denn da jefährlich werden? Ick sitze hier und warte, dass ick dit zweete Mal pusten kann. Da sagt der: Wenn Sie schon mal hier sind, jeben Sie doch gleich mal 'ne Urinprobe ab. Da sage ick: Und wenn ick nich will? Na ja, sagt der, dauert zwee Stunden länger, dann haben wir einen richterlichen Beschluss, dann kriegen wir die sowieso. Also Urinkontrolle … da waren einundsiebzig Nanogramm THC drin. Daraufhin habe ick jekriegt: vier Wochen Führerscheinsperre, drei Punkte in Flensburg, tausendzweihundert Euro Geldbuße plus fünfhundert Euro MPU-Gutachten.

Die Medizinisch-Psychologische Untersuchung hat Uwe bestanden, mehrere spontane Urinkontrollen waren sauber, den Führerschein hat er trotzdem nicht wiederbekommen. Er braucht ihn aber, weil sein Job daran hängt, jetzt kümmert sich eine Anwältin darum. Uwe sitzt in seiner schweren Lederjacke da und erzählt seine Geschichte mit kratziger Stimme. Jürgen hört zu, zieht die Augenbrauen hoch, nickt, hört, reibt das Kinn, hält Augenkontakt, brummt zustimmend, nimmt die Brille ab, legt sie vor sich auf den Tisch. Als Uwe seine Hände auf den Tisch sinken lässt, hüpft die Brille ein wenig.

Uwe: Ick hab meinen Führerschein jetzt seit 1989. Ick bin mal jeblitzt worden, okay, mit sechsunddreißig in der Dreißiger-Zone, aber ansonsten bin ick im Straßenverkehr noch nie mit irgenwat uffjefallen, weder Unfälle, noch hab ick Leute übern Haufen jefahren. Ick habe drei Jahre im Behindertenfahrdienst jearbeitet, ohne Fehler, ohne Mängel. Ick verstehe die Bestrafung, die is völlig okay, aber das tiefe Loch, dass die jetzt graben, das finde ick verkehrt. Ick bin und bleibe, wer ick bin. Den Rucksack meines Lebens werde ick nicht mehr los … Mir wächst keen Heiligenschein.

Jürgen: Die Führerscheinstelle kann das so entscheiden, wenn sie das für richtig hält. Die zielen offensichtlich auf Ihr Vorleben ab. Was ich Ihnen aber trotzdem dringend empfehle: Lassen Sie das Kiffen im Zusammenhang mit dem Autofahren.

Uwe: Hab ick ooch immer jemacht. Wenn ick wusste, ick muss Montag fahren, hab ick Freitag, Sonnabend schön einen durchjedampft, und denn wusste ick, dass mir am Montag nichts mehr passieren kann. Aber jut … jenau vor der Haustür standen die, jenau davor … Ick würd's ja so handhaben wie Holland, 2,4 Millionen Kiffer in Deutschland können sich nicht irren (lacht). Halb Tegel ist voll mit Typen, die im Suff ihre Leute totjeschlagen haben. Ick kenne keen einzigen, der das bekifft jemacht hat … ick kenne keen, und ick war einundzwanzig Jahre in Tegel.

Uwe hat sich warm geredet, er zieht seine Lederjacke aus, so dass man all die Tattoos auf seinen kräftigen Armen sieht. Sie erzählen von einundzwanzig Jahren Tegel, aber es gibt sechsundfünfzig Jahre Uwe.

Jürgen: Die Beamten in der Führerscheinstelle kennen Sie ja nicht, wie ich Sie kenne. Die kennen nur Ihre Akte. Ich möchte aber nicht, dass Sie jetzt in Selbstmitleid versinken.

Uwe: Nee, dit mach ick nich. Ick hatte schon viel schlimmere Nachrichten zu verkraften.

Jürgen: Es ist blöd gelaufen, aber Sie gehen gut mit der Situation um, wie jeder andere Bürger auch. Als wir uns kennenlernten, gab es erhebliche Widerstände. Damals haben Sie gesagt, Sie wollen mit der Justiz und Bewährungshelfern nichts zu tun haben. Ich erinnere mich noch sehr gut an unser erstes Gespräch, das muss jetzt zehn Jahre her sein …

Uwe: Elf.

Jürgen: Elf … das heißt, wir waren beide fünfundvierzig, wir sind ja derselbe Jahrgang. Von offizieller Seite aus hatten Sie keine positive Prognose, wegen der langen Haftstrafe. Nach einer Weile sind wir aber sehr gut ins Gespräch gekommen. Sie haben bewiesen, dass man Verhaltensweisen ändern kann. Sie sind ja auch heute hier, obwohl Sie nicht kommen müssten.

Vielleicht reden die Leute gerne mit Jürgen, weil sein Lebenslauf nichts Raketenmäßiges hat. Jürgen hat die Schule abgebrochen und später beendet, er hat das Studium abgebrochen und später beendet. Mit den Probanden spricht er nicht über sich, aber es kann gut sein, dass sie es trotzdem merken.

Dass ich Sozialpädagogik studiert habe, war kein Zufall, ich bin in einem Haushalt aufgewachsen, wo es wenig Harmonie gab. Ich habe nie verstanden, warum meine Eltern andauernd stritten, ich mochte sie doch beide gleichermaßen. Ich habe mir schon als Kind versucht zu erklären, warum Menschen streiten, warum sie sich nicht verständigen können. Ich habe mich mit Streitkultur beschäftigt, aber konnte das damals natürlich nicht so benennen. Dass ich mein Studium zwischendurch abgebrochen habe, hatte mit Selbstfindung zu tun. Ich hatte das Gefühl, noch so viel über mich lernen zu müssen, bevor ich anderen helfen konnte. Ich wollte kein hilfloser Helfer sein.

Ich habe also Schauspielkurse belegt, der Lehrer unterrichtete nach der Lee-Strasberg-Methode. Strasberg hat ja gesagt, jeder kann Schauspieler werden, er muss nur lernen, auf seine Gefühlswelt zuzugreifen. Es gibt verschiedene Übungen, wie man echte Gefühle auf die Bühne bringt, keine gespielten. Das funktioniert wirklich, es ist faszinierend. Zum Beispiel sollte ich mich in die Situation hineinversetzen, dass ich ein Mädchen getötet habe und mich das unendlich traurig macht. Und jetzt war die Frage, wie komme ich an so ein Gefühl ran: das eigene Entsetzen über mich und die Trauer über diese Tat. Man muss sich ein sogenanntes Substitut suchen, eine reale Situation, in der man unheimlich traurig war. Mein Substitut war ein ganz schwerer Konflikt mit meinem Bruder, wo ich unheimliche Hassgefühle hatte und erschrocken über mich selbst war.

Ich würde das, was Strasberg gesagt hat, schon unterschreiben, dass jeder Schauspieler sein kann. Allerdings gelingt es manchen nicht, die eigenen Barrieren zu überwinden. Nicht jeder kann in sich hineingucken und sagen, was dieses oder jenes mit ihm gemacht hat. Nicht jeder hat die Fähigkeit zur Reflexion des eigenen Verhaltens, das ist tragisch.

KOKAIN

KOKAIN

IST HELL

IST HELL

UND

KRISTALLIN

KRISTALLIN

Anja

An der Pinnwand in Anjas Büro hängt ein bunter Flyer mit der Telefonnummer der Pizzeria um die Ecke. Die Pizza auf dem Foto ist mit frischem Rucola belegt, grünem Zeug, das aussieht, als könnte man es vom Mozzarella abheben, in ein Blättchen rollen und rauchen.

Was wir tagtäglich hören, ist: Was wollt ihr denn, ich kiffe doch nur. Das Zeug ist Eigenbedarf. Es gibt diesen Irrglauben in der Bevölkerung, man dürfe Haschisch in kleinen Mengen besitzen. De facto ist und bleibt es aber eine Straftat, die auch von der Staatsanwaltschaft verfolgt wird und eingestellt wird, wenn die Menge geringfügig ist und die Person nicht strafrechtlich vorbelastet ist.
Die Arbeit im Rauschgiftkommissariat ist schon besonders. Wir bearbeiten Kontrolldelikte, das heißt, wenn die Kollegen nicht rausgehen und nach Erwerbern und Händlern suchen, passiert auch nichts. Es kommt ja eigentlich niemand von alleine, um diese Straftat anzuzeigen. Im Winter ist es deshalb etwas ruhiger, das liegt in der Natur der Sache, weil nicht so viele Menschen draußen unterwegs sind. Im Sommer sind mehr Leute auf der Straße und in den Parks, ich sage bewusst nicht junge Leute, weil sich das mit den Drogen durch alle Altersgruppen und Schichten zieht. Meine beiden Kinder sind noch zu klein, ich sage ihnen, dass ich versuche, Leute zu finden, die giftige Sachen verkaufen, von denen andere Leute krank werden … Berlin ohne Drogen ist schwer vorstellbar. Wahrscheinlich würde jede Mutter ihrer sechzehnjährigen Tochter mit einem besseren Gefühl den Kurztrip nach Berlin erlauben.

Anja, eine kleine Frau mit Wanderschuhen und braunen Locken, ist die stellvertretende Leiterin des Rauschgiftdezernats, das zur Direktion 3 gehört, Wedding, Mitte und Tiergarten. Anja hat eine schwarze Strickjacke an und dunkel umrandete Augen. Wenn sie von Haschisch, Kokain und Wohnungsdurchsuchungen redet, wippt sie vom Hacken auf die Zehenspitzen. Sie spricht Polizeisprache, immer eindeutig, immer mit Distanz zur Realität. Links neben ihrem Schreibtisch steht ein Stuhl.

Auf diesem Stuhl sitzt der Delinquent. Wenn noch eine Vertrauensperson dabei ist, setze ich die schräg dahinter. Hier im Büro ist noch nie was passiert, das mir Angst gemacht hätte, mich hat noch nie jemand bedroht oder dergleichen. Die meisten, die hier sitzen, sind eher kleinlaut. Außerdem arbeiten wir so eng zusammen, dass sofort ein Kollege da ist, wenn jemand in der Vernehmung die Stimme erhebt. Der setzt sich dann gegebenenfalls dazu.

Zwei Etagen tiefer ist die Gefangenensammelstelle, der Korridor von dem zwölf Zellen abgehen, liegt hinter einer türkisfarbenen Tür mit Sicherheitsglas.

Wenn ich am Montagmorgen um acht Uhr komme, rufe ich erst mal unten in der sogenannten Gefangenensammelstelle an und frage: Habt ihr was für uns? Am Wochenende kommen oft Leute, die nachts beziehungsweise in den frühen Morgenstunden im Club versucht haben, Drogen zu verticken. Es kann zum Beispiel sein, dass ein Türsteher anruft und so einen Fall meldet. Wenn derjenige so viel dabeihat, dass ein Einlieferungsgrund vorliegt, kommt er mit dem Funkwagen her und landet erst mal in der Gefangenensammelstelle. Wenn das der Fall ist, holen wir uns die Person hier hoch zur Vernehmung.

Was die Fallzahlen bei Rauschgiftdelikten angeht, ist die Direktion 5 in Neukölln ganz oben, gleich danach kommt Anjas 3. Berliner, die hier wohnen, wissen, wer an der Ecke steht, weil er auf den Bus wartet, und wer da steht, weil es sein Job ist. Insgesamt gibt es sechs Direktionen, die sich um den kleineren und mittleren Drogenhandel kümmern. Für die dicken Fische ist das Landeskriminalamt zuständig.

Ich weiß, dass es schwer ist, etwas zu verändern, gerade im Bereich der Drogenkriminalität. Jeder kennt den Verdrängungseffekt: Wenn die Kollegen die Hasenheide überwachen, stehen die eben am Hermannplatz. Was mich motiviert, ist die personenorientierte Ermittlungsarbeit. Es kristallisiert sich immer relativ schnell raus, da gibt es einen Händler, der könnte so und so heißen, und dann kümmert man sich um den, bis der festgenommen werden kann, einen Haftbefehl bekommt und verurteilt wird. Natürlich folgt auf den einen ein anderer, aber es stellt mich zufrieden, dass ich erfolgreich ermitteln konnte. Es ist wie im Taxigewerbe oder bei niedergelassenen Ärzten: Der Markt lässt immer nur eine bestimmte Anzahl von Dealern zu, und wenn die weg sind, rücken andere nach.

Ich selbst bin nur selten draußen im Einsatz, beispielsweise wenn ich Durchsuchungsbeschlüsse angeregt habe, die mir vom Richter bestätigt wurden. Bei Hausdurchsuchungen sind wir meistens zu dritt, das hängt davon ab, wie vorbelastet derjenige ist, der dort wohnt. Zwei Zimmer dauern mindestens zwei Stunden. Im günstigsten Fall sieht die Wohnung danach immer noch ordentlich aus. Wenn es sehr unübersichtlich ist, entsteht eine »durchsuchungsbedingte Unordnung«, wie das genannt wird.

Wenn man eine Weile dabei ist, ahnt man schon, wer was konsumieren könnte. Kiffern, also Leuten, die Cannabis konsumieren, sieht man das nicht unbedingt an, das kann die fünfzehnjährige Gymnasiastin sein, das kann aber auch der fünfzigjährige Banker sein. Bei harten Drogen sieht man das irgendwann. Bei Szenedrogen, Amphetaminen oder so, sieht man das auch nicht unbedingt, da bin ich schon manchmal überrascht. Die Stoffe an sich lassen sich grundsätzlich gut unterscheiden: Amphetamine riechen ganz chemisch, Kokain dagegen riecht nach nichts, würde ich sagen – aber so nah bin ich mit meiner Nase da auch nie rangekommen (lacht herzlich). Heroin ist eher ein bräunliches Pulver, Kokain ist viel heller, bröseliger, kristallin. Solche Sachen lernt man nicht in der Ausbildung, da kriegt man höchstens ein paar Bilder zu sehen. Cannabisplantagen bearbeite ich total gerne, da beeindruckt mich immer der Aufwand (zeigt auf ein paar Fotos, auf denen Wohnzimmer voller Hanfpflanzen zu sehen sind, daneben hängt der Pizza-Flyer). Wenn die Plantagen groß sind, ordern wir die Kollegen von der Fotodienststelle, die haben gute Kameras und machen Bilder, die vor Gericht einen entsprechenden Beweiswert haben.

Anjas Büro ist das Funktionszimmer, hier sind die Postfächer, hier hängt der Dienstplan, hier steht die Kaffeemaschine. Auf ihrem Schreibtisch liegt ein

Stapel Akten, lauter eingeleitete Ermittlungsverfahren, die sie noch an die Kollegen verteilen muss. Am Schreibtisch gegenüber sitzt eine junge Kollegin mit grauem GAP-Pullover und Kopfhörern, sie tippt aufgezeichnete Telefongespräche ab. Die Wand hinter ihr wird von einem großformatigen Stadtplan verdeckt, alles, was zur Direktion 3 gehört, ist rosa eingefärbt. Die dicken Zahlen sind die Abschnitte, die kleinen Zahlen, von denen es viel mehr gibt, stehen für die einzelnen Kontaktbereiche.

Abschnitt 31 ist die Gegend um den Weinbergspark und um den Rosenthaler Platz, der 32er ist Jägerstraße und Dom, der 33er ist Moabit, wo wir jetzt sind, Abschnitt 34 ist das Regierungsviertel, 35 und 36 sind Wedding und Gesundbrunnen. Clubs oder Lokale, die häufig im Zusammenhang mit Drogen auffallen, markiere ich mit Fähnchen auf dem Stadtplan. Insgesamt ist es ein sehr angenehmer Bereich, nicht so riesig, dichte Bebauung und eine gute kulturelle Durchmischung, das finde ich spannend, deswegen mag ich die Direktion 3 so. Wir haben die ganzen Clubs in Mitte, aber auch die Pankstraße, und den 33er, eine schöne Altbaugegend, wo nette Leute wohnen.

Die Polizeidirektion ist ein lang gestrecktes Bauwerk mit vergitterten Fenstern, von dem man nicht mal sagen kann, ob es ein Altbau oder ein Neubau ist. Alle Türen sind grün, an manchen kleben Sticker oder Postkarten, Donald Duck zum Beispiel, das hilft, sein Büro wiederzufinden. Gleich neben dem Rauschgiftdezernat sitzen die Kollegen, die für Hehlerei und Diebstähle aus Fahrzeugen zuständig sind. Noch weiter hinten, abgetrennt durch eine Glaswand, die vorgaukeln soll, der Flur sei gar nicht endlos, sitzen die Statistiker. Männer mittleren Alters, die in Monitore starren. Spezialisten, die das Böse Berlins in Zahlen verwandeln. Aus Dealern, Autodieben und Messerstechern machen sie Tabellen und Diagramme.

Die Polizei ist mein zweiter Bildungsweg, ich bin eigentlich Krankengymnastin, habe auch zwei Jahre in dem Beruf gearbeitet. Ich habe dann relativ schnell eine Unzufriedenheit entwickelt und geguckt, wie ich mich verändern kann. Zur Polizei zu gehen war durchaus eine pragmatische Entscheidung, weil die Polizei das

Studium finanziert hat. Im Nachhinein war die Zeit als Krankengymnastin hilfreich, ich habe gelernt, mit Leuten umzugehen, und auch schon Leichen gesehen. Ich habe später natürlich Situationen kennengelernt, die mir an die Nieren gingen, wo mir die Tränen in den Augen standen. Ich kann Tote sehen, das macht mir nichts aus, aber ihnen den Ehering vom Finger zu ziehen und der Frau zu übergeben, das belastet mich. Da hilft es dann, mit den Kollegen zu sprechen. Und wenn man merkt, ich kann etwas gar nicht, fragt man: Kannst du nicht ein anderes Team schicken? Ich mache dafür den Einbruch im Kiosk.

Torsten

Das ist der Black-Music-Bereich. Wir haben hier eine neue Lichtanlage eingebaut und ein neues DJ-Pult von Red Bull. Aber ... ich sehe das jetzt gerade: Da hinten hängt die Lampe runter, da ist das Notausgangsschild kaputt, und hier haben die was eingeschlagen. Da krieg ich immer das kalte Kotzen, jede Woche ist was Neues, da waren wieder Penner unter den Gästen ... das ist schon hart. Die Leute benehmen sich nicht, die Erziehung ist extrem schlecht. Und ich komme mir manchmal vor wie ein Sozialarbeiter, gerade bei den Jugendlichen. Bei denen möchte ich nicht zu Hause ins Wohnzimmer gucken! Ich kann Ihnen später auch mal meine Einstellungen zu Menschen im Allgemeinen nahelegen, wenn es interessiert.

(Ein Typ in einem Einmal-Maleroverall und Leiter auf der Schulter steht vor Torsten) Du musst noch die Lampe ausbessern, bevor wir aufmachen, da oben noch mal weiß malern, und der Kleber da muss weg. Da drüben kannst du auch noch mal mit Weiß drübergehen, wenn du eh schon dabei bist. Wir machen in einer Dreiviertelstunde auf.

Torsten läuft durch das QDorf, eine Großraumdisco am Kurfürstendamm, er macht so lässige Schritte, wie es sich für einen Geschäftsführer gehört. Das QDorf, ein riesiges Kellergeschoss mit vierzehn Bars, liegt mitten in der Stadt, größenmäßig kann es der Laden mit jeder Containerdisco in einem Gewerbegebiet aufnehmen. Gleich kommen die ersten Gäste, Torsten guckt, ob alles in Ordnung ist. Jedem Mitarbeiter, dem er begegnet, schenkt er ein »Hallo« und ein Grinsen. Sie sollen wissen, dass er da ist.

Ich achte darauf, dass die Lichter alle an sind, dass die Nebelanlage richtig funktioniert und dass an den Bars alles ordentlich aufgebaut ist. Das ist wie ein Automatismus bei mir. Meistens bleibe ich bis zwei Uhr oder so, falls was ist. Oft ist das verschenkte Zeit, aber manchmal macht es ja auch Spaß, hier zu sitzen, es kommen ja auch mal nette Menschen, hübsche Mädels, und wir trinken was ... I never touch, ich bin verheiratet und bin auch sehr, sehr glücklich, ich würde nie was anfassen, dafür bin ich auch berühmt. Ich möchte nicht lügen müssen in meinem Leben. Ich möchte ganz gerade sein. Deswegen bin ich ja auch Freimaurer, da bin ich auch gar nicht geheimnistuerisch, ich möchte an mir arbeiten. Hier unten hat man ja das ganze Potenzial des Schlechtseins auf einmal.

Das *QDorf*, früher hieß es *Kudorf*, gibt es seit 1976, Torsten war mit vierzehn das erste Mal hier. Jahre später fing er im Marketing an, das war Ende der Neunziger, die Inneneinrichtung war noch auf Kuhstall gemacht. Damals stand Torsten selbst auf der Bühne und hat gesungen, Künstlername »Toto Tequila«. Seit zwei Jahren ist Toto Tequila Geschäftsführer. Man muss nicht sagen, was für Leute ins *QDorf* gehen, wenn man sagt, wer hier Musik macht: Micaela Schäfer, ein Nacktmodel, Gina-Lisa Lohfink, ein Promiluder, Mickie Krause, ein Ballermann-Sänger, und Jürgen Drews, ein Bett im Kornfeld. Der am meisten getrunkene Drink ist Wodka-Red-Bull.

Das *QDorf* hatte immer damit zu kämpfen, dass es als Touri-Schuppen oder Kiddie-Club abgestempelt wurde. Wir sind wie McDonald's: Keiner geht hin, aber es ist immer voll. Wenn hier dreitausend Leute drin sind, geht nichts mehr, das Liebste ist uns, wenn es so tausendachthundert sind, dann ist es wunderbar gefüllt, da kommen die Leute an die Bars ran, da ist der Verzehrschnitt gut.
Wir spielen nicht so viel Techno, das wollen wir nicht, weil das ein komisches Publikum anzieht. Das ist schon so ein bisschen verdrogt, und weil wir der Drogendealer Nummer eins sind – wir verkaufen den Alkohol –, wollen wir das nicht. Drogen sind nicht unser Problem, gekifft wird nicht, weil das riecht man sofort, und Koks ... können sich die meisten gar nicht leisten. Ich kenne mich da nicht aus, aber es gibt ja auch Speed und so, billiges Zeug. Die Jugendlichen driften schon ganz schön ab. Ich würde sagen, denen sollte man mal fünf Jahre lang das Fernsehen verbieten. Und jeder muss zehn Stunden freiwillige Arbeit machen, Punkte sammeln für die Rente. Das würde denen doch guttun.
Die Jugend ist heute verrohter, die saufen mehr. Ich sehe das ja, die Jugendlichen

stellen ihre leeren Flaschen draußen vor der Tür ab, bevor die hier reinkommen. Dann kommen die Flaschensammler aus Weißrussland und sammeln die ein. Ich habe schon beobachtet, wie die Weißrussen die Flaschen aufmachen und dran riechen, auch die fassen das Zeug nicht an. Das ist so stark, was die Jugendlichen sich da reinziehen, das ist nicht mehr feierlich. Das Problem liegt ja in der Gesellschaft, da sind ja nicht die Clubs schuld. Wo sollen die ganzen Jugendlichen denn hin?

Von allen vierzehn Bars hier unten ist die _QBar_ Torstens Lieblingsplatz, er lässt sich auf das Ledersofa mit der hohen Lehne fallen und verlangt eine Cola. Ah, Kuba. Von der Wand leuchtet eine Bacardi-Fledermaus, daneben hängen gerahmte Schwarz-Weiß-Fotos von alten Chevrolets und Kolonialstil-Häusern mit Löchern im Putz. Torsten hat sie selbst ausgedruckt, das war billiger. Jetzt sitzt er zurückgelehnt unter den Kuba-Bildern und zieht an seiner Jeans herum, die ist neu und noch ein bisschen eng. Torsten trägt ein Hemd mit hellblauen Karos und einer kleinen Krone auf der linken Brust, das Jackett ist offen, das Haar gegelt. Wenn er redet, macht er schnelle Bewegungen, wie die Kämpfer in einem Kung-Fu-Film, manchmal meint man einen Windhauch zu spüren. Seine rotbraunen Lederschuhe tippeln auf dem Boden. Die Cola kommt.

Gute Mitarbeiter blühen richtig auf, wenn man denen mehr zu tun gibt … sie zum Beispiel (nickt zu der Frau, die gerade die Cola gebracht hat), sie macht das hier ganz toll. Das ist ihre Bar, die werde ich ihr auch nicht wieder wegnehmen. Die kommt eine Dreiviertelstunde früher und macht sauber. Haben Sie an irgendeiner anderen Bar jetzt schon einen Mitarbeiter gesehen? Ich glaube nicht. Ich sehe so was.
Als ich kam, ging es dem Laden nicht gut, der war runtergewirtschaftet … Produktlebenszyklus, ist Ihnen das ein Begriff? Der war abgelaufen, das _QDorf_ brauchte ein Facelifting. Neues Image, neuer Look und auch neue Luft. Hier riecht es ja jetzt auch ganz gut drin, ne. Das hat ja gestunken wie die Sau. Wir hatten Probleme mit dem Grundwasser, durch den Bau vom Waldorf Astoria drüben, hier stand Wasser drin, richtig schlimm. Da sind die Leute über Holz-

paletten gelaufen, wenn die Pumpen ausgefallen waren. Ich werde nie vergessen, ich stand da vorne an der Ecke, und da kam ein Mädchen, ganz toll gekleidet, mit Pumps, aber die sah aus wie Sau durch das Wasser. Und sie sagt: Ähh, typisch *Kudorf*. Das war hart. Jetzt kann hier kein Wasser mehr kommen, weil ich achtzig Tonnen Beton reingegossen habe, dafür ist die Decke jetzt ein bisschen niedriger. Der Grundwasserspiegel in Berlin ist schon so hoch, und dann haben sie hier am Ku'damm so viel Hochhäuser gebaut: Das Astoria, das Swiss Hotel, das Concorde, die haben ja alle Tiefgaragen, das Grundwasser muss ja irgendwo hin.

Torsten grüßt zwei Menschen, altersmäßig eher außerhalb der Zielgruppe, die an der *QBar* vorbeilaufen, eine Frau mit grauem Zopf und ein Mann, dem eine Supermarkttüte über der Schulter hängt.

Das sind die Kloleute. Die beiden sind gut, aber es gibt auch ganz schlechte, die sitzen dann rum und machen nicht sauber. Es gibt ja nichts Schlimmeres als eine Toilette, die stinkt, und dann soll man da auch noch Geld hinlegen. Ihr habt se doch nicht mehr alle! Manchmal fühle ich mich wie Don Quijote, mit einem Holzstab gegen Windmühlen. Viele Mitarbeiter sind einfach anders, Auffassungsgabe, Verständnis, Gerechtigkeitssinn, die gesamte Sozialisierung. Leute, die was gelernt haben oder ein Studium haben, sehen das Leben einfach anders, die sind reifer.

Seit einer Weile fahren wir eine strengere Türpolitik. Die ersten Tage habe ich selber draußen gestanden, mit einer dicken Jacke. Ich habe zu vielen Jungs gesagt: Hört mal, ich will, dass ihr reinkommt, aber geht noch mal nach Hause und zieht euch um. Du kannst ja Turnschuhe tragen, kein Problem, aber müssen die denn so kaputt sein? Oder: Musst du hier in einer Jogginghose aufschlagen? Fünfzig schlecht angezogene Gäste zerstören das Gesamtbild im Club, ist so.

Wir leben ja hier eine gute Integration, die Leute, die an der Tür nicht reingelassen werden, die versauen es sich meist selber. Also, Beispiel, ich war selber dabei: Kommt so ein 1,55-Meter-Typ … ich bin ja auch nicht viel … sehr groß, der hatte stark getankt, war hochalkoholisiert, und meint zum Türsteher: Du scheiß Anabolika-Kind! Mein Türsteher ist ganz ruhig geblieben – ich will ja auch keine

Anzeigen auf dem Tisch haben. Vier Wochen später kam derselbe Typ noch mal, da stand ich durch Zufall wieder an der Tür. Ich sag zu ihm: Nee, tut mir leid, du kommst hier nicht rein, du hast neulich so dermaßen meinen Türsteher beschimpft, dass ich Angst haben muss, dass der dich umhaut, wenn der dich hier sieht. Da ist der auch ganz schnell wieder gegangen.

Irgendwo zwischen den ganzen Bars steht ein Brunnen, kein echter, aber die Steine sind echt, einer wiegt dreihundertzwanzig Kilo. Wäre es nicht so teuer, die schweren Dinger wegzutragen, hätte Torsten den Brunnen längst abgerissen. Jetzt ist der Brunnen eben auch eine Bar, man kann hier Eisbier kaufen. Es kommt aus einer speziellen Zapfanlage mit Glykolkühler, es ist sehr kalt, das ist alles.

Früher kam ein DJ, der musste seine Platten mitbringen, alles aufbauen und so weiter, der hat acht Stunden gearbeitet und hat dafür zweihundertfünfzig Mark bekommen. Heute kommt ein DJ, packt seinen Laptop aus, drückt vier Stunden lang auf einen Knopf und bekommt dafür dreihundertfünfzig Euro. Irgendwann hab ich gesagt, ich will das anders machen. Es gibt ganz viele, die stellen sich hier unten hin und machen den DJ für zwanzig Euro am Abend und eine Flasche Sekt. Die spielen einfach die Musik ab, die wir ihnen vorgelegt haben – drücken und gut ist. Muss doch keiner mehr eine Platte auflegen. Die ersten drei Stunden am Abend arbeiten wir sowieso nur mit einer fertigen Playlist, fragt kein Schwein nach. Und dann die Go-gos … Sie wissen gar nicht, wie viel Tausende Euro wir im Jahr für Tänzerinnen ausgeben. Ein Go-go kriegt hundertzwanzig Euro für viermal Tanzen à zwanzig Minuten. Die kriegen alle das Gleiche, aber das möchte ich ändern. Im Jeansladen kostet ja auch nicht jede Hose gleich viel, da habe ich gute Qualität oder schlechte Qualität. Manche kommen zu spät, tanzen nicht anständig oder saufen sich halb tot, furchtbar. Manche sind Hupfdohlen, echt. Manchmal ist es besser, hübsche Mädels im Publikum anzusprechen und zu sagen, tanz doch mal 'ne halbe Stunde da oben, kriegst eine Flasche Sekt. Go-gos haben meistens auch keinen Spaß mehr, die reißen da nur noch ihre Nummer ab. Da sind ein paar Dinge schief im Staate Dänemark … oder Berlin.

Das Kellergeschoss sieht aus, wie Red Bull riecht: Filztapete, viel Metall, viel Bling-Bling, weiße Sofas, schwarze Fliesen. Die Treppe hoch, im Erdgeschoss, ist noch eine Bar, sie heißt *Schlagersahne* und ist nicht ganz so schick, dafür wird hier nachher Karaoke gesungen. Eine Brünette mit schwarzer Bluse und Glitzerohrringen wischt mit einem Lappen über den Tresen.

Torsten: Sag mal, der Fernseher ist runtergefallen? Ich habe da eine polizeiliche Anzeige vom 10. November.

Brünette: Ja.

Torsten: Aber der funktioniert ja noch.

Brünette: Das weiß ich nicht, weil …

Torsten: Der ist nur schwarz-weiß, den habe ich hier reingestellt. Das ist mein alter Apparat aus dem Schlafzimmer. Ich wollte da keinen flachen hinstellen, weil der einen anderen Schwerpunkt hat, der fällt sofort runter.

Brünette: Und am Wochenende ist ein Glas hinters DJ-Pult gefallen, auf die Verteilersteckdose. Da war hier alles dunkel.

Torsten: Wer war das?

Brünette: Ein Gast.

Torsten: Was hat der Gast dahinter zu suchen?

Brünette: Das musst du mich nicht fragen.

Gleich neben der *Schlagersahne* liegt der einzige hell erleuchtete Raum, die Garderobe. Zwischen aufgereihten Kleiderständern, die noch leer sind, stehen zwei Mädels, vielfarbig angezogen und geschminkt. Einer von beiden klebt Frischhaltefolie auf dem Dekolleté, darunter ist es bunt.

Torsten: Ramona, hast du dich tätowieren lassen?

Ramona: Ja.

Torsten: Wie blöd muss man denn sein, wenn man sich heute noch tätowieren lässt? Das kriegst du nie wieder … und dann noch in Farbe. Was soll das überhaupt sein. Ein Engel?

Ramona: Eine Schwalbe, eine rote Schwalbe …

Torsten: … macht noch keinen Sommer.

Anderes Mädel: Torsten, bist du nächsten Mittwoch da, oder machst du Weihnachten mit der Family? Das ist der 26., zweiter Feiertag.

Torsten: Auf keinen Fall, da bin ich zu Hause. Da kommen die ganzen Kloppis, die keine Familie haben.

Anderes Mädel: Ich muss arbeiten.

Ramona: Ich muss auch arbeiten. Ich komme am 24., 25., 26., alle Tage.

Eine von beiden will noch was, aber Torsten muss weiter. Mehr Leuten »Hallo« sagen, mehr Cola trinken, es ist immer gut, wenn er da ist.

UND ICH,

ICH GANZ

ALLEIN DA OBEN

Alp

»Alp zur Bühne! Alp, bitte!«, rufen die Lautsprecher auf den Fluren im *Maxim Gorki Theater*. Betritt man das Haus rückseitig durch den Bühneneingang, ist die Stimme überall, im Pförtnerkabuff, in der Kantine, auf den Stockwerken, in den Garderoben. Es riecht nach Rauch im Treppenhaus, auf dem Boden liegen Requisiten: schwarz angemalte Turnschuhe, Handschuhe, die Gorillahände machen, venezianische Masken. Zwei Minuten nach der Durchsage kommt ein Junge im schwarzen Anzug die Treppe runter, er ist fünfzehn, könnte aber auch dreizehn sein, er singt vor sich hin, nicht irgendwie, sondern mit einer Attitüde, die sagt: Ich singe nicht einfach so vor mich hin. Es ist Alp, er muss auf die Bühne, weil mit ihm das Stück beginnt, *Rocco und seine Brüder*.

Wenn du mich fragst, worum es in dem Stück geht, würde ich sagen: Es geht um eine Familie, die möchte gerne ein neues Leben beginnen, im Norden, was sie aber nicht schafft wegen Geldproblemen und Streitigkeiten zwischen den Brüdern. Es ist gescheitert, kann man sagen. Das sieht man daran, dass der eine Bruder zum Schluss sogar einen Mord begeht.

Alps Auftritt zu Beginn ist kurz. Er kommt auf die Bühne, wenn das Publikum noch keine betrachtende Einheit ist, wenn noch Taschen und Jacken verräumt und sich für Spätkommer erhoben wird. Alp läuft über die Bühne, von der einen zur anderen Seite, lässig, eine Hand in der Hosentasche. Zwischendrin setzt er sich auf eine große Box ganz am Rand. Sein rundes Gesicht mit den dunklen Augenbrauen ist weiß geschminkt, sein Blick wandert die Ränge entlang, manchmal bleibt er irgendwo hängen.

Einmal war eine Frau genervt von mir, also wirklich genervt. Die sah mich so an (Alp macht Riesenaugen). Ich hab gedacht, okay, ich guck sie lieber nicht mehr an. Die hat so böse geguckt, ich hatte so Angst. Ich dachte, sie will gleich hochspringen und mich attackieren. Vielleicht hat sie ja mein Make-up erschreckt. Das war so eine Alte, Mitte vierzig, die saß auch noch in der ersten Reihe, ich hab dann lieber in die dritte oder vierte Reihe geguckt.

Meine Regieanweisung für den Anfang ist: Ich soll nur auf und ab gehen, manchmal auf den Boxen sitzen und mich manchmal irgendwo an der Seite anlehnen oder nach oben gucken. Dann dachte ich mir: Wieso kann ich das nicht ausschmücken?! Also habe ich das mit meinen Mimiken gemacht, ich gucke jetzt manchmal so hier (zieht die Augenbrauen zusammen) oder so (guckt skeptisch). Ich gucke die Leute direkt an, na klar. Auch die, die gerade kommen, damit die sehen: Hallo, ich bin hier.

Einmal stand ich da zehn Minuten vorne, das war aber das Maximale. Eigentlich war abgemacht, dass das nur zwei Minuten dauert, aber es wurden auf einmal fünf Minuten, das war noch okay. Aber nach zehn Minuten waren die Leute schon ganz still, kein Mucks, nichts. Und ich, *ich* ganz allein da oben. Die dachten da unten alle, ich mache gleich irgendwas. Ich wusste echt nicht mehr, was ich noch machen soll. Da habe ich einfach nach hinten geguckt, nach dem Motto: Wann geht's denn nun los? Dann kamen auch die Schauspieler endlich.

Auftritt Nummer eins hat Alp gerade hinter sich. In der Mitte des Stücks werden ihn die Lautsprecher wieder rufen, das ist in einer knappen Stunde. Solange sitzt Alp auf einer Liege im dritten Stock, tippt in sein Handy und wartet. In seiner Garderobe mit der gepunkteten Auslegeware gibt es Spiegel, Abschminktücher, Waschbecken und Hängeschränke. Ein bisschen wie im Low-Budget-Hotel, im Raum nebenan rumpeln Waschmaschinen. Auf die Liege hat Alp die Klamotten geworfen, die er normalerweise trägt, eine Jeans mit Stoffgürtel und ein T-Shirt mit Tyrannosaurus. Bis die Show vorbei ist, behält er seinen schwarzen Anzug an. Hosenbeine und Ärmel sind inzwischen viel zu kurz, die Premiere ist eineinhalb Jahre her.

Anfangs hatte ich immer Lampenfieber, aber dann auf einmal: weg! Das ist Routine für mich, ich krieg keine Zitteranfälle auf der Bühne, keine kalten Hände. Heute ist ein ganz normaler Tag für mich. Bei der Premiere war ich natürlich nervös, ich war ja vorher noch nie auf einer Theaterbühne. Das war Neuland, bei den Proben waren ja nur ein paar Leute, Regie und so weiter, zum Beispiel die Frau, die immer was sagt, damit die Leute da oben den Text nicht vergessen, ich weiß jetzt nicht, wie die heißt. Ich hatte ja zum Glück keinen Text ... Obwohl, ich hätte gerne einen gehabt, ich habe sogar nachgefragt, ob ich einen kriegen könnte. Aber der Regisseur meinte, das passt nicht zu meiner Rolle, also habe ich gesagt, ist okay.

Du hast die kleinste Rolle, hat der Regisseur gesagt, aber du bist der wichtigste Mann im Stück. Denn es ist ja so: Das Stück beende ich, ohne mich könnten sie das Stück nicht machen. Natürlich dachte ich da auch, o Gott, wenn du jetzt einen Patzer machst, ist der Schluss versaut. Am Ende singe ich ja: »How to save a Life«. Die Ginetta ist ja gestorben, wegen den ganzen Problemen da, Eifersucht und so. Simone hat sie ja erstochen, mit dem Messer. Der Regisseur hat mir gesagt: Die Message muss rüberkommen. Wie rette ich ein Leben? Ich soll auch ganz neutral gucken, was man bei diesem Lied eigentlich gar nicht machen kann, ganz ehrlich, man muss eine Mimik machen.

Ich habe das Lied mit einem Gesangslehrer vorbereitet, der kam aus München. Der war auch zufrieden mit mir, aber er hatte Probleme, weil ich im Stimmbruch war, aber es ging dann gut. Bei der Generalprobe ist einmal alles durchgelaufen, ohne Unterbrechung. Am Ende dachte ich natürlich, ich komme jetzt dran. Da sagt der Regisseur: Schluss für heute. Und ich so: Singe ich nicht noch? Und er: Nee, wieso, du bist doch schon gut genug (lacht).

Alp ist der wichtigste Statist, den die Welt je gesehen hat, oder so ähnlich. Er ist Luca, der jüngste Bruder, mit ihm beginnt das Stück, und mit ihm endet es auch: Ginetta ist tot, und Alp singt. Obwohl er auf der Bühne kein Wort sagt, ist Alp ein richtiger Spieler, er intoniert wie ein Großer, lässt seine Sätze unheimlich wichtig klingen. Das Theater, seine Rolle hier, hat ihn erwachsen gemacht.

Als ich das erste Mal hier war, war ich noch ein bisschen kindisch (imitiert eine hohe Kinderstimme). Ich war noch in meiner Fantasiewelt und so, hab gedacht, alles toll, ich bin ein Superheld und so weiter. Aber jetzt versteh ich das alles ganz schön gut, die Geschichte. Ich bin sozusagen die letzte Hoffnung, ich bin Luca, der jüngste der vier Brüder. Nein, fünf: Ciro, Vincenzo, Rocco, Simone, Luca. Fünf. Und der Ciro sagt ja auch: Luca, du kannst es schaffen, du gehst zurück in unsere alte Heimat nach Süditalien. Aber was glaubst du, was dich da erwartet? Nach dem Lied kommt so ein Ton: dim, dim, dim, dim. Dann kommt das helle Licht von unten in mein Gesicht, da sehe ich dann ganz gruselig aus. Und dann: black, alles schwarz. Vorbei.

Alps Eltern sind Türken. Sein Vater kam in den 1970ern aus Ankara nach Berlin, da war er fünfzehn, so alt, wie Alp jetzt ist. Seine Mutter kam später nach. Alps zweiter Vorname lautet Erdener, es ist der Name seines verstorbenen Großvaters. Dass Erdener nicht sein Rufname geworden ist, liegt am Pragmatismus seiner Eltern. Alp, sagten sie, sei einfacher auszusprechen für die Leute dieses Landes, das ihre Heimat werden sollte. Alp singt, seit er drei Jahre alt ist, in der Grundschule war er im Chor, später nahm er Gesangsunterricht. Wenn die Vorstellung ausverkauft ist, sitzen 420 Menschen im _Maxim Gorki Theater_. Einer von ihnen ist Alps Vater, der ist jedes Mal da.

Mein Vater kennt das Stück in- und auswendig, er ist auch heute unten. Er sitzt immer ganz vorne. Er sagt: Wenn einer krank ist, kann ich das spielen. Er hat mich damals auch zum Casting gefahren. Ich kam zehn Minuten zu spät, es war wirklich Verkehrschaos an dem Tag. Ich bin hergekommen, und das war alles total neu, mein Gott, was ist das für ein Theater, so ein Riesentheater, ich war erst mal geplättet, muss ich ganz ehrlich sagen. Beim Casting haben die gefragt: Wer bist du? Woher kommst du? Singst du gerne? Schauspielerst du gerne? Ich so: Ja. Ja. Ich mag das alles … ich liebe es. Dann haben sie gefragt: Was für Lieder magst du? Zu dem Zeitpunkt waren das noch Kinderlieder, ich hab irgendeins davon gesungen, und die fanden das toll. Ein paar Tage später habe ich den Anruf bekommen, dass die mich wollen.

Lautsprecher: »KNACK. Anne, bitte, Anne.«

Meine Eltern unterstützen mich, wie sie es können. Sie haben auch meinen Gesangsunterricht bezahlt. Mein Vater ist Frührentner, früher war er Kfz-Mechaniker, aber er hatte einen Unfall, und seitdem geht es nicht mehr. Meine Eltern wissen, wie wichtig das für mich ist, ich könnte mir ein Leben ohne Singen gar nicht vorstellen. 2008 war ich beim *Supertalent*, die sagten mir dort, ich soll mir eine Geschichte ausdenken, die sehr traurig ist. Das ist doch … also wenn das nicht Filmbusiness ist, ich geh da lieber professionell ran. Also *The Voice of Germany* mit Nena und Xavier Naidoo, das finde ich ganz toll, das gucke ich immer. Früher habe ich auch immer *DSDS* geguckt.

Lautsprecher: »Technik, Schnürboden besetzen. Technik, bitte.«

Meine größere Schwester, die ist jetzt vierundzwanzig, verheiratet und Pipapo, die hat mich miterzogen und immer mit mir gesungen. Mein allererstes Lied war (singt) »I am a big, big girl in a big, big world«. Ich hab das so gemocht dieses Lied, immer wenn das kam, meine Schwester so: Wo ist Alp? Wo ist Alp? Wenn das im Radio war, hat sie gleich volle Pulle aufgedreht. Meine Schwester war nicht da bei der Premiere, sie hat die zweite Vorstellung gesehen. Sie war echt stolz. Wer ist nicht stolz drauf, seinen kleinen Bruder da oben auf der Bühne zu sehen. Sie wusste ja auch, wenn sie nicht gewesen wäre, wäre das nie passiert.

Lautsprecher: »Alp zur Bühne. Alp, bitte.«

Okay, das ist jetzt ein bisschen blöd. Ich dachte, ich habe noch Zeit …

Alp springt vom Stuhl, greift sich ein Babytuch und reibt damit wie wild in seinem Gesicht rum. Die Schminke muss runter.

Ähhh! Diese Eyeliner, die finde ich echt nicht toll. Wie Frauen das aushalten?! Das kriegt man gar nicht ab, brennt wie Hölle. Jetzt ist die Mitte, da bin ich kurz dran, da dreht sich doch die Bühne. Ich komme aus dem Hinterraum, alles ist schwarz, und dann setz ich mich schnell auf die Box, das sieht keiner. Da ist noch Rocco, ganz alleine, und dann kommt auf einmal Ginetta raus, und dann reden die irgendwas.

Fünf Minuten später ist Alp wieder da.

Einmal hat die Frau, Beate heißt sie, gerufen: »Alp, bitte, ganz schnell, du hast nur noch eine Minute«, sie hatte vergessen, mich aufzurufen, ich bin natürlich gerannt. Aber eigentlich habe ich mir das am Theater strenger vorgestellt. Die Leute gehen hier so miteinander um, als wenn das alles Brüder und Schwestern wären, ganz locker. Es wird nicht Herr oder Frau gesagt. Der Regisseur ist ein sehr, sehr netter Mensch, der hat einen Preis bekommen für den jüngsten besten Regisseur oder so, für dieses Stück. Ich mag auch die Schauspieler, die sind alle fürsorglich, ich finde aber einen ganz besonders lustig und nett. Er ist ein Vorbild für mich, wenn ich schauspielern würde, würde ich genauso sein wollen wie er. Aber das kann man ja nicht, man kann ja nicht einen kopieren. Das ist der Matti – der Matti ist der Ciro in dem Stück –, der Verrückte. Der sagt immer (zeigt mit dem Finger auf den Boden, dann an die Decke): Von ganz unten nach ganz oben! Er ist mein ganz großes Vorbild, mein Held, kann man sagen, ich weiß gar nicht, ob er das weiß. Er sagt immer: Mach erst mal deine Schule fertig. Und ich so: Ja klar, mach ich.

Einmal war meine ganze Klasse da, das sind achtundzwanzig Leute plus zwei Lehrer. Ich hatte so Gefühle: Wenn du was verbockst, ist das nicht total egal. Da sitzen Leute, die du kennst, die du noch ein paar Jahre sehen musst. Da musst du perfekt sein. Und (lacht) es war perfekt, mein bester Auftritt. Die haben sogar Standing Ovations gemacht.

Die Gäste klatschen immer unterschiedlich lang und unterschiedlich stark. Manchmal klatschen die sehr laut, aber kurz. Beim längsten Klatscher musste ich sechsmal hintereinander auf die Bühne. Ich geh immer als Erster raus. Wenn Schluss ist, stehe ich hinter der Bühne, und der Simone hält mich fest und sagt immer: Warte. Warte. Ab! Dann schickt er mich auf die Bühne, und ich bekomme meinen Applaus. Dann stehen alle Schauspieler zusammen da, und wir halten uns an den Händen und verbeugen uns. An einem Abend war es so, dass keiner klatschte ... dreißig Sekunden, und keiner hat geklatscht. Dann hat mein Vater alleine angefangen, er wusste natürlich, dass jetzt Schluss ist, er ist ja immer da. Und dann haben alle anderen mitgemacht. Die Leute brauchen immer einen, der anfängt.

Lautsprecher: »Technik, bitte. Schnürboden besetzen. Und Alp, bitte, Alp.«
Alp muss wieder los, er läuft durchs Treppenhaus, vom dritten runter in den
ersten Stock, dann geht er durch die schwere Metalltür mit dem großen B
wie Bühne drauf. Lautsprecher: »Gleich Vorstellung zu Ende. Gleich Vorstellung zu Ende.«

DER PAPST HAT SCHON UNSER ESSEN BEKOMMEN

Leonid

Irgendwann steht Leonid im silbernen Kühlraum hinter der Küche und hält einen weißen Klumpen in seiner kleinen Hand, der rein gar nichts mit Butter zu tun hat. Das weiße Zeug wird zwar auch zum Braten benutzt, aber man würde kein einziges Milchatom darin finden. Sicherzugehen, dass das so ist, ist Leonids Job, er ist Maschgiach, was er selbst mit Koscher-Inspektor übersetzt. Wie ein Inspektor steht er auch da, breitbeinig und wachsam. Leonid ist einundvierzig, hat einen sichtbaren Bauch und guckt fröhlich in die Welt. Alle paar Minuten greift seine Hand zum Kopf und rückt die Kippa gerade.

Es beginnt damit, dass man Jude sein muss. Jemand anderes kann es nicht sein. Und mir muss wichtig sein, dass alles koscher ist, dass alles nach dem Gesetz hergestellt wird. Ich muss dafür sorgen, dass auch die Nichtjuden, die bei uns arbeiten, den Gesetzen folgen. Es muss nicht unbedingt ein jüdischer Koch sein, aber das Prinzip ist, dass eine jüdische Hand alles gekocht haben muss. Rein von der Thora (Leonid spricht das Wort sehr sanft aus, das »a« am Ende betont er) – nicht in der Realität – bin ich allein der Koch, und die anderen sind meine Helfer. Alles, was die tun, da muss ein Teil von mir drin sein. Ich habe die Aufsicht, vom Bestellen der Produkte bis zum fertigen Essen auf dem Teller. Kein Schritt dazwischen darf ohne meine Aufsicht geschehen, so als würde ich alles selbst machen. Das Erste, was ich mache, wenn ich morgens reinkomme, ist, das Feuer überall anzumachen. Das ist das, was der Koch normalerweise macht, wenn er beginnt zu arbeiten. Nicht das Feuer ist entscheidend, es muss keine Gasflamme sein, sondern die Hitze, das, was das Material vom rohen in den essbaren Zustand verwandelt. Der Talmud sagt: Wenn sie das Feuer anmachen, stelle ich den Topf drauf. Mache ich das Feuer an, können sie den Topf draufstellen.

Natürlich erzählt Leonid seine Geschichte nicht im Kühlraum, das kommt später. Er sitzt an einem quadratischen Tisch mit Glasplatte, unter der Por-

träts großer jüdischer Persönlichkeiten kleben, Einstein ist dabei, Billy Wilder auch. Es gibt viele solcher Tische in dem Raum, der bis vor ein paar Jahren der Speisesaal eines jüdischen Restaurants war. Ein paar Tische hat Leonid zu einer langen Tafel zusammengeschoben, sein Büro, wenn man so will, ein Inspektor braucht ein Büro. Sein rechter Arm liegt auf der Lehne des Nachbarstuhls, zwischen seinen Fingern klemmt eine sehr dünne Zigarette. Leonid zieht den Rauch hastig ein, so wie es Leute tun, die schnell denken und schnell reden.

Ich bin kein Geistlicher. Das Wort Geistlicher existiert bei uns nicht, wir sind Schriftgelehrte. Wir haben ein Gesetz, das uns sagt, wie wir uns am besten mit dem verbinden, was wir Gott nennen. Wir nennen es Gott, andere nennen es Naturgewalten, Schöpfungskräfte, irgendwas Wissenschaftliches. Und wir haben eine Aufgabe, wir kennen das Ende der Aufgabe nicht, wir wissen nur, dass sie existiert. Die Aufgabe ist: Befolge das Gesetz.
Bei uns Juden gibt es keinen, der über uns steht oder unter uns. Es gibt nur einen, der durch sein Wissen das Recht erworben hat, der Anführer zu sein, der Rabbiner. Wir haben nicht so was wie Geistlichkeit oder Geistigkeit in dem Sinne wie bei den Christen, dass durch einen Menschen, der mich berührt, sein Geist oder seine Fähigkeit in mich übergehen. Wir glauben nicht unbedingt felsenfest daran, dass ein Mensch in die Zukunft sehen kann oder einen anderen Menschen durch eine Handberührung heilen kann oder so was Ähnliches. Es steht geschrieben, dass wir »Ovet HaShem« sind, »Ovet« heißt Arbeiter, im Deutschen würde man es mit »Knecht« übersetzen. »HaShem« heißt »der Name«, gemeint ist der Name Gottes. Wir sind alle nur Knechte, auch der Rabbiner wird so genannt. Gott ist barmherzig, er verzeiht. Daher sind wir gerne seine Knechte.

Es gibt keine Kleiderordnung für den Maschgiach. Leonid trägt einen weißen Kittel mit Knopfleiste und ein paar Flecken auf Bauchnabelhöhe. Nur die Kippa bleibt immer auf seinem runden Kopf, sie ist ein Zeichen der Bescheidenheit. Die Kopfbedeckung begrenzt seinen Körper: Vom Boden bis zur Kippa ist Leonid Mensch, er hat nicht das Recht, über andere Menschen zu richten.

Wir sind eine Catering-Firma, wir kochen für das Restaurant *The Kosher Class-room* und für Veranstaltungen. Wir haben schon das Bundeswirtschaftsministerium beliefert. Der Papst hat auch schon Essen von uns bekommen, da gibt es auch ein Foto, wo ich ihm die Hand schüttele, im Bundestag. Die bestellen koscheres Essen, wenn Staatsbesuch aus Israel da ist oder bei Veranstaltungen, wo religiöse Juden dabei sind. Auch wenn nur einer der Gäste religiös ist, ist das ganze Essen koscher. Damit der nicht da sitzt und als Einziger einen verpackten Pappteller bekommt, wo der Koscher-Stempel drauf ist.

Leonids Handy tanzt auf der Glasplatte herum und klingelt *Für Elise*. Auf dem Display steht »Jacek 5«, er drückt den Anruf weg. Das heißt erstens, dass Leonid mindestens fünf Jaceks kennt, und zweitens, dass Nummer fünf jetzt mal warten kann.

Bei Gemüse aus Israel muss ein Zehntel abgetrennt werden. Wenn das Gemüse aus Europa oder sonst woher kommt, ist das egal. Der abgetrennte Teil muss weggeschmissen werden. Der Ursprung liegt in der Zeit, in der es noch Tempel gab, da hat man einen Teil des Getreides Gott gespendet. Da Gott damit aber nichts anfangen kann, wurde es von den Priestern abgesondert, die haben das dann für sich behalten. Wir haben aber keine Tempel mehr, keine Priester, da wir den zehnten Teil aber nicht essen dürfen, ist das Abgesonderte so schlimm wie Schweinefleisch. Daran sieht man, dass »koscher« nicht nur mit dem Material zu tun hat, es beginnt schon im Geistigen.

Den Eingang zur Küche rahmt eine Bar aus hellbraunem Holz. Die Flaschen fehlen. An der Tafel steht trotzdem noch, dass 2 cl King David Brandy vier Euro kosten, der koschere Wodka aus Israel fünf Euro.

Ich komme aus einer Musikerfamilie, meine Eltern waren beide Musiker, so sind wir überhaupt erst nach Deutschland gekommen. Mein Vater war Soloviolinist in einem israelischen Orchester, er wurde nach Berlin eingeladen, um hier zu spielen. Wir sind dann direkt geblieben, mein Vater hat an drei Musikschulen gearbeitet, meine Mutter ist Musikerzieherin. Ich habe auch Musik studiert, an der Hochschule für Musik Hanns Eisler, hier um die Ecke. Was wohl? Geige, das typische Klischee (lacht). Alle Juden spielen Geige. Meine Eltern haben das Talent früh erkannt, ich habe mit vier angefangen. Ich habe Johann Sebastian Bach immer sehr gerne jüdisch gespielt, so mit Ziehen, mit dem typischen Zigeunerhaften. Da hat mir mein Professor gesagt: Wenn du Itzhak Perlman bist, kannst du gerne so spielen, aber jetzt spielst du bitte Bach. Alles schön ordentlich, keine Schnörkelei.

Nach dem Studium habe ich fünfzehn Jahre lang als Musiklehrer gearbeitet, an der Musikschule Tempelhof-Schöneberg. Ich habe fünf Instrumente unterrichtet, Geige alleine geht nicht, da bekommt man vielleicht drei Schüler oder so, davon kann man nicht leben. Also Geige, Gitarre, Klavier, Blockflöte und Keyboard (lacht). Ich hatte mir etwas aufgebaut und musste mich dann entscheiden, ob ich alles aufgebe, als mich der Rabbiner gefragt hat, ob ich Maschgiach werden will. Von einem Tag auf den anderen, eine schwierige Entscheidung. Ich hatte mir aber schon vorher überlegt, ob das wirklich mein Ziel ist: mit Kindern zusammenzusitzen, die nicht üben (lacht). Und die Eltern anzuhören, die mir vorwerfen, dass ihre Kinder nicht spielen können.

Der Rabbiner hat mich also gefragt: Wollen Sie Maschgiach sein? Nur er hat die Befähigung, mich das zu fragen, aus einem ganz einfachen Grund, weil er den Koscher-Stempel hat, wo sein Name draufsteht. Rabbiner Ehrenberg gibt seinen Namen her und muss dafür sorgen, dass sein Vertrauensmann auf diesen Namen auch aufpasst. Ich bin streng, auch bei Kleinigkeiten, sonst dürfte ich den Job hier nicht machen.

Leonid ist in Moldawien geboren, in Kischinjow, der Hauptstadt. Als die Familie nach Israel auswanderte, war Leonid so jung, dass er nur eine einzige Erinnerung aus Moldawien mitnahm. In Israel lebte die Familie in der Hafenstadt Netanya, Leonid ging dort bis zur dritten Klasse in die Schule. Von dort zogen sie nach Berlin, wo er die dritte Klasse noch einmal machen musste.

Ich bin in Wilmersdorf aufgewachsen, bin also – wie man so schön sagt – ein Berliner Bengel. Ich habe hier nie schlechte Erfahrungen mit meiner Religion gemacht. Ich bin mit deutschen Kindern groß geworden, die Mutter meines besten Freundes war meine Deutsch-Nachhilfelehrerin. Sie hat dafür gesorgt, dass wir nicht berlinern, das hat sie gehasst. Sie hat das »Morddeutsch« genannt und gesagt: Wenn du berlinerst, kommst du hier nicht rein!

An Moldawien habe ich nur eine traumhafte Erinnerung, ich war zwei oder drei: wie ich mit dem Nachbarjungen zusammen in einem Auto gesessen habe, so eine Art Bobbycar. Ein Wagen mit Pedalen, damit sind wir die Straße rauf und runter gefahren. An mehr erinnere ich mich nicht, und mich zieht da auch nichts hin. In Moldawien gab es damals sehr starken Antisemitismus, das wurde vom Staat akzeptiert. Also, das Land hat mich verloren – es hat uns alle verloren. Moldawien ist das ärmste Land Europas, weil sie alle Juden losgeworden sind. Vielleicht ist das auch nur meine Wut auf dieses Land, ich weiß nicht … vielleicht ist es auch nur arm geworden, weil … weiß der Teufel (lacht). Unter Stalin gab es die Todesstrafe für Beschneidung (das Handy vibriert, »Jacek 5«). Wer seine Kinder beschnitten hat, der kam in die Gulags, also in die Straflager, aber nicht nur die Eltern des Kindes, sondern die ganze Familie (Handy vibriert weiter). Also komplett diejenigen, die mit diesem Namen verbunden waren, die sind einfach verschwunden (das Handy schweigt). Das muss man sich mal vorstellen. Bei meiner Beschneidung war die ganze Wohnung abgeriegelt, überall standen Kerzen, nach außen war alles abgedunkelt (Leonid bekommt eine SMS) – dass keiner von draußen etwas sehen und uns verraten konnte. Die Nachbarn haben nur darauf gewartet, Stalins Politik war ja so, dass man immer den anderen denunziert hat.

Leonid kann das, Geschichten erzählen. Seine Geschichte, die auch eine Geschichte seines Volkes ist. Es versteht sich von selbst, dass Leonid auch die Bibelstellen zitieren kann, die erklären, warum ein Jude das eine essen darf und das andere nicht. Er redet, ohne nachzudenken, druckreif, in verständlichen Worten. An einer Winzigkeit erkennt man, dass Leonid die deutsche Sprache aus Büchern gelernt hat: die Endungen, er verschluckt sie nicht. Man möchte ihn Geige spielen hören, einfach nur um zu wissen, ob er mit dem Bogen genauso präzise ist.

In meiner Geburtsurkunde steht »Jude«, nicht Moldawier oder Ukrainer oder so. Wer als Jude geboren wurde, der hat kein Land gehabt. Sieht erst mal aus wie eine Diskriminierung, aber es war auch ein Glück, denn dadurch wussten wir, dass wir Juden sind. Die Assimilation war sehr stark, wegen der Angst vor Verfolgung, ohne Geburtsurkunde hätten viele gar nicht gewusst, dass sie Juden sind. Die haben sich komplett angepasst, schön mit Tannenbäumchen und so, haben nach außen hin komplett den Kommunismus gelebt. Mein Vater war eigentlich auch sehr angepasst in Moldawien, Atheist durch und durch. Er hat sogar Zettel verteilt, da stand drauf: »Es gibt keinen Gott«. Die hat er fröhlich verteilt an alle Menschen, die er finden konnte. Er wollte sich dem System anpassen, zumindest ein bisschen, die haben ihn aber trotzdem nicht akzeptiert, weil er Jude war. Wäre er kein Jude gewesen, wer weiß, vielleicht wäre er in der Partei gewesen. Mein Vater hat immer gesagt: Wenn ein Mensch stirbt, ist das so, wie wenn eine Blume verwelkt. Die wird dann zu Erde und dann kommt eine neue. Dann ist die Oma gestorben. Und er konnte, er wollte nicht mehr an diesem Gedanken festhalten, es war ja seine Mutter. Er ist zum Rabbiner, und der hat gesagt: Es gibt die zukünftige Welt, wo sich alle Menschen wiedertreffen werden. Das hat meinen Vater sehr fasziniert, er ist dann zurückgekehrt zum Glauben, er hat Buße getan. Er kam dann zu mir und hat gesagt: Komm doch auch zurück! Und ich sagte: Wieso? Du hast mich doch erzogen, ich glaube nicht.

Ein paar Jahre später bin ich mit meinem Vater in die Synagoge gegangen, weil ich ihm etwas Gutes tun wollte. Einmal im Jahr gedenken wir unserer Toten, Jahrzeit nennt sich das, es war die Jahrzeit meiner Großmutter. In der Synagoge habe ich meine Frau kennengelernt, also meine jetzige Frau, damals war sie nur ein schönes Geschöpf auf der anderen Seite (lacht). Sie ist anders erzogen – sie kommt aus dem orientalischen Judentum, sie stammt aus dem Kaukasus, das Kaspische Meer ist da in der Nähe. Und dann kam es halt so, dass wir religiös geheiratet haben. Und wir haben überlegt: Was können wir unserem Sohn weitergeben? Wir wollten ihm nicht nur die Tradition mitgeben, sondern ihn auch lehren, was es heißt, Jude zu sein. Also bin ich für meinen Sohn lernen gegangen. Dass ich nicht einfach sage: Komm, wir gehen jetzt einen Döner essen – und die Fragen stellst du dem Rabbiner. Ich wollte ihm selbst Antworten liefern. Ich bin also zur Jeschiwa in der Brunnenstraße gegangen, das ist eine Talmudhochschule. Da sind Rabbiner, die dich die Gesetze des jüdischen Volkes lehren. Dort wird von morgens bis abends gelernt, sieben Tage die Woche.

Es ist eine Religion, die rein mit der Liebe verbunden ist, es gibt keine Dogmen, keine Strafen, es gibt nicht mal eine Hölle. Alles, was du tust, tust du freiwillig. Es ist schwer, die ganzen Gesetze einzuhalten, am Schabbat kein Handy zu benutzen, keinen Lichtschalter einzuschalten, nicht zu kochen. Das Essen muss vorher fertig sein, wenn nicht, hast du halt nur die Vorspeisen. Du darfst keine U-Bahn fahren, keinen Bus, du musst zur Synagoge laufen, und wenn du zwei Stunden läufst. Manche müssen sich um hundertachtzig Grad wenden, wenn sie zum Glauben zurückkehren, ihr gesamtes Leben komplett aufgeben, die ganzen Gewohnheiten, sehr schwer das alles. Diese Menschen bekommen später einen höheren Platz im Himmel (lacht). Es gibt natürlich auch die, die das wieder sein lassen … Nur wenige halten das durch, denn es ist wirklich schwer. Wenn man einen Fehler macht, ist es menschlich, das verzeiht jeder. Das Wichtigste ist nicht, dass man sein Ziel erreicht, sondern dass man alles dafür getan hat, das Ziel zu erreichen.

Jetzt steht Leonid auf, er will in die Küche, morgen ist Freitag, der Schabbat muss vorbereitet werden. Vorher bittet er um eine Sekunde Geduld, er müsse kurz telefonieren. Wahrscheinlich »Jacek 5«, der es vorhin immer wieder probiert hat. Wie sollte er auch wissen, in welche Geschichte sein Anruf da hineinplatzt. Als das Telefonat vorbei ist, läuft Leonid durch diese Küche, die sich in nichts von einer ganz normalen Küche unterscheidet, außer natürlich, dass sich nicht ein einziges Milchatom darin befindet. Entenbrust brät, Serviettenknödel garen über Wasserdampf, ein Riesentopf mit Soßenansatz köchelt. Leonid nimmt eine Schüssel gehackte Zwiebeln und kippt sie in eine sehr oft benutzte Eisenpfanne, es brutzelt laut.

In dieser Küche wird nur Fleischiges gemacht. Alles, was mit Milch zu tun hat, kommt aus einer anderen Küche. (geht in den Kühlraum) Wir haben Ersatzprodukte – hier ist Kokosmilch, laktosefrei und vegan. Und das hier (greift den weißen Klumpen), das ist keine Butter, das ist Margarine. Wenn man Milch zu sich genommen hat, kann man sofort Fleisch zu sich nehmen, egal ob man Milch getrunken hat oder ob das Hartkäse war. Im Magen wird Milch sofort zu nichts, durch die Magensäure. Aber wenn Fleisch im Magen ist, kocht es da drinnen.

Und das Böcklein soll ja nicht in der Milch seiner Mutter kochen, so steht es dreimal in der Bibel geschrieben. Wenn du Fleisch zu dir genommen hast, zersetzt es sich nicht sofort. Wenn ich danach Milch zu mir nehme, kochen diese beiden Komponenten im Magen weiter.

Das Einarbeiten der Köche hat drei Jahre gedauert. Ich habe ihnen alles erklärt, jeden Schritt. Ich habe gesagt: Wir haben keine Sahne mehr und vor allem keine Butter. Frage: Und wie können wir jetzt Hühnergeschnetzeltes machen? Antwort: Wir haben koschere Sahne, ein spezielles Produkt ohne Milch. Wenn man die zu lange schlägt, wird sie zu einem Zementstück. Die meisten Köche hier haben wohl schon eine Koscher-Intoleranz (lacht), die sind froh, wenn sie zu Hause mal was richtig Buttriges oder Sahniges essen können.

Mein Lieblingsgericht ist Kalbfleisch mit Aprikosen gefüllt, das hat meine Oma immer gemacht. Das Kalb hat sie erst angebraten und dann gebacken, bis es ganz zart war, das ist im Mund zergangen …

Beim Verlassen des Hauses läuft man fünf, sechs Schritte durch einen Hausflur, in dem Rollwagen voller Getränkekisten und Kühlboxen parken. Die Wände sind mit schwerem dunklen Marmor verkleidet, die dicke Holztür hat ein Fensterchen mit Metallgitter. Schaut man hindurch, sieht man auf die belebte Oranienburger Straße – und auf einen Glaskasten, der aussieht wie eine Telefonzelle. Wenn es regnet, steht der Polizist darin, der immer da ist, um die Neue Synagoge nebenan zu bewachen. Mit Leonids Küche hat das alles nichts zu tun, die bewacht er selbst.

WIR SIND
BIS VIER
METER
RUNTER
BIS 1237
SOZUSAGEN

Waltraud

Da, wo Berlin am ältesten ist, auf der Fischerinsel in Mitte, hat jemand mit weißer Farbe auf die Gehwegplatten gesprüht: *Cölln, südwestlich von Berlin gelegen, war im Mittelalter eine eigene Stadt. An dieser Ecke stand das Rathaus.* Jetzt steht Waltraud hier, in weißen Turnschuhen und roter Windjacke, die Arme ein klein wenig abgespreizt, die Hände zu Fäusten geballt, der Kälte wegen. Ein paar Meter weiter liest man auf dem Gehweg: *Hier legten Archäologen 2007/08 über 3000 Gräber frei. In den untersten Erdschichten lagen die Skelette der ersten Siedler, die Ende des 12. Jh. bestattet wurden.* Waltraud war dabei, drei Jahre lang hat sie als Handschachterin am Petriplatz Berliner Geschichte ausgegraben.

Zu DDR-Zeiten war dit ein Parkplatz jewesen … Hier haben wir damals anjefangen zu graben, hier drunter ist die alte Lateinschule (zeigt auf ein rechteckiges Zelt). Da drüben (zeigt auf eine eingezäunte Fläche) standen die Container, wo die Archäologen drinne jesessen haben, und wir. Irgendwann in den sechziger Jahren warn hier schon mal Ausgrabungen jewesen, allerdings hat man da nicht so weit nach unten jegraben wie wir. Wo die Lateinschule war, soll mal dit Archäologische Besucherzentrum hinkommen, mit Glas im Boden, dass man runtergucken kann, wie dit allet mal aussah, wo die Mauern warn, wie groß dit allet war und so. Irgendwo war ick mal im Urlaub jewesen, da war dit ooch so. In so 'ner Fußjängerzone, da warn denn ooch so Glasplatten drin, und man konnte runter auf die Mauern sehen.

Ein paar Meter weiter steht auf dem Gehweg: *Im 13. Jahrhundert herrschte hier Trubel. Händler priesen ihre Waren an, Menschen strömten aus der Kirche, und Jungen eilten in die Schule.*

An den Job als Grabungshelferin bin ick durch ABM jekommen. Ick war zu der Zeit arbeitsuchend, und denn wurde ick jefragt, ob ick mich auskenne mit Garten und so. Da war noch ja nich abzusehen, dass hier so viele Skelette und so rumliegen. Na ja, da ick oft im Garten war, umgrabe und so – meine Eltern hatten einen –, hab ick jesagt: Da sehe ick kein Problem. Mit so 'ner Arbeit rechnet man nicht, aber man muss allet mal ausprobiert haben. Am 25. April jing dit denn los, mit Schubkarre, Schaufel und Maurerkelle zum Kratzen. Als die Skelette kamen, musste man vorsichtiger sein, dit jing denn mit Handfeger. Dit hat schon Spaß jemacht, is aber ooch anstrengend jewesen, dieset Verrenken und allet. Dit war 'ne schöne Zeit jewesen, dit sagen se alle, die mitjegraben haben.

Im Winter trug Waltraud eine dicke Wattejacke, in der sie sich kaum bewegen konnte. Stahlkappenschuhe und Warnweste hatte sie auch im Sommer an. Ein paar Meter weiter steht auf dem Gehweg: _Die ersten Berliner waren Flamen, Rheinländer und Westfalen._

Wir warn fünfe oder sechse, alle über fünfzig, die Grabungsleiterin, die wollte dit so. Weil sie ooch schon mal Jüngere hatte, aber mit denen hat se vielleicht schlechte Erfahrungen jemacht. Und dadurch warn wir eben da, ick war damals vierundfünfzig, einer war schon sechzig. Ein halbes Jahr lang hatten wir die ABM-Stelle, als wir denn aber immer mehr Skelette jefunden haben, wurde die Stelle um ein halbes Jahr verlängert. Danach warn aber immer noch haufenweise Skelette drinne. Da hat sich denn die Grabungsleiterin dafür einjesetzt, dass wir weiterbeschäftigt werden, dass die Arbeit zu Ende jeführt werden kann. Jearbeitet hab ick hier von 2007 bis 2010, jeden Tach, von sieben Uhr morgens bis sechzehn Uhr. Um fünfe bin ick aufjestanden, manchmal ooch um halb fünf. Im Moment bin ick wieder zu Hause, ick warte auf irgendwat. Ick bin jetzt sechzig jeworden, dit ist noch lange hin bis zur Rente.

Waltraud hat nicht ganz schulterlange Haare mit blondierten Spitzen, ihre Augenlider sind lila, ihr Halstuch hat Fransen. Geboren ist Waltraud in Buch ganz im Nordosten Berlins. Heute wohnt sie in Wartenberg, immer noch Nordosten, sogar noch mehr. Direkt hinter ihrem Wohnhaus fangen die Wie-

sen an, über die unsichtbar die Stadtgrenze verläuft. Zum Petriplatz sind es 11,5 Kilometer.

Wir haben uns langsam vorjearbeitet, bis zu den Skeletten. Dit warn um die dreitausend, nur die Skelette, denn haben wir ab und zu einzelne Sachen jefunden, nur ein Arm oder nur ein Bein. Und in der Knochengrube warn janz viele Knochen drinne. Die ersten Skelette haben die Archäologen ausjegraben. Die Aufregung war erst mal nicht besonders groß. Die Überraschung war denn, dass es so viele sind – und dass die so dicht übereinanderliegen. Da, wo die Straße ist, stand die Kirche, dahinter der Friedhof. Der Untergrund ist sehr sandig, durch die Spree, und sehr feucht. Der helle Sand jing leicht zu graben, ab und an jab es ein paar große Steine. Wir haben allet mit der Hand jemacht, ohne elektrische Jeräte oder so. Die Männer haben dit Schwere jemacht. Nachher mit den Kirchenmauern, da musste man aufpassen, da lag ooch Munition teilweise. Da kam so ein Munitionsdienst, ein Herr mit Hund, und der ist denn immer hier rumjelaufen. Granaten oder so lagen da rum, aber die warn nicht mehr jefährlich.

Ein paar Meter weiter steht auf dem Gehweg: *Schon die Stadtbewohner des 13. Jahrhunderts hatten mit dem sumpfigen Grund von Berlin zu kämpfen. In Spreenähe musste die Stadtmauer mit Pfählen abgestützt werden, und die drei Kirchen wurden auf den wenigen Sandhügeln erbaut.*

Im Winter ist es schlimmer, nicht nur, weil es kalt ist, sondern ooch, weil die Erde jefroren ist. Knochenmäßig könnte ick dit nicht mehr jetze, also den janzen Tach, da in so 'nem Zwei-Meter-Loch sitzen. Zuerst hat man sich immer die Umrisse von einem Sarg jesucht, dit war ja Holz, dit hat man jesehen. Denn hat man oben anjefangen, janz vorsichtig jepinselt, bis man den Kopp jefunden hat. Den Kopp hat man denn komplett freijelegt, und denn jing dit immer weiter runter bis zu den Füßen. Erst kam der Oberkörper, und denn hat man jesehen, wat vom Skelett noch da war. Die ersten Bestattungen warn hier 1237, die letzten 1812, so in dem Dreh. Manchmal ham wir ooch Reste von Kleidung jefunden, Haken und Ösen, Gürtel und Haarbänder. Manchmal warn Ringe dranne oder am Hals 'ne Kette drum. Oder eben der Rest von so Totenhauben, sah aus wie jebogener Draht irgendwie.

Ein paar Meter weiter steht auf dem Gehweg: *Zwischen 1230 und 1968 standen hier nacheinander vier große Kirchen. Geblieben sind davon die Fundamente im Boden.*

Wir sind bis vier Meter runter, bis 1237 sozusagen. Dit kam vor, dass da fünfzehn bis zwanzig Skelette übereinanderjelegen haben. Die lagen janz dicht, weil sich ja so ein Holzsarg nach so und so viel Jahren auflöst. Unwahrscheinlich, die janzen Köppe in einer Reihe. Wenn wir denn da oben standen und runterjeguckt haben, dit is jetzt blöd jesagt, aber dit sah aus, als würden da Bowlingkugeln liegen. Teilweise wurden die Leute mit dem Kopp nach da hinten beerdigt, andere lagen denn mit dem Kopp zu der Seite (zeigt Richtung Alexanderplatz). In jewissen Jahrhunderten haben die Toten denn immer zum Sonnenaufgang jeguckt, irgendwie jab's da so Rituale. Und denn jab's eben ooch Jahrhunderte, da hatten die einen Stein unterm Kopp. Aber da kenne ich mich nich so jenau aus.
Zuerst war dit allet bisschen komisch. Aber man weiß ja, dit is eben dit Leben: Man lebt, und irgendwann ist man eben ein Skelett – oder man lässt sich verbrennen. Dit einzig Komische war denn nachher, als die ersten Kinder kamen, Babys und so, dit war denn bisschen unheimlich. So 'n kleenet Skelett, so dreißig bis vierzig Zentimeter (hält ihre Hände eine Lineallänge voneinander entfernt vor die rote Windjacke). Sonst sieht man ja nicht, wie alt die warn. Dit sieht nur der Fachmann, der die Skelette später untersucht und vermessen hat.

Ein paar Meter weiter steht auf dem Gehweg: *Die Bewohner der Breiten Straße brauchten keinen Brunnen, sie schöpften Wasser aus der Spree.*

Davor war ick über zwanzig Jahre lang Fotofachverkäuferin am Alex, im Haus der Elektroindustrie. Dit ist neben dem Reisebüro, wat da früher mal war. Bis 1992 war ick dort, denn hat sich dit allet uffjelöst, denn jab es ja den Quelle-Versand und so was. Drei Jahre nach der Wende hab ick meine Arbeit verloren, hmm, dit jing denn ruck, zuck allet. Es gab viele Sachen, wat man so hatte, wat selbstverständlich war, wo man heutzutage drum kämpfen muss. Wenn man nicht weeß, wie und wat, denn kann man schnell abrutschen.

Als alle Skelette am Petriplatz gefunden waren, half Waltraud noch bei einer Ausgrabung auf dem Schlossplatz – direkt neben dem Palast der Republik, der gerade dem Erdboden gleichgemacht wurde. Wenn Waltraud hinüberschaute, sah sie sein Stahlskelett in den Himmel ragen. Die Reste einer Welt, in der sie einen festen Platz hatte.

Ick hab ooch mal in so 'nem Schnäppchenladen jearbeitet, beraten, vakoofen, allet, wat dazujehört. Denn war ick Fotografin in 'nem Fotoatelier für ein paar Jahre, Bewerbungsfotos, Hochzeitsfotos und so. Denn bin ick hierherjekommen. Hier wurde auch allet direkt fotografiert, wat wir ausjegraben haben.

Hinter dem Grabungsareal steht ein altes Kaufhaus, in dem es Jugendmode gab, als das Ganze hier noch Ostberlin hieß. Das große J wie Jugend neben dem Eingang löst sich langsam auf, aber man sieht es noch, es ist rot und eckig.

Hier jab es Sachen für Leute zwischen vierzehn und fünfundzwanzig, sag ich mal. Der Laden wurde ooch bevorzucht beliefert mit Pullovern, Hosen, Röcken und so. Jeans jab's hier ooch. Dit war ooch immer voll hier. Keine Ahnung, wat jetzt hier rinkommen soll, dit alte Kaufhaus steht ja unter Denkmalschutz, ist bestimmt ooch janz schön teuer, dit wieder allet neu zu machen. Und über die Straße rüber war doch früher mal dit *Ahornblatt*, so 'ne Gaststätte mit so 'ne komischen Zacken dran. Und hier lang über die Brücke is dit Nikolaiviertel, da war ick früher ooch öfter. Aber nur ma gucken, ansonsten war dit sehr teuer jewesen. Da gab es Plauener Spitze, wat es woanders nich jab, und Weihnachtskugeln aus Lauscha. Allet, wat damals so bekannt war eben.

An der breiten und lauten Leipziger Straße stehen Schautafeln, die die Grabungsstätte erklären. Zeichnungen zeigen die mittelalterliche Doppelstadt Cölln-Berlin, Lagepläne die erhaltenen Fundamente und Fotos die Grabungsarbeiten. Autos rauschen vorbei, in Abständen hält ein gelber Bus.

Hier sind ein paar Aufnahmen von den Archäologen (deutet auf die Bilder). Dit ist die Draufsicht, hier ist die Schule, da lagen die Skelette, hier mit den vielen

Ecken, dit is die Petrikirche. Und dit sind alte Zeichnungen, wie dit allet mal ausjesehen haben könnte mit dem Fischmarkt. Hier sieht man den Bagger, der hat aber immer nur die großen Sandhaufen wegjeräumt, damit wir neue machen konnten. Auf diesem Foto ist mein Arbeitskollege drauf, der Volker, und hier sieht man die janzen Kinder stehen, da wurde jerade 'ne Führung jemacht. Und dit hier sind Scherben von so bemalten Tellern, die hat die Grabungsleiterin in der Hand. Dit sind ihre Finger, die hatte ooch immer dreckije Fingernägel, weil die überall mitjemacht hat. Die hat ja nicht arbeiten lassen, die war immer selber dabei.

Ein paar Meter weiter steht auf dem Gehweg: *Jahrhundertelang suchten die Cöllner in der Petrikirche Trost und geistlichen Beistand. Heute müssen sich die Gläubigen aus diesem Viertel zur Marienkirche begeben.*

Die einzelnen Knochen, die wir ausjegraben haben, die wurden jetzt am Sonntach alle beijesetzt, da war ja Volkstrauertag. In Friedrichshain, da gibt's noch 'nen Friedhof von der Petri-Gemeinde. Damals wurden die Jebeine in weiße Container jepackt und erst mal in einer alten Kapelle zwischenjelagert, zwölf Tonnen. Und denn jing dit immer so hin und her: Wem jehören die Knochen eigentlich? Der Kirche? Den Archäologen? Wann solln die nun beerdigt werden? Seit Sonntag liejen se jetzt jedenfalls in der Erde.

Ein paar Meter weiter steht auf dem Gehweg: *Die letzte Petrikirche wurde 1960–64 abgerissen. Die Trümmer wurden zerkleinert und für den Straßenbau nach West-Berlin verkauft.*

Frank

Da sind Rehe, sie drücken ihre Rücken durch und federn los, bleiben stehen, schauen, federn weiter. Ab und zu knackt es irgendwo im Wald, aus dem klaren Himmel über den Baumwipfeln dringt Flugzeugrauschen. Der Boden ist noch schneebedeckt, im Fernsehen haben sie gesagt, dass es der kälteste März seit hundertdreißig Jahren ist. Ein paar Tage noch, und es werden hundertfünfzig Jahre sein. Gleich müsste die Revierförsterei Tegelsee auftauchen, ein gelber Klinkerbau mit grünen Fensterläden, in dem Frank wohnt, der Förster. Er sitzt in seinem Büro und wartet auf den Brennholzkäufer, der um zehn Uhr kommen soll.

Der Tegeler Forst ist schon fast wie ein Park, wir haben hier Berge von Bänken, Wildgehege, Kinderspielplätze, bis vor kurzem hatten wir auch einen Trimmdich-Pfad. Hier in Berlin müssen die Waldwege so sein, dass der Vierzigtonner da langkommt, der das Holz abfährt, und am Sonntag auch die Besucher mit Stöckelschuhen und Kinderwagen. Was hier an Leuten rumläuft ... Die Waldtiere haben sich daran gewöhnt, die wissen, dass keine Gefahr von den Menschen ausgeht. Es kommt vor, dass eine Bache ihre Frischlinge zwanzig Meter neben der Bushaltestelle liegen hat.
Ein Stadtwald unterscheidet sich dramatisch von den Wäldern in der Lüneburger Heide, wo ich herkomme. Wenn man da vom Hochsitz fällt, findet einen bis zur nächsten Pilzsaison keiner. Da ist kilometerweit nichts, da kommt keiner lang. Es gibt ein paar Punkte, wo zur Heideblüte alles hinpilgert, zum Gedächtnisstein für den Heidedichter Hermann Löns zum Beispiel. Aber ein bisschen abseits dieser Wege rennt kein Mensch lang. Und die paar Wanderer dort ziehen sich vernünftige Wanderschuhe an.
Ich bin aus der Lüneburger Heide, aus Unterlüß, knapp viertausend Einwohner, mitten in der Südheide. Das ist der Nachbarort vom weltbekannten Eschede, wo das ICE-Unglück war. Da ist rundrum nur Wald. Ich stamme zwar nicht aus

einer Förster-Familie, wollte aber schon in der ersten Klasse Förster werden. Als Kinder waren wir immer im Wald, der Waldrand war 150 Meter entfernt, mein Opa hat dort gewohnt. Wir haben Buden gebaut, Holz geschnitzt, waren mit den Eltern spazieren.

Frank sitzt in Gummistiefeln am Schreibtisch, seine drei Terrier hat er ausgesperrt. In seinem grünen Pullover mit dem Wappen auf der Schulter und der Förstermütze würde er auch bei der Bundespolizei nicht auffallen. Frank hat kurze dunkle Haare, grünbraune Augen und eine breite Nase. Er ist einundvierzig Jahre alt und hat diese angenehme nordische Lethargie in der Stimme.

In Göttingen habe ich meinen Diplomingenieur in Forstwirtschaft gemacht, danach habe ich eine Stelle in Berlin bekommen. Eine meiner Hauptaufgaben hier ist die Verkehrssicherung entlang der Straßen, an den Ortsrandlagen und der S-Bahn-Trasse nach Hennigsdorf. So ein Baum kann trotzdem mal umkippen, da ist man nie vor gefeit. Im Februar 2011 war so ein Horrortag, da ist eine dicke Buche, siebzig Zentimeter Durchmesser, quer über die Straße gefallen, mitten in der Hauptverkehrszeit. Da kippt einfach so ein Ding um, ohne Wind, ohne Laub, ohne Vorwarnung … Zum Glück ist nur Sachschaden entstanden. Wer die Straße verlässt und den Wald betritt, tut das grundsätzlich auf eigene Gefahr. Wenn man über eine Wurzel stolpert oder einem ein Baum auf den Kopf fällt, ist das persönliches Schicksal. Ist so, dazu gibt es ein hochrichterliches Urteil.
In Berlin ist die Kiefer die dominierende Baumart. Wobei wir hier im ehemaligen französischen Sektor Berlins eine besondere Situation haben. Nach dem Zweiten Weltkrieg gab es hier keinen Kahlschlag. In den anderen Sektoren, ich sage das jetzt ein bisschen übertrieben, haben die Besatzer nur ein paar Bäume stehen lassen, eine Waldkulisse. In ganz Deutschland gab es diese sogenannten Reparationshiebe. Unser Glück ist, dass der damalige französische Oberkommandierende forstlich ausgebildet war. Der hat diese alten Mischwälder geschützt und stehen gelassen. Deshalb haben wir in Tegelsee deutlich ältere Bestände und mehr Laubbäume als in Köpenick oder im Grunewald. Als Forstmensch sieht man das schon anhand der Karte (zeigt auf eine bunt gemusterte Karte, die an der Wand pinnt). Die Farben stehen für unterschiedliche Baumarten, rot ist Buche,

grau ist Kiefer, gelb ist Eiche, die Farbintensität zeigt an, wie alt die Bestände sind, je dunkler, desto älter.

Försterei Tegelsee, das sind siebenhundertfünf Hektar Wald. Dafür, dass das hier wirklich Berlin ist, ist der nächste Supermarkt sehr weit weg, der nächste U-Bahnhof auch. Die Leute, die nicht im Wald wohnen, nennt Frank »Stadtbevölkerung«, als gehöre er nicht dazu. Auf dem Boden seines Büros liegt ein abgelatschtes Wildschweinfell, am Holzschrank in der Ecke hängen Jagdhörner und Ledertaschen mit Ferngläsern. An die Wand über den Computer hat Frank Geweihe und Wildschweinhauer genagelt. Es sind mehr als sechzig, alle selbst geschossen.

Der Große in der Mitte war ein Rothirsch, die gibt es hier gar nicht, die anderen Geweihe sind von Rehböcken. Der Rest sind Keilerwaffen, also Eckzähne von Wildschweinen, die sehen jetzt sehr lang aus, die gucken aber nur zum Teil raus. Das Fuchsfell über der Stuhllehne ist mein allererster Fuchs, den habe ich geschossen … muss ich überlegen … neunzehnhundert … neunundachtzig glaube ich, in der Lüneburger Heide.

Hier ist die Jagdausübung schon eingeschränkt. Sonst kann man natürlich auch nicht quer durch den Wald schießen, aber in Berlin sind zu jeder Tages- oder Nachtzeit Leute unterwegs, ob das Jogger sind, ein Obdachloser oder Spaziergänger oder Liebespärchen, die auch abseits der Wege durch den Wald streifen. Wildscheine haben wir ganz, ganz viele, im Schnitt schießen wir vielleicht achtzig pro Jahr. Dieses Jahr haben sie es sehr schwer. Die Frischlinge, die jetzt draußen rumlaufen, verhungern teilweise, weil es immer noch so kalt ist. Der Boden ist über Wochen gefroren, die finden kaum noch was.

Das Telefon klingelt, Frank nimmt ab.

Revierförsterei Tegelsee, guten Tag. (…) Hat aber kein buschiges Schwänzchen? (…) Sonst hätte ich gesagt, ein Eichhörnchen in dunkler Variante (…) oder eine fehlfarbene Ratte, das ist durchaus möglich. (…) Vielleicht ist die ausgesetzt worden? (…) Das Tier wird sich keiner Familie anschließen, das dulden Ratten nicht.

(…) Wie bitte? (…) Ein Maulwurf ist das nicht, der rennt nicht zum Vogelfutter. (…) Ja, Ihnen auch. Tschüs (legt auf). Das war eine ältere Dame, die hat beobachtet, dass immer wieder ein Tier, rattenähnlich, dunkel mit einem dünnen Schwänzchen, zu ihrem Vogelhaus kommt. Sie wollte wissen, was das sein kann, ist natürlich schwierig übers Telefon.

Kurz nach zehn klingelt ein schlaksiger Mann und holt seine vier Raummeter Buche ab. Danach setzen sich Frank und sein Praktikant ins dunkelgrüne Försterauto, auf dessen Armaturenbrett Hörschutzstöpsel, Fernglas und Messer liegen. Als Frank Gas gibt, wackelt der blaue Wunderbaum los, der zuverlässig Sportfrische verteilt. Frank biegt rechts ab, als er vom Grundstück fährt, er nimmt den Weg, der zwischen den Schaugehegen hindurchführt.

Im Wildgehege da drüben ist Muffelwild, die haben vier Lämmer von diesem Jahr. Dann gibt es hier noch ein Damwildgehege und ein Wildschweingehege, beides Tiere, die hier auch frei lebend vorkommen. Für die Leute aus der Stadt haben wir einen Futterautomaten aufgestellt, da kann man für fünfzig Cent eine Packung Maiskörner ziehen und die Tiere füttern. Wir können gleich noch mal kontrollieren, ob der aufgefüllt werden muss vor dem Osterwochenende.

Frank hält und kramt im Handschuhfach nach dem Spezialschlüssel für den Automaten. Als er ausgestiegen ist und den Automaten aufgeschlossen hat, fängt das Gerät an zu piepen. Es ist ein Warnton, eine Schachtel Mais klemmt fest. Hinterm Zaun grunzen die Wildschweine.

Ich esse gerne Wild. Ich kaufe eigentlich nur das, was ich selbst geschossen habe. Wenn ich selbst schieße, weiß ich, wie die Fleischqualität ist. Die wird ganz extrem davon beeinflusst, wie sich das Tier vor dem Töten verhalten hat. War es gestresst? Wie wurde es danach versorgt? Wurde es schnell und sauber aufgebrochen? Hat es einen sauberen Schuss gehabt? Oder ist der Schuss durch einen Ast abgelenkt worden, so dass beispielsweise Mageninhalt ausgetreten ist? Ein Wildschwein von hier ist ein hochwertiges Lebensmittel, hat nur Natur gefressen und wurde ohne Stress getötet … Ich habe eine ganz normale Repetierbüchse, mit der kann man mehrmals hintereinander schießen, das ist ein robustes und handliches Gewehr.

Erst heute früh musste ich einen Fuchs totschießen. Den hat die Feuerwehr gebracht, der war verhaltensauffällig, ganz verkrampft und apathisch. Verdacht auf Staupe, das ist eine Viruserkrankung, die unsere Füchse und Waschbären gerade mächtig reduziert. Vor allem die jungen Tiere sind anfällig. Wenn die Staupe haben, sind sie dem Tode geweiht, und dann erlöst man sie halt … Dann hatte ich noch einen Termin mit einer Dame von Vattenfall, die wollen einen Wartungsraum für eine 110-KV-Leitung errichten. So ein zwei mal drei Meter großer Betonklotz mitten im Wald, das wollen wir natürlich nicht.

Am Wegrand liegen verschiedene Stapel zurechtgesägter Baumstämme. Frank lässt das Auto rollen, deutet auf die einzelnen Pyramiden und sagt, ob aus diesem Holz Parkett, Papier oder Ofenhitze wird.

Man muss den Leuten schon verklickern, dass das Bäumefällen dazugehört. Das sieht ja auch viel aus, was hier links und rechts liegt, aber das holen wir ja nur alle paar Jahre aus einem Waldabschnitt raus. Manche verstehen nicht, warum überhaupt gefällt wird. Die denken, wir hacken den ganzen Wald ab. Ich sage dann immer: Was glauben Sie denn, warum ich Förster geworden bin? Doch nicht, weil ich den Wald hasse und ihn vernichten will. Einer unserer gesetzlichen Aufträge ist es, Holz als nachwachsenden Rohstoff bestmöglich zu nutzen. Deshalb hegen wir einen möglichst geraden, dicken Baum, bis wir ihn irgendwann ernten können. Eine gute Eiche ohne Astlöcher bringt ein paar hundert Euro pro Kubikmeter.

Das Auto holpert zum nächsten Waldabschnitt, wo Frank und der Praktikant Gassen auszeichnen müssen, auf denen sich der Harvester durch den Wald bewegen darf. Der Harvester ist eine hünenhafte Vollerntemaschine, mit neun Meter langen Greifarmen, die in kürzester Zeit Bäume umsägt, entastet und zuschneidet. Alle vierzig Meter laufen die beiden im rechten Winkel vom Weg in den Wald hinein. Der Praktikant geht mit Kompass voraus, damit die Gasse auch wirklich gerade wird. Frank läuft, eine Sprühdose schüttelnd, hin-

terher und verpasst allen Bäumen, die wegmüssen, einen Strich. Die Gasse für den Harvester muss vier Meter breit sein, die Wildnis ist in Wirklichkeit ein Schachbrett.

Da drüben ist Damwild (bleibt stehen), drei Stück. Das sind keine Rehe, auch wenn viele sie so bezeichnen ... Da, die da hinten wegrennen, das sind Rehe, eins, zwei, drei, vier Stück. Rehe sind kleiner, heller und haben diesen Spiegel, den weißen Hintern.

Ein paar Minuten später bleibt Frank wieder stehen und guckt in Richtung Himmel. In der Spitze von zwei Douglasien hat er Vogelnester gesehen. Er ruft den Praktikanten.

Das sind wahrscheinlich Sperberhorste. Das heißt, wir markieren die Bäume in alle Richtungen, dass in diesem Bereich nichts rausgenommen wird. Der Sperber will das schön dicht haben um seinen Horst. Wenn wir die Douglasien jetzt frei stellen, würden wir den vertreiben. Demnächst fangen die an zu brüten.

Auf dem Rückweg zur Försterei fährt Frank am ältesten Baum Berlins vorbei, eine Eiche, Stammumfang 6,65 Meter, Höhe sechsundzwanzig Meter. Der Baum wird *Dicke Marie* genannt, das Lokal daneben heißt *Waldhütte*, der nahe gelegene Segelclub *Nautique Française*.

Die *Dicke Marie* ist ein skurriler Baum, da ist man fast ein bisschen ehrfürchtig. Da sieht man, was aus einem Baum werden kann, der ist circa neunhundert Jahre alt. Was der schon erlebt hat, der ist älter als Berlin. Der wird tatsächlich noch grün, aber ich wette, der ist innen komplett morsch ... Ich hoffe nur, dass der nicht in meiner Dienstzeit umkippt.

ICH HABE ALLE MEINE VERSPRECHEN RAUS GESTOPPT

Christian

Christian Bienert (der Nachname gehört bei diesem Mann einfach dazu) greift sich zwei Pappbecher, steckt sie ineinander und lässt Kaffee hineinlaufen. Er steht in der Kantine des Senders Deutschlandradio Kultur und wartet, bis der Kaffeeautomat fertig ist. Christian Bienert nimmt immer zwei Pappbecher, weil ein einziger so heiß wird, dass er ihn nicht bis zu seinem Büro transportieren könnte, was heiße Kaffeebecher betrifft, ist er empfindlich. Und der Weg zu seinem Büro ist weit, er führt durch das riesige bumerangförmige Haus am Hans-Rosenthal-Platz in Schöneberg. Oben auf dem Dach leuchtet noch immer der blau-weiße RIAS-Schriftzug, vier Buchstaben so scharfkantig wie die Rhetorik des Kalten Kriegs, *Rundfunk im amerikanischen Sektor*. Christian Bienert steigt in den Fahrstuhl und drückt auf den Knopf mit der Zwei, in diesem Stock sitzen die Kultur und das Hörspiel und er. Seit 1969 arbeitet er hier, er ist der *Sonntagsrätsel*-Mann, also er war.

Ich bin fremd auf dieser Etage, ich gehöre hier gar nicht hin, weil ich Musik bin, ich müsste eigentlich einen Stock tiefer sitzen. Aber ich fühle mich hier bei der Kultur wohl.

Er geht ein paar Schritte, bleibt mitten auf dem langen Gang stehen, führt die Pappbecher mit beiden Händen zum Mund und schlürft ein wenig Kaffee. Überall auf den Fluren hängen die gleichen Digitaluhren, auf denen sich die Sekunden in Form roter Punkte anhäufen, bis es sechzig sind, dann verschwinden sie und sammeln sich erneut. Er geht weiter, sein Büro ist das letzte auf dem Gang, noch ein paar Meter. Er schließt auf, gibt der Tür einen Stoß und betritt ein Büro, das genauso aussieht, wie man es sich wünscht, wenn man Christian Bienerts Stimme im Radio hört. Man steht zwischen Tausenden von Briefen und ausgedruckten E-Mails, sie stapeln sich auf dem Schreibtisch und auf der Fensterbank, sie quellen aus bunten Mappen im Regal. Was Christian Bienert von der Idee des papierlosen Büros hält, braucht man ihn nicht zu fragen, man traut es sich auch nicht.

Setzen Sie sich dorthin, ich setze mich hierhin. Wenn Sie rauchen, können Sie rauchen. Meine Kollegin raucht auch, mich stört das überhaupt nicht. Ich selbst rauche seit x Jahren nicht mehr, mich hätte das umgebracht, weil ich hab das Rauchen erfunden, nee, wirklich. Nur an die Stapel nicht rankommen! Vorsicht, bitte!

Christian Bienert gießt den Kaffee in einen silbernen Thermobecher, der hier, zwischen all dem Papier und der elektronischen Schreibmaschine, futuristisch wirkt. Es gibt zwar einen alten Computer, aber der gehört zum Schreibtisch der Kollegin. Über den Bildschirm fliegen antike Windows-Fenster, davor steht ein brauner Glasaschenbecher mit einer ausgedrückten Zigarette.

Ich bin krank (ganz ernst). Meine Krankheit besteht darin: Ich interessiere mich für alles und jedes. Und ich will es nach Möglichkeit präzise formulieren können, weil ich Dinge erst dann begreife. Das hat aber nichts mit dem Radio zu tun, ich bin durch reinen Zufall beim RIAS gelandet. Das Formulieren ist … ich kann nicht anders begreifen. Eine Kollegin aus der Technik sagt immer: Mensch, du könntest auch Anleitungen schreiben. Das habe ich früher auch gemacht, als Student. Ich habe englische Anleitungen für technische Geräte ins Deutsche übersetzt. Aber die Leistung bestand nicht im Übersetzen mit Wörterbuch … ich habe mir links das Gerät hingestellt und daneben meine Schreibmaschine. Und dann habe ich alle Funktionen haptisch durchgefummelt und genau aufgeschrieben, wo die Schalter lagen und die Tasten und Dings, und Schnubbeldibums, hemine, hemine. Dann konnte jeder Idiot dieses Teil bedienen.
Hemine, hemine … Entschuldigung, das ist grausam. Das stammt von einer ehemaligen Kollegin, von der legendären RIAS-Sprecherin Karin Jurow. Hemine, hemine heißt so was wie: Gesülze, Gelaber …

Die beiden leicht geschwungenen Schreibtische stehen längs hintereinander, sie bilden das Rückgrat des schmalen Raums. Vom Platz der Kollegin aus muss

man sich entscheiden, ob man links oder rechts an der Schreibtischlampe vorbeischaut, um Christian Bienert anzusehen. Außerdem versperrt ein dunkelgraues Telefon die Sicht, ein klobiger Apparat, wie man ihn in allen Häusern findet, in denen viele Menschen in vielen Räumen sitzen. Daneben steht ein alter grauer Kassettenrekorder.

Ich habe mich immer für die Zusammenhänge interessiert. Gut, das sagt jeder Mensch von sich, aber ich hab einen ausgesprochenen Hang zu Kausalzusammenhängen. Das *Sonntagsrätsel* zum Beispiel ist ja nicht entstanden, weil irgendjemand gesagt hat, wir machen jetzt mal eine schöne Quizsendung. Sondern weil die Amis herausfinden wollten, wie stark eine neue Antenne in Hof in Bayern war. Wie viel mehr Hörer brachte die? Wie weit reichte die in den sowjetischen Sektor? Sie baten Hans Rosenthal darum, das zu machen. Der hatte die Idee zum *Klingenden Sonntagsrätsel*, es war die Verbindung des Angenehmen mit dem Nützlichen. Das finde ich schön.

Christian Bienert ist einer, der sich am Telefon hektisch mit »Ciao, tschüs, ciao« verabschiedet, wenn er was zu tun hat. Er muss sich schnell vom Gespräch losreißen, bevor es wieder viel zu spannend wird und er das vergisst, was er gerade tut. Er ist wie ein Lexikon voller Querverweise, von denen jeder einen neuen verästelten Gehirneintrag öffnet. Als wäre er selbst ein Rätsel, bei dem ein »A« nicht nur ein »A« ist, sondern ein Teil der Lösung.

Zwölf Jahre lang habe ich die Manuskripte für Hans Rosenthal geschrieben. Und er hat sie immer umgeschrieben. Ich war damals nicht clever genug, um zu merken, dass meine Schreibe nicht Hans' Sprache ist. Ich habe auch Aufnahmeleitung gemacht, was bei ihm hieß: dabeisitzen, Kaffee holen, die Zeit nehmen – und Gnade Gott, du verstopptest dich auch nur um zwei Sekunden (lacht).

Hans Rosenthal moderierte das *Sonntagsrätsel* bis zu seinem Tod 1987. Christian Bienert übernahm, und von da an hörte man ihn fünfundzwanzig Jahre lang in ganz Deutschland, immer am Sonntagvormittag. Vor drei Wochen hat Christian Bienert sein letztes *Sonntagsrätsel* aufgenommen. Eigentlich ist er

schon in Rente, der Nachfolger längst eingearbeitet, aber er ist noch hier. Er muss aufräumen. Das sieht man daran, dass sich neben der Tür Umzugskartons stapeln, der Turm ist so hoch, dass die Kartons leer sein müssen.

Ich habe immer lange gefummelt für ein *Sonntagsrätsel*, ich kann nichts hinrotzen. Aber ich bin auch ungeduldig. Wenn ich ein Manuskript hatte, das nicht perfekt war, hab ich immer gesagt: Das mache ich am Mikro glatt. Das hab ich auch immer hinbekommen, aber es musste ein Gerüst da sein. Ich hab den Text immer komplett ausformuliert, das brauchte ich als Sicherheit. Aber die besten Sachen fielen mir dann am Mikro ein, das lief auch ohne Versprecher. Ich hab dann immer zur Technik gesagt: Achtung, nächste Passage nicht mitlesen, aber keine Angst, Stichwort für die Musik bleibt. Mir haben die Kollegen oft gesagt, dass das, was ich sage, mit dem Manuskript nichts mehr zu tun hat.

Christian Bienert lehnt sich zurück, so dass sich das Licht der Schreibtischlampe in seiner großen Silberrandbrille spiegelt. Christian Bienert hat eine oft getragene graue Strickweste an, unter der ein Hemdkragen hervorlugt. Wenn er Gedanken artikuliert, bewegt er seine Hände, zeigt mit dem Finger, legt sie aufs Herz, hält sie vor den Mund. Christian Bienert ist ein Radio-Mensch: Er spricht mit dem ganzen Gesicht, zeigt Zähne, grinst, kneift die Augen zusammen.

In der letzten Zeit habe ich das Rätsel – ich sag es mal überspitzt formuliert – als Vorwand benutzt, um mit den Menschen zu kommunizieren. Mir ging es nicht darum, ernsthaft eine Frage nach einem Komponisten zu stellen, wäre ja auch lachhaft im Zeitalter von Suchmaschinen. Es ging vielmehr darum, den einen zu erklären: Es gibt auch Suchmaschinen. Und den anderen: Es gibt auch noch etwas außer Suchmaschinen … so wie dieser schöne alte *Brockhaus* (dreht sich um) da im Regal, der ist noch von Hänschen Rosenthal.

Auch wenn Christian Bienert »Hänschen« sagt, hängt er fast immer Rosenthal hinten dran, vielleicht, weil er sein Chef war, vielleicht auch, weil es seine Art ist, diesem großen Entertainer seinen Respekt zu erweisen.

Mit dem *Sonntagsrätsel* wollte ich die Menschen in einer Familie dazu bringen, miteinander zu sprechen, trotz unterschiedlichen Alters und Musikgeschmacks. Wir wollen ja nicht alle dasselbe lieben, aber wir sollten darüber sprechen, warum wir was lieben.

Mit Christian Bienert war das *Sonntagsrätsel* wieder ein Vorwand geworden, wie zu Beginn der Sendereihe, als der Westen wissen wollte, wie viele DDR-Bürger er mit seinem Programm erreichte.

Die Stimme ist doch wichtiger, als man meinen würde, ein erster akustischer Eindruck. Ich habe nie versucht zu klingen wie jemand anderes. Ich hab noch nicht mal Sprechunterricht gehabt. Der Hintergrund ist, meine Eltern, also meine Mutter in erster Linie, denn mein Vater arbeitete fast nur, meine Mutter hat sehr darauf geachtet, dass ich deutlich und klar spreche – und dass ich nicht berliner. Obwohl, ich merke es, als ich noch getrunken habe, also ich will nicht sagen, dass ich ein (spricht lallend weiter) schwerer Säufer war (lacht). Aber als ich noch mit einer Kugel Bier – Kugel Bier, ja, halber Liter drin, die sich so schön trinken – vors Mikro ging, fing ich an, Endungen zu verschleifen, da hörte man dann, dass ich Berliner bin. Das passiert mir manchmal noch, wenn ich müde bin. Hans Rosenthal hat nie getrunken vor einer Aufnahme. Er klang jünger, frischer. Hans hat eine helle Lage gehabt, und das hat ihn auch, glaube ich, in die Herzen so vieler Menschen transportiert. Ich dagegen war – gerade früher (senkt die Stimme), als ich noch rauchte – ver... ver... verknurrter ... ist nicht ganz richtig formuliert, aber Sie wissen. Ich bin (überlegt, atmet laut aus) ... ich bin tiefer natürlich. Im Radio geht es darum, dass da ein Mensch ist, zu dem viele Leute eine emotionale Brücke aufbauen. Man muss stimmlich mehrheitsfähig sein, ich glaube, so kann man das sagen.
Bis zum Schluss habe ich wie live produziert, also draußen sitzt die Technik, meist eine Dame neuerdings ... und die sagt: Geht los! Früher hat man gesagt: Band läuft. Das macht man heute nicht mehr, man sagt auch nicht: Chip zeichnet auf. Und dann mache ich die ganze Sendung hintereinander weg, höre auch alle Zuspielungen komplett an. Ich habe die Texte nie trocken aufgenommen, weil es, mit einem Wort, scheiße wird. Du hörst den Unterschied, am Mikro bist du ja von der

Stimmung her ganz anders, wenn du vier Minuten Musik gehört hast. Und wenn einem ein Lied mal selbst auf den Geist geht, dann hält man sich an die alte Rundfunkweisheit: Wenn ein Lied allein nicht endet, wird es einfach ausgeblendet. Ich habe bei den Aufnahmen immer eine Stoppuhr mitlaufen lassen, obwohl das nicht live war. Ich habe auch meine Versprecher rausgestoppt. Die Uhr ist schon bei mir zu Hause, ein kleiner schwarzer Kasten mit zwei Batterien drin, ganz simpel und völlig verschrammt. Ich habe auch bis zur letzten Sendung so einen alten, siebenmal reparierten Kopfhörer gehabt. Aberglaube will ich nicht sagen, aber … aber … ja, doch. Ich bin ein ganz sentimentaler Mensch bei diesen Sachen.

Alle Ratewörter hat sich Christian Bienert in einem kleinen Taschenkalender notiert. An jedem rot markierten Sonntag steht ein Wort, im Juni steht da: Ananas, Anpfiff, Konzert, Ferien.

Das allerletzte Ratewort, das ich aufgelöst habe, war »Bye-bye«. Damit habe ich mich verabschiedet und den Leuten gesagt: Achtung, ich höre auf. Eigentlich wollte ich zum Schluss kein Quiz machen, sondern einen Rückblick. Ich hätte wie immer das Ratewort von vor vierzehn Tagen aufgelöst, und dann wollte ich sagen: So, meine Damen und Herren, ich habe es Ihnen ja vor zwei Wochen schon angedeutet: Heute ist die letzte Sendung, bevor ich aufhöre, ich bin ein Fossil, Sie wissen es, ich bin fünfundsechzig geworden, ich gehe in Rente …

Christian Bienert, der schon gar nicht mehr hier arbeitet, spricht hier und heute seine letzte Sendung, die niemals lief, wie er sie sich gewünscht hätte. Er hat kein Mikrofon vor sich, er guckt auch nicht durch die Glasscheibe zur Technik, sondern auf ein paar mittelbraune Plattenschränke in seinem Büro im hintersten Ende des RIAS-Hauses.

… Wir wollen heute und das nächste Mal das *Sonntagsrätsel* dazu benutzen, einen Rückblick zu machen. Wie das *Sonntagsrätsel* entstand, vom RIAS, von der Antenne in Hof, von Hans Rosenthal und, und, und. Am Schluss hätte ich gesagt, ich gehe, aber die Sendung geht weiter. Schreiben Sie uns doch, wie es weitergehen soll. Das war meine Idee.

Es ist nichts daraus geworden. Christian Bienerts letzte Sendung, das wurde an anderer Stelle beschlossen, wurde ein ganz normales *Sonntagsrätsel*. Ein ganz normales *KS*, wie Christian Bienert immer noch sagt, obwohl es längst nicht mehr so heißt, *Klingendes Sonntagsrätsel*.

Irgendwann kam mal eine Vorgesetzte und sagte, das Wort »klingend« habe sich aus der Sprache verabschiedet, sehr hochrangig, die Frau, und selten … na ja. Das Rätsel entstand immer so, dass ich mir zuerst ein Lösungswort ausgedacht habe. Ich habe Zeitung gelesen, *Tagesschau* gesehen, Nachrichten gehört. Ich bin Gedenklisten durchgegangen und habe Unterlagen nach Ratewörtern durchforstet, denn das sollte ja auch aktuell sein und attraktiv sein und leicht sein. Ich musste immer auf dem Kien sein, oder wie der Berliner sagt, looki-looki machen. Wenn ich gar nichts hatte, habe ich Marlies angerufen, eine Kollegin, und es kam zum typischen Gespräch, meist Montagabend. Ich sage: Guten Abend. Sie sagt: So wie du Guten Abend sagst, hast du noch kein Wort. Ich sage: Bingo. Sie: Moment mal, ich hole mal meinen Zettel. Was hältst du denn davon, wenn du mal wieder ein Tier nimmst, du hast lange kein Tier mehr gehabt. Und die Musik natürlich. Das war immer ein wesentlicher und auch ein heikler Punkt. Denn, ich erfinde jetzt mal, wenn ich einen roten Faden gemacht habe, sagen wir mal, das Ratewort war »Zinsen« – weil aktueller Anlass, Zinsen sind im Keller oder besonders hoch –, da fallen mir natürlich als Profi sofort zehn, zwölf gute Geldlieder ein: *Money makes the World go round*, Cabaret. *Money Money*, Abba. *Und dann hau ich mit dem Hämmerchen das Sparschwein*, Chris Howland. *Wer soll das bezahlen, wer hat so viel Geld*, Jupp Schmitz. Und so weiter und so fort. Du musst ein großes Repertoire-Wissen haben. Meistens ist es so gewesen, dass ich ein oder zwei Musiken mit thematischem Bezug hatte, und der Rest stand noch nicht fest. Dann habe ich mir x Sachen aus dem Archiv geholt, in meine eigenen Platten geguckt, alte Schellacks gesichtet. Wie hieß denn dieser oder jener Titel? Dann hab ich einen Freund bei einem anderen Sender angerufen und gesagt: Mensch, da gab es doch mal ein Lied, wie hieß das denn? (Pause) Ja, irre, ich weiß. Der ist krank, der Bienert.

Sein Blick fällt auf den kleinen windschiefen Kaktus auf dem Fensterbrett, der seit einer Ewigkeit dort steht. Christian Bienert geht davon aus, dass er noch lebt.

ICH DACHTE
DU MUSST
BERLINER
B SEIN

Anni

Ein Dankgottesdienst für den scheidenden deutschen Papst, eine Diskussion über Berliner Radwege, ein lustloser Flughafen-Retter, eine positive Wirtschaft, eine auf 12,3 Prozent gesunkene Arbeitslosenquote, ein Feuer im Mehrfamilienhaus, ein neuer Baumarkt für Kreuzberg und eine Demo gegen die Zwangsversteigerung einer Wagenburgfläche. Das sind die Themen, die an diesem Donnerstag um 19.30 Uhr in der *Abendschau* zu sehen sein werden. Am Vormittag sitzen die Macher der Berlin-Nachrichten in ihrem Konferenzraum hinter der Glaswand und planen die Sendung. Wetter wird es natürlich auch geben, weil Donnerstag ist, mit dem Ausblick aufs Wochenende und einem kurzen Film. Wetter macht Anni, dreiunddreißig, pfirsichfarbener Rollkragenpullover, blonder Zopf, Fernsehzähne. Sie sitzt mit dem Rücken zur Glaswand in der Konferenz und wartet auf ihr Stichwort. Anni?

Ich habe mir gedacht (beugt sich auf ihrem Stuhl nach vorn), weil morgen ja Frühlingsanfang ist, dass ich ein paar Männer von der BSR begleite. Die fegen jetzt den Splitt weg, das ist doch ein schönes Bild fürs Winterende. Außerdem sind die Aussichten fürs Wochenende gut, es gibt Sonne.

Der Vorschlag ist gekauft, woraufhin Anni sofort den Konferenzraum verlässt. Sie ruft den Meteorologen an. Dann sagt sie der Stadtreinigung Bescheid, dass sie heute für den Wetter-Dreh gebraucht wird. Anni verabredet sich für den Nachmittag in der Innenstadt, da sieht es schön berlinisch aus, vielleicht sieht man sogar den Fernsehturm, wenn die Kamera im richtigen Winkel gehalten wird, der Fernsehturm geht immer. Splitt muss natürlich auch noch rumliegen.

Ich bin jetzt seit gut zwei Jahren beim RBB. Am Anfang hatte ich total Schiss, ich kannte Berlin ja gar nicht. O Gott, o Gott, ich dachte, du musst Berliner sein, um bei der *Abendschau* arbeiten zu können. Es war beruhigend zu sehen, dass das nicht so ist. Beim Themen-Ranschleppen haben die Berliner sicher einen Vorteil. Obwohl ich auch gemerkt habe, dass es eine Typfrage ist, ob du Geschichten riechst und siehst oder nicht. Meine Spezialität ist es nicht.

Weil beim Wochenendwetter nicht nur der Himmel, sondern auch Anni zu sehen ist, muss sie in die Maske. Sie läuft durch einen langen Gang, bleibt irgendwann stehen und öffnet eine weiße Tür, hinter der es nach Puder und Haarspray riecht. Anni setzt sich auf einen Stuhl mit verstellbarer Kopfstütze und stellt den Kantinen-Cappuccino zwischen Pinseln und Lockenwicklern ab.

Ich wohne in Kreuzberg. Ich habe auch mal ein Stück in meiner Straße gemacht, das ist mir echt an die Nieren gegangen. Meine Videothek musste schließen, weil sie mit der Konkurrenz aus dem Internet nicht klarkam. Und dann kam noch eine berlintypische Mieterhöhung dazu. Ich weiß gar nicht mehr, wie der Laden hieß, irgendein ganz simpler Name, *Video-In* oder so was. Das war ganz emotional, vor der Tür standen Todeskerzen. Der Inhaber war ein Berliner, der seit sechzehn Jahren fast täglich allein hinter der Theke gestanden hatte. Am letzten Tag kam ich also als Reporterin, das war eigenartig, in meiner Straße zu drehen, mit Kamera, Licht, Riesenteam … das war auch irgendwie peinlich. Erst dachte ich, dass die keine Lust haben, vor der Kamera zu sprechen, aber ich habe ganz viele emotionale O-Töne von den Kunden bekommen. Das ist ein schönes Stück geworden. Vor kurzem hat dort, wo die Videothek war, ein Laden aufgemacht, der Achtziger-Jahre-Retro-Rollschuhe verkauft, ganz bekloppt.

Anni muss jetzt still sitzen, keine leichte Übung für sie, die Entertainerin. Wenn sie erzählt, steigt ihre Stimme zum Satzende hin stark an, manchmal flüstert sie fast. So eine Sprechweise verlangt nach Mimik und Gestik. Die Maskenbildnerin sagt, sie solle endlich mal still halten oder, wenn das nicht geht, aufhören zu reden. Bei jeder Ermahnung klemmt Anni die Hände zwischen ihre Oberschenkel und sitzt ein paar Sekunden lang regungslos da. Die Maskenbildnerin krempelt den Rollkragen runter, damit er nicht mitgeschminkt wird.

Ich hab letztens mal wieder so einen schicken Berlin-Film gesehen, wo man im Kino sitzt und denkt, Mann, ist die Stadt schön. Aber in der Wirklichkeit kommt es vor allem auf die Tageszeit an, aufs Licht – und aufs Wetter natürlich. Ich bin öfter auf Drehs und denke: Mann, ich liebe dich, Berlin. Du bist wunderschön. Die blaue Stunde finde ich auch toll, ich glaube, die liebt jeder Fernsehmensch, da kannst du eigentlich alles drehen. Meistens kann ich mir das ja nicht aussuchen, ich drehe dann, wenn ein Team da ist.

Am meisten gedreht habe ich bestimmt (überlegt) ums Brandenburger Tor herum. Am Gendarmenmarkt drehen wir auch oft, da kriegst du immer gute Bilder, am Potsdamer Platz kriegst du immer busy Bilder, genauso an der Kochstraße, da ist immer viel los. Durch meinen Job tauche ich viel, viel mehr in die Stadt ein. Ich mache Sachen, die ich sonst nie machen würde. So habe ich die ganzen alten Berliner Ecken entdeckt, die Dörfer mitten in der Stadt. Wo du auf einmal ein ganz anderes Stadtbild hast, wie Alt-Rixdorf in Neukölln. Diese Identifizierung mit meinem zu Hause, das finde ich schon geil. Nach so etwas habe ich mich auch gesehnt. Es ist natürlich auch so, dass man unter Stress nicht alles wahrnimmt, du musst ja auf bestimmte Sachen achten.

Ich bin aus einem Gefühl heraus in Berlin geblieben, ich kann gar nicht rational sagen, warum. Davor habe ich drei Jahre lang in Hamburg gewohnt, bin aber mit der Stadt nicht warm geworden, obwohl ich ja ein Nordmensch bin. Eigenartig. Ich bin Nordwestmecklenburgerin, komme aus Boltenhagen, einem wunderschönen Ostseebad zwischen Wismar und Lübeck. Der Ort hat eine eigene Bucht, vier Kilometer Strand und Steilküsten. Aufgewachsen bin ich im Strandweg, von unserem Haus sind es vielleicht hundert Meter bis zum Wasser. Da sind nur der Weg und die Dünen dazwischen.

Anni bittet um eine andere Frisur, damit sie nicht genauso aussieht wie beim Dreh gestern. Sie bekommt einen Haarknoten, das hört sich einfach an, ist es aber nicht. Am Ende stecken dreißig Haarnadeln in ihrer Frisur. Obwohl sie die Dinger nach dem Dreh wieder raussammelt, findet sie morgens manchmal welche in ihrem Bett wieder.

Als ich im November auf dem roten Teppich stand, hatte ich eine übertriebene Hochsteckfrisur, dazu ein Abendkleid in gedecktem Rot. Das war zu einer Filmpremiere in der Kulturbrauerei, ich habe Iris Berben und Johanna Wokalek interviewt. Ich hatte auch hohe Schuhe an, was ich mir abgewöhnen muss, weil ich damit die meisten Schauspieler überrage. Bei den Klitschkos war es das einzige Mal nützlich, die sind ja beide so groß.

Meine Mama achtet immer auf die Klamotte oder die Frisur, sie sagt, ich soll mich öfter elegant anziehen. Mein Papa findet immer alles ganz toll. Die beiden gucken immer alles von mir, das ist unfassbar, das würde ich gar nicht von denen verlangen, aber das ist so niedlich. Bei uns zu Hause läuft um halb acht das *Nordmagazin*, das ist das *Abendschau*-Pendant in Mecklenburg-Vorpommern. Inzwischen gucken meine Eltern aber lieber die *Abendschau*, auch wenn ich neben denen sitze und sage: Ich bin hier, ich bin heute nicht im Fernsehen. Die haben sich einfach daran gewöhnt, außerdem glaube ich, sie finden es einfach viel spannender, was in Berlin passiert.

Nach der Maske holt Anni ihr Team ab. Die Kameramänner und Assistenten warten in einem Raum im Erdgeschoss, vom Tierkalender an der Wand starrt ein dicker schwarzer Gorilla. Zu dritt verlassen sie das Gebäude und gehen zum Kleinbus mit dem *Abendschau*-Logo, auf das Autodach scheint eine weiße Sonne, die nicht wärmt. Sie steigen ein. Der Assistent fährt, der Kameramann schweigt, im Kofferraum klappert die Technik, auf der Rückbank erzählt Anni. Gestern, sagt sie, habe sie sich Tee über den Schoß geschüttet und deshalb beim Dreh gefroren. Heute hat sie wieder welchen dabei, Pfefferminze, im Kreisverkehr gießt sie sich den Tee ein. Knappe Sache, aber es geht gut aus.

Leute auf der Straße zu irgendeinem Thema zu befragen ist immer wie ein Überfall. Ich gehe meistens ein paar Schritte vor der Kamera und versuche das wie ein normales Gespräch anzufangen. Oft hilft es, wenn ich sage, wir sind von der *Abendschau*. Die kennt jeder Berliner. Es kommt auch immer darauf an, wen du haben willst. Es gibt Ecken, die von der Optik her toll sind, aber da triffst du nur Touristen. Die Touris stehen total auf Kameras, habe ich das Gefühl, die erzählen gerne was – oder sie fotografieren dich. Wenn wir am Brandenburger Tor drehen, werden wir laufend fotografiert.

Zwanzig Minuten später ist der Kleinbus am verabredeten Treffpunkt. Kurze Panik: Da ist kein Splitt auf dem Gehweg. Ohne den gibt es aber keinen Film. Der Splitt geht, der Frühling kommt, das ist die Idee. Alle drei kleben am Fenster und suchen den Bürgersteig ab. Einen Block weiter liegen die kleinen Steinchen noch, Erleichterung. Später im Interview wird Anni erfahren, dass in der ganzen Stadt geschätzte fünfzigtausend Tonnen Splitt verteilt sind.

Vor ein paar Wochen hatte ich so die Schnauze voll vom Berliner Wetter, dass ich beim Dreh ganz viel geflucht habe. Und auch die Leute sollten übers Wetter fluchen. Später, beim Mischen, haben wir das dann gepiepst, wenn die »Scheiße« oder »beschissen« gesagt haben. Das hat super gepasst, weil es draußen einfach scheiße war. Ich brauche jede Woche eine neue Gestaltungsidee, inhaltlich ist die Wettervorhersage ja immer dasselbe. Meistens gucke ich mir meine Beiträge im Fernsehen an, ich sehe sie zwar im Schnitt, aber es ist total anders, wenn du sie dann im Fernsehen siehst.

Fürs Fernsehen haut die Berliner Stadtreinigung richtig auf den Putz. Sechs Mann, ein Pick-up, eine Minikehrmaschine und eine Riesenkehrmaschine rücken an. Anni erklärt den Männern in den orangefarbenen Overalls die Choreografie für die Kamera: Im Vordergrund sollen drei von ihnen Splitt fegen, hinter ihnen soll die Minikehrmaschine fahren und so tun, als ob. Ein Feger, Sven, soll dann die Fragen beantworten, die Anni ihm stellt, darf dabei aber nicht aufhören zu fegen. So richtig Lust hat Sven nicht, aber er macht mit. Der Pressesprecher, der natürlich auch da ist, sagt ihm, was er sagen soll. Wie jeder normale Mensch hat Sven Schwierigkeiten mit dem Wort »Kehrichtwiederaufbereitungsanlage«. Alles kann so lange wiederholt werden, bis es sitzt, es ist ja nicht live.

Am Anfang waren Live-Schalten schlimm für mich, aber das war das, was ich am unbedingtesten können wollte. Vorher träume ich regelmäßig, dass ich alles vergessen habe oder nichts recherchiert habe. Neulich bin ich mal komplett rausgekommen, weil ich Westkreuz statt Westend gesagt habe, und aus der Regie kam immer nur: »Westend«, ohne Erklärung. Ich wusste gar nicht, was gemeint war, und habe einfach weitergesprochen, aber als ich das dritte Mal »Westend« aufs Ohr bekommen habe, bin ich komplett rausgekommen. Ich habe dann noch irgendwas gesagt, und dann waren die 1:30 schon um, das war ganz peinlich. Live-Schalten sind ja sekundiös durchgeplant, wenn man das so sagen kann.

Vorher bin ich immer noch aufgeregt, aber mehr in konstruktiver Weise. Irgendwann ist das umgekippt, seitdem habe ich den Fokus mehr auf der Sache als auf mich … ganz interessanter Prozess. Vor Leuten spreche ich aber immer noch nicht gerne. Allein eine Konferenz ist schon eine Herausforderung für mich, ich bin da nervös. Das war schon an der Uni so, bei einem Vortrag oder einer mündlichen Prüfung. Weiß auch nicht, warum, vielleicht wegen des direkten Feedbacks, das du bekommst, den Reaktionen. Die Leute könnten ja denken, dass das blödsinnig ist, was ich da gerade sage, oder oberflächlich oder so. Eine Kamera reagiert ja nicht auf das, was du machst, die sagt nichts.

Als alles im Kasten ist und die drei wieder im Auto sitzen, bekommt Anni das Band in die Hand gedrückt. Zurück im Sender, sichtet sie das Material und geht in den Schneideraum, wo der Beitrag zusammengesetzt wird, eine Minute dreißig Sekunden. Jetzt kann die Chefin kommen, um die Abnahme zu machen. Sie trägt süßes Parfüm in den Schneideraum, setzt sich, die Unterarme auf dem Tisch, ganz nah vor den Monitor. Und guckt. Dann sagt sie: »Okay, schön.« Anni kann nach Hause fahren. Ihr kleiner Renault mit den vielen Zetteln auf dem Beifahrersitz steht auf einem weitläufigen Parkplatz. Von hier aus kann man den Funkturm sehen. Bevor Anni einsteigt, hebt sie den Kopf und guckt in den Himmel.

BULLSHIT! GEHT NICHT!

Karsten

Wenn man Karsten mit einer Geste darstellen müsste, würde man sich die Hand über den Nasenrücken legen und Daumen und Zeigefinger auf die geschlossenen Augen drücken. Genauso steht Karsten hinterm Tresen, wenn ihm ein Filmtitel einfallen muss. Es ist eine sehr typische Geste, wahrscheinlich nicht nur für ihn, sondern für alle Videothekare auf diesem Planeten.

Dieser ... wie hieß der bloß? Nicht *Happy Accidents*, sondern ... (seine Hand liegt auf dem Nasenrücken) ... fällt mir jetzt ad hoc nicht ein. Ähm ... warte mal, das kriege ich raus (tippt in die Computertastatur) ... *Next Stop Wonderland*, genau, das ist mein Lieblingsvideothekenfilm. Die Videothek selbst spielt gar keine primäre Rolle, aber einer der Hauptcharaktere arbeitet in einer, so ein nerdiger Typ irgendwie, und eine der Hauptdarstellerinnen verliebt sich halt in den und hat eine kleine Affäre mit dem. Und die leiht auch immer Filme bei ihm aus.

Hinter Karsten im Türrahmen stapeln sich leere DVD-Hüllen, der Plastikturm ist höher als er selbst. Insgesamt gibt es hier dreißigtausend Filme plus die alten VHS-Kassetten im Keller. 1985 fing Karsten hier an, 1989 übernahm er den Laden. Karsten hat graue Augen, graue Haare und einen hellen Teint. Er trägt ein rotes Hawaiihemd mit weißen Blumen, unter dem ein schwarzes T-Shirt hervorguckt. Er mag sehr viele sehr unterschiedliche Filme, romantische Komödien mag er nicht, schlechte, viel zu lange deutsche Filmtitel auch nicht.

Der andere heißt – der hat einen der blödesten deutschen Titel ever – *Liebe lieber ungewöhnlich*, und es geht sogar noch weiter: *Eine Beziehung mit Hindernissen*. Originaltitel ist *Watching the Detectives*. Der Film ist gut, aber ein bisschen zu fluffy, ein bisschen zu Hollywood, ich empfehle den zu neunzig Prozent, würde ich sagen. Der spielt die ganze Zeit in einer Videothek. Lucy Liu ist eine Frau, die das erste Mal in ihrem Leben in eine Videothek kommt, mehr aus Zufall irgendwie, und keine Ahnung hat, wie das alles funktioniert. Cillian Murphy spielt einen Videothekar, der seinen Laden mit extrem viel Liebe führt, wo ich durchaus Parallelen zu unserem Laden gesehen habe. Sprich, die haben die Filme nicht einfach nach Genre sortiert: Horror, Science-Fiction, Drama, sondern auch nach Regisseuren und Themen. Außerdem haben die eine kleine Sitzecke in ihrem Laden, wie wir hier am Fenster. Die Mitarbeiter im Film sind auch so nerdig drauf. Wenn die ein Video wiederbekommen, das nicht ganz zurückgespult ist, sagen die: Das müsste jetzt die Szene sein, wo die zusammen am Tisch sitzen und sich über Hühnchen unterhalten. Dann packen sie die Kassette rein, und es ist natürlich die Szene mit dem Hühnchen.

Es ist Nachmittag, ein Samstag, die Sonne hat es über die Hausdächer auf der anderen Straßenseite geschafft und scheint schräg in die großen Ladenfenster. Vor Karsten steht eine Frau mit roter Nase, blauem Mantel und geschulterter Sporttasche, sie faltet eine Liste auf. Von Kubrick braucht sie *2001*, von Böttcher *Jahrgang 45*, von Lars von Trier *Melancholia* und von André Téchiné *Wilde Herzen*. Außerdem will sie wissen, wie man diesen Téchiné eigentlich ausspricht.

Karsten: *Wilde Herzen* hat leider keine deutschen Untertitel, und du brauchst einen DVD-Player, der Code 1 abspielt, der ist nämlich nur in Amerika erschienen. Auf unserer Homepage findest du eine Anleitung, wie man das freischaltet. Aber auf dem Mac geht das nicht.

Die Frau verlangt eine Quittung, der alte Nadeldrucker rattert los, sie unterschreibt, bedankt sich und ist weg.

Mein eigener Geschmack ist sehr divers, ich kann was mit Fünfziger-Jahre-Trashfilmen anfangen, wo irgendwelche Monster vorkommen, die für 1,50 Dollar modelliert worden sind. Ich mag aber auch sehr elaborierte Kunstfilme, die eher auf der Metaebene funktionieren. Ins Kino gehe ich eigentlich gar nicht mehr, weil mir das einfach zu nervig ist, ständig neben irgendwelchen Mädels zu sitzen, denen ihr Popcorn und ihre 1,5-Liter-Cola wichtiger sind als der Film. Die ganze Zeit hast du diese leuchtenden iPhones im Saal, weil die wissen müssen, was gerade bei Facebook los ist. *The Social Network* habe ich mir wirklich komplett kaputtgemacht, weil ich inmitten einer Schulklasse aus Belgien gesessen habe, die den Film gerade mal zehn Minuten lang interessant fand.

Eine verschnupfte Italienerin kommt rein, dunkle Locken, rote Gummistiefel, Mantel mit Pelzkragen, Ray Ban auf der Nase.

Italienerin: Ich habe vorhin angerufen wegen dieser Serie, *Girls.*

Karsten: *Girls*, jawohl, habe ich schon rausgestellt. Auf der DVD sind die ersten fünf Folgen drauf …

Italienerin: Schön.

Karsten: … entspricht ungefähr hundertzweiundvierzig Minuten. (tippt enthusiastisch in die Tastatur) Englisch, Französisch, Spanisch, leider kein Italienisch.

Italienerin: Englisch ist okay.

Karsten: So (legt die Quittung auf den Tisch).

Italienerin: Merci (Kugelschreiber kratzt).

Karsten: Bis Montag hast du Zeit, dreiundzwanzig Uhr. Falls du schon morgen durch bist, kannst du gerne anrufen und fragen, ob die zweite Staffel wieder da ist, ist gerade ausgeliehen.

Italienerin: Ich hoffe eigentlich, dass es mir morgen wieder besser geht und ich nicht den ganzen Tag zu Hause sitze.

Karsten: Toi, toi, toi.

Italienerin: Ciao!

Auf dem Regal, in dem die vorbestellten Filme liegen, winkt eine silberne Winkekatze, daneben stehen ein goldener Oscar und ein gelber Homer Simpson. An einem Nagel in der Wand hängt eine bedruckte Schallplatte, der Soundtrack von *Bad Taste*, einem frühen Film des Obernerds Peter Jackson. Dann hängt da noch ein Porträt von Til Schweiger, das Karstens Kollegin mit schwarzem Edding angemalt hat, und eine fette, aus der *BILD* gerissene Schlagzeile: *So krank ist Berlin.*

Es gibt diverse Berlin-Filme, die ich aus verschiedenen Gründen gut finde. Einer heißt *Zwei in einer großen Stadt*, der ist aus den Vierzigern, eine Liebes... na, eine Liebesgeschichte ist das eigentlich nicht, das ist so eine ... Ich erzähle mal kurz, worum es geht: Soldat, Flieger oder so, kommt von der Front auf Heimaturlaub, hat ein Wochenende Zeit, sich zu erholen, und fährt nach Berlin, um eine Bekannte zu besuchen. Er hat nur eine Adresse, sie ist aber nicht da, also versucht er sie zu finden. Und dabei trifft er immer wieder auf eine Krankenschwester, die er schon am Bahnhof gesehen hatte. Diese beiden verbringen dann einen Abend zusammen am Wannsee. Und da gibt es wunderschöne Aufnahmen aus dem Berlin dieser Zeit, inklusive kompletter Gedächtniskirche, die ganze Gegend um den Zoo ist noch nicht ausgebombt. Dabei ist der Film erstaunlich zivil, man sieht, glaube ich, nur zweimal eine Hakenkreuzfahne, einmal in der Stadt und einmal an einem Strandkorb am Wannsee, was unfreiwillig komisch aussieht. Die einzige Propaganda sind die Radiodurchsagen, in denen man hört, wo der Feind steht. Ansonsten ist das ein recht fröhlicher, friedlicher Film, ein nettes Come-together von zwei Leuten, die sich nicht kennen, aber Sympathie füreinander entwickeln, ohne dass da jetzt so eine gekünstelte Liebesgeschichte draus wird. Der Film sollte zeigen, wie man sich verhalten sollte, wenn die Soldaten zurückkommen. Also eigentlich doch ein propagandistischer Zweck.

Ein Mann mit kurzen dunklen Haaren und enormem Knoten im Schal holt einen Film aus der Jackentasche und legt ihn auf die Theke.

Mann: Einen wunderschönen guten Tag!

Karsten: Hallöchen. So, einmal zurück ... was ist denn hier passiert?

Mann: Zeig mal.

Karsten: Was hast du denn damit gemacht? Da ist irgendein Schmuddelkram drauf.

Mann: Hm? Ich habe den in der Jackentasche gehabt ... (steckt die Hand in die Tasche, zieht sie wieder raus und begutachtet sie) ... die ist sauber.

Karsten: (putzt mit seinem Hemd an der DVD-Hülle herum) So, jetzt geht's wieder. Kaugummireste ...?

Mann: Also Kaugummi habe ich schon seit Jahren nicht mehr mehr gekaut. Das kann es nicht sein.

Karsten: Ich auch nicht. Das letzte Mal habe ich Kaugummi gekauft, als diese komischen *Five Gums* eingeführt wurden. Weißt du, diese …

Mann: Ich bin da gar kein Experte.

Karsten: … da gab es eine ganz tolle Fernsehwerbung …

Mann: Ich gucke gar kein Fernsehen.

Karsten: … die Werbung ging so: Ein Typ liegt auf einer riesigen Bassbox, so groß wie dieser Raum hier, um ihn herum nur Boxen, und ganz viele Bälle, die darauf tanzen. Und dann kommt halt so: *Five Gums!* Und ich dachte, das muss ich kaufen … hat aber beschissen geschmeckt.

Es gibt ein paar Dinge, die Karsten nicht abkann. Zum einen, wenn Kunden die Verleihfilme nicht ordentlich behandeln. Zum anderen, wenn Regisseure sich über relevante Details hinwegsetzen.

Ich bin jemand, der sehr auf Kleinigkeiten achtet, Regisseur Michel Goundry ist auch so jemand. Der ist versessen darauf, dass jede Einstellung genau stimmt, dass der Luftballon im richtigen Moment durchs Bild fliegt und im richtigen Winkel, sonst macht er das halt noch mal. Bei seinem Film *Be Kind Rewind* hat er aber eine Sache nicht bedacht: Wenn man in einer Videothek zufällig durch irgendwelche Magnetfelder alle Videokassetten löscht, was ja in dem Film passiert, und man will die wieder neu bespielen, indem man die Filme selbst nachdreht, dann muss man die Löschlasche an den VHS-Kassetten überkleben, sonst geht das nicht. Die Löschlasche gibt es, damit die kommerziellen Videokassetten nicht versehentlich von Kunden gelöscht werden. Dass er das nicht gezeigt hat, ist so eine Kleinigkeit, die mich, als jemand, der mit Videos groß geworden ist, geärgert hat. Dass er nicht mal … das wäre ja nur eine kleine Einstellung gewesen: Man nimmt einen Tesafilm und klebt den über die Löschlasche. Den Leuten, die nicht wissen, was das soll, wäre das nicht großartig aufgefallen. Aber so, die nehmen die Kassette einfach aus dem Regal, packen die in den Camcorder und fangen an zu drehen. Bullshit! Geht nicht! Das hat mir komplett den ganzen Film kaputtgemacht.

Es warten noch andere Kunden, aber Karsten lässt sich Zeit. Das hier ist keine Supermarktkasse, Filmanekdoten werden grundsätzlich zu Ende erzählt.

Der andere Berlin-Film, den ich hervorragend finde, ist *Playgirl*, mit dem schönen Untertitel *Berlin ist eine Sünde wert*. Der ist von 1966, spielt sehr viel am Ku'damm, im *Café Kranzler* und so, ist geschrieben von Will Tremper, Journalist und Kriminalautor. Das ist einer seiner besten Filme, finde ich, der hat eine extrem schöne Atmosphäre, die Story ist nicht abgetragen, und der ist einfach sehr schön erzählt. Hat auch ganz tolle Nachtaufnahmen der Stadt.

Man hört es vielleicht nicht so, aber ich bin Urberliner, wirklich! Ick kann ooch Berlinerisch sprechen, keen Problem, wa. Hab ick mir irjendwann abjewöhnt, wa. Ick komme aus Spandau, kennste, wa? Dort bin ich aufgewachsen, Schule und alles. Geboren bin ich eigentlich in … obwohl, das stimmt ja gar nicht, ich habe immer gedacht, dass ich in Charlottenburg geboren bin, mitten in der Stadt. Aber ich bin tatsächlich im Waldkrankenhaus Spandau geboren, was mich total frustriert hat, als ich das rausgefunden habe.

In den Achtzigern, als ich hier angefangen habe, hatten wir eine ganz andere Szene als jetzt. Heutzutage ist alles sehr auf Karriere und Ansehen und Trallala, damals war das für ganz viele Leute einfach eine Notwendigkeit, sich auszudrücken, weil sie vielleicht partiell psychologische Probleme hatten, aber auch, weil sie den Drang verspürt haben, sich an die Öffentlichkeit zu bringen. Westberlin war ein Schmelztiegel. Es gab keinen Bundeswehrzwang, weshalb unheimlich viele, ich nenne sie jetzt mal Rejects, nach Berlin kamen. Die hatten keinen Bock, für den Staat die Waffe zu schwingen. Die haben alle irgendwas gemacht, aber ohne den kommerziellen Aspekt, es ging nicht darum, seine Existenz zu sichern. Gutes Beispiel: Hier um die Ecke in der Mittenwalder Straße gab es eine Kneipe, die einfach keinen Namen hatte, die wurde immer nur Blechkiste genannt. Das hieß halt so, weil Boden, Wände und Decke komplett mit Laufblechen verkleidet waren, im Sommer war das ultraheiß da drin, es gab natürlich keine Ventilation. Das war ein Hotspot für jegliche Form von Drogen, speziell Heroin. War auch alles illegal, die hatten keine Konzession und gar nichts. Es gab immer Tequila-Wettsaufen, da musste alle fünf Minuten ein Shot genommen werden. Die Leute haben fünfundzwanzig Mark dafür bezahlt, und wer am

Schluss noch stehen konnte, hatte gewonnen. Das Geld hat er nicht zurückbekommen, aber einen ordentlichen Rausch hatte der. Es gibt eine Videodokumentation davon, aus dem Jahr 1989, wo der Gewinner tatsächlich zweiundfünfzig Tequila schafft, also mehr als einen Liter, der kann nicht mehr reden, aber er kann noch stehen. Der steht halt so da (lässt die Arme hängen und schwankt hin und her) und wird so gehalten und guckt immer so (kneift die Augen zusammen). Diese Doku gehört auch zu meinen liebsten Berlin-Filmen, die heißt einfach nur *Kampftrinken*.

Ein Typ kommt rein, Mitte dreißig, blaue Steppjacke, Wollmütze, weiße Jeans und spitze Schuhe. Er redet laut.

Typ: Hallo, ich hatte vorhin mal angerufen wegen *Madame Bovary* von Chabrol.
Karsten: So, denn bräuchte ich mal dein Kärtchen.
Typ: Hab ich nicht, aber meinen Führerschein.
Karsten: Gut, für die *Madame* wären das 3,60 Euro, und dann ist noch was offen vom 30. November, hast du wohl länger behalten?
Typ: Kann sein, ja … Ist ja wie bei Christoph Schlingensief, der hatte ewig lang einen Film von euch. Irgendwie hatte der alle seine Filme verloren, der hat sich, glaube ich, von seiner Freundin getrennt, und die hat seine ganzen Sachen in der Badewanne versenkt. Und dann wollte er einen Film von sich haben, hat den bei euch ausgeliehen und bei sich ins Regal gestellt, und weil er nur das Cover gesehen hat, dachte er irgendwann, ist ja eh mein Film. Als er dann gemerkt hat, dass der von euch war … das gab eine immense Rechnung, ist aber schon ein paar Jahre her.
Karsten: Schlingensief? Seine Hiwis waren mal hier, aber er selber …?
Typ: Ja, hat er mir mal erzählt. Muss ewig her sein (geht zur Tür).
Karsten: (guckt im Computer) Nee, der war nicht hier.
Typ: Dann war das 'ne andere Videothek, ich dachte immer, das war bei euch. (hält die Klinke in der Hand) Da hast du deinen eigenen Film zu Hause … (lacht) und musst so viel dafür bezahlen (geht ab).

Tobias

Wenn Tobias aus seinem Wohnzimmerfenster auf die gegenüberliegende Straßenseite guckt, sieht er das alte Stadtbad Prenzlauer Berg. Ein wuchtiger Sandsteinbau in der Oderberger Straße mit Meerjungfrauen-Reliefs und Graffiti unter den Rundbogenfenstern. Im dritten von links hängt ein Rettungsring. Eigentlich perfekt.

Witzigerweise habe ich das Stadtbad noch nie als Motiv vorgeschlagen, weiß auch nicht, warum … weil meine Nachbarn mich lynchen würden, wenn ein Filmteam hier alles zuparkt (lacht). Ich habe aber neulich einen beobachtet, der da drüben über den Zaun geklettert ist. Da habe ich gedacht, das könnte ein junger Kollege sein. Es ist immer schön, wenn man ein Motiv findet, das viel kann, das verschiedene Stimmungen und optimale Bedingungen hat. Das sind in Berlin vor allem solche alten, leer stehenden Gebäude.

Seit 1996 ist Tobias Location Scout in Berlin, er sucht Orte, die es bis dahin nur in den Köpfen von Drehbuchautoren und Regisseuren gibt.

Berlin ist ja eigentlich unansehnlich, so in die Breite gewachsen, schon in der Anlage, ein moderner Wurf in einer großen Dimension. Andere mitteleuropäische Städte wirken urbaner, weil sie ein Zentrum haben und seit dem Mittelalter gewachsen sind. Das Schöne am Film ist, dass du dir die Stadt zusammenbauen kannst. Wenn du Berlin sehr urban erzählen willst, dann nimmst du halt die wenigen dichten Stellen. So kann die Stadt auch wie London wirken. Wenn du dann in die Totale gehst, musst du natürlich aufpassen.

Tobias sitzt in seiner Küche und isst selbst gebackenen Apfelkuchen. Ein großer, schlanker Mann mit Klavierhänden, schwarzem Wollpulli und alten Adidas. Tobias kaut gründlich, er hat die Beine übereinandergeschlagen, er

lässt sich Zeit für seine Sätze. Seine Augen suchen den ganzen Raum nach den richtigen Worten ab. Die Küche liegt in einer Altbauwohnung im Prenzlauer Berg, sie hat Holzdielen und ein Fenster zum Hof.

Gerade suche ich einen Bungalow, der im Ostdeutschland des Jahres 1992 liegen soll. Ich habe ganz viele Vorschläge gemacht, aber es war immer noch nicht das Richtige dabei. In der Nähe des Olympiastadions gibt es ein Fünfziger-Jahre-Clubhaus mit Pool, das gehört einem Sportverein ... der perfekte Bungalow, wirklich filmisch, großes Kino. Das war meine letzte Hoffnung, aber da sollen jetzt Bauarbeiten beginnen. Ich habe zwar noch nicht erlebt, dass ein Film an einem nicht vorhandenen Motiv gescheitert ist, es kommt aber vor, dass ich zwanzig, dreißig Vorschläge auf den Tisch lege, bis alle zufrieden sind.

An diesem Nachmittag will Tobias nach Tegel, eine Markthalle auf ihre Filmtauglichkeit abklopfen. Sein Auto parkt rechts vom Stadtbad, ein 1988er Mercedes, frisch gesaugt und mit Stufenheck. Kantig und cool, Filmbusiness halt. Statt eines Wackeldackels steht ein Holzmaharadscha aus Indien auf der Hutablage, der mit dem Kopf nicken kann. Tobias drückt auf die Kofferraumklappe, um vorzuführen, wie das geht, aber es wackelt nur das Auto. Er steigt ein und pappt das Navi an die Windschutzscheibe.

Ich muss mal kurz Gorkistraße eingeben ... Okay. Berlin war einfach *die* Stadt, auf jeden Fall. Ich bin gemeinsam mit meiner Schwester aus Bonn hierher. Mein Vater hat zu der Zeit hier gearbeitet, das war wie eine kleine Familienzusammenführung. Nachdem ich hergezogen war, habe ich alles Mögliche ausprobiert. Ich habe Theaterwissenschaften studiert, Kulturwissenschaften, Philosophie. Dann habe ich einen alten Schulfreund getroffen, der mit einem Kleinbus für eine Produktionsfirma durch die Stadt fuhr. Als der vom Fahrer zum Requisiteur aufstieg, hat er gefragt, ob ich nicht Lust hätte, den Wagen zu fahren. Ich brauchte Geld, und so bin ich bei der amerikanischen Filmfirma gelandet, die *Berlin Break* gemacht hat. Eine Serie mit John Hillerman, der hat auch den Sergeant bei *Magnum* gespielt, das wird ja immer noch wiederholt. Bei *Berlin Break* war Hillerman ein amerikanischer Agent, der eine Kneipe in Berlin hat, wo die Geheimdienstler aller Nationen ein und aus gehen. Das spielt kurz nach dem Mauerfall, die Agenten sind plötzlich alle arbeitslos geworden, ganz witzige Idee eigentlich. Als die Serie abgedreht war, habe ich jahrelang Ausstattung und Szenenbild für Studentenfilme gemacht. Irgendwann hat jemand gesagt: Wir brauchen Drehorte, fahr doch mal los und komm abends mit ein paar Fotos wieder. Das war vom ersten Tag an genau das Richtige, ich habe das gerne gemacht, habe auch schon immer gerne fotografiert. Über die Jahre habe ich natürlich diesen filmischen Blick entwickelt, ich weiß, worauf es ankommt.

Mitte der Neunziger stand der ganze Osten leer, da konntest du überall rein, diese verrotteten Szenerien entsprachen total der Ästhetik der Studentenfilme. In letzter Zeit gibt es nicht mehr so viele Drehbücher, die so alte Industriebrachen brauchen. Ich warte eigentlich darauf, dass sich die Drehbuchautoren und Produzenten bald andere Städte rauspicken. Natürlich hat Berlin viel zu bieten. Wenn du, ich sage jetzt mal tausend Wohnungen im Archiv hast, dann kannst du aus diesem großen Fundus sehr präzise wählen. In Wiesbaden oder Halle, wo längst nicht so viel gedreht wird, werden meine Kollegen nicht so ein großes Repertoire an Locations haben.

Wenn ich nichts im Archiv habe, schaue ich nach Immobilienangeboten. Das ist allerdings oft schwierig, weil der Eigentümer das ja loswerden will und nicht nur für zwei Wochen an ein Filmteam vermieten. Dann ist es gerade so, dass wahnsinnig viele tolle Motive renoviert werden, wirklich unglaublich. Vor ein paar Jahren musste man nur beim Bundesvermögensamt anrufen, wenn man was entdeckt hatte. Heute musst du wahnsinnig schnell von einem Objekt Wind bekommen, und dann ist da trotzdem schon irgendein Investor. Aber es kommen auch neue Sachen dazu, der Bierpinsel in Steglitz zum Beispiel – futuristischer Achtziger-Jahre-Bau –, den haben wir in den Neunzigern immer links liegen lassen. Das ist wohl eine Frage des Zeitgeists, wann man so was wiederentdeckt. Im Bierpinsel hätte ich gerne ein Penthouse gesehen, aber der Szenenbildner hat gesagt, Gott bewahre, viel zu aufwendig.

Tobias lenkt sein Auto mit den Fingerspitzen durch den Wedding. Nur manchmal greift er das Lenkrad mit beiden Händen, um plötzlich auf die linke oder die rechte Spur zu wechseln. Sein Blick wandert an den Straßenrändern ent-

lang, läuft mit den Fußgängern über den Gehweg, schaut mit ihnen in die Handyläden und Dönerbuden. Dafür, dass Tobias fährt, guckt er relativ wenig nach vorne.

Das hier ist eine meiner Lieblingsecken, diese Schinkel-Kirche und dann diese tolle Flucht mit der Linkskurve, und in dem Haus, wo wir gleich vorbeikommen, ist dieses wahnsinnige Treppenhaus. Und diese alte Werbung (weit oben an einer Brandmauer ist ein Gemüsemännchen mit Tomatenkopf gemalt). Es gibt so Ecken, da stimmt einfach alles, da kannst du die Kamera einfach draufhalten. Das Leihhaus ist auch gut … (tippt den Blinker an) wir können ja mal gucken, ob wir uns hier kurz hinstellen können (parkt in einer Einfahrt). Wir machen einen kurzen Rundgang, mal schauen, ob das Treppenhaus offen ist (ist es nicht). Jetzt kommen die Tricks … beim Kinderarzt klingeln (drückt den Klingelknopf), der macht dir immer auf … wenn er da ist (ist er nicht). Aber wir kommen durch die Toreinfahrt auf den Hof … Guck mal, diese gusseisernen Türen, diese bunten Fliesen, das könnte doch auch Budapest oder Prag sein … hier könnte man auch supergut historische Filme drehen. Da an der Ecke ist die Stadtbücherei drin, das ist das alte Luisenbad. Und hier diese Remise, auch wunderschön … (stellt die Hände vertikal vor dem Gesicht auf und guckt zwischen ihnen durch) … hier so im Anschnitt. Da drüben in der alten Fabrik mit den Schrägdächern hast du die Bildhauerateliers, auch ein tolles Motiv, direkt davor fließt die Panke.

Zurück zum Auto und weiter nach Norden, Richtung bürgerliches Reinickendorf.

Wenn ich einen Film angucke, achte ich schon auf die Locations. Genauso wie ich Spaß daran habe, so schnell wie möglich die Stadt zu erkennen, in der gedreht wurde, nicht nur am Autokennzeichen, sondern auch am Trottoir, an den Hausfassaden oder den Eingangstüren. Berlin erkennst du an den Maßen, an den breiten Straßen zum Beispiel.
Mein Job ist schon anders, sonst ist ja alles beim Film Teamarbeit, die Drehzeit schweißt die Leute zusammen. Als Scout bist du immer schon fertig, wenn die anfangen zu drehen … Die allseits beliebten Bezirke sind nicht unbedingt auch

beim Film beliebt. Ein Kreuzberger Straßenbild kann man manchmal besser in Charlottenburg oder Lichtenberg drehen. Weil da nicht so viel los ist, hat man bessere Bedingungen. Der Kaskel-Kiez ist so eine Sache, da hat man plötzlich die fette Altbauszenerie, mitten in Lichtenberg. Dort habe ich für eine romantische Komödie eine Straße mit Ladenlokal gesucht, in Kreuzberg waren alle Lokale besetzt, aber in der Kaskelstraße gab es eine Altberliner Ecke, tolles Trottoir, tolle Fassaden, tolle Fluchten, wenig Bäume. Unsere Branche ist superflexibel, wir sind überhaupt nicht auf die angesagten Bezirke abonniert, ganz im Gegenteil. Tatsächlich finde ich in Reinickendorf und Steglitz eher interessante Motive … und im Wedding, der ist eh total klasse. Die architektonische Mischung ist total interessant, nicht so monoton, da hast du mal eine Klinkerkirche dazwischen, und dann so eigentümliche Profanbauten, wo du die Funktion nicht mal erahnen kannst … die ganzen Spielcasinos machen nicht so viel her, das werden immer mehr.

In der Regel spielt Berlin sich selbst, aber es kommt vor, dass einzelne Bilder, die eigentlich woanders spielen, hier gefilmt werden. Letztens habe ich Paris gesucht, für *Frau Ella*, so ein Roadmovie mit Matthias Schweighöfer. Den Dreh in Frankreich hatten die schon hinter sich, und im Berlin-Block haben sie festgestellt, dass ihnen doch noch ein paar Straßenbilder Paris fehlen (lacht). In der Gegend um die Pariser Straße herum – der Name ist jetzt Zufall – habe ich einen ganzen Tag Fassaden und Hauseingänge fotografiert. Das ist Wilmersdorf, off Ku'damm, dort haben die dann gedreht. Und jetzt ist wirklich die Frage, ob das am Ende so pariserisch aussieht, dass es nicht auffällt. Ich hatte auch den Park am U-Bahnhof Rathaus Schöneberg vorgeschlagen. Dort stehen Platanen, das sieht aus wie in Frankreich, und der Eingang zum U-Bahnhof könnte auch von der Pariser Metro sein.

Jetzt die Müllerstraße hoch, die Gebäude werden flacher, die Fenster quadratischer, statt Gebrauchtwagenhändlern gibt es Autohäuser. Reinickendorf ist nicht mehr weit.

Hier rechts kommt irgendwo ein ganz toller Friseur. Du bist irgendwo … denkst, was willst du eigentlich hier? Aber dann ist da plötzlich der Friseur, der viel cooler ist als jeder in der City ... (nickt nach rechts) Hier, *Salon Charlie*, sechziger Jahre, gehört so einem alten, total sympathischen Schwulen. Das Ding kannst du filmen, dann machst du noch ein Außenbild vom Kotti, und jeder denkt, das ist der coolste Friseur Kreuzbergs. Und diese Trickserei, weißt du, das macht Spaß. Vielleicht mag ich Reinickendorf und Wedding auch so, weil sich das Stadtbild hier nicht so schnell verändert. In Kreuzberg und Neukölln muss ich ständig gucken, ob das alles noch so aussieht wie auf meinen Fotos ... Gleich kommt eine alte Wäscherei, die ist auch ganz toll. Wäschereien sind überhaupt super Motive, da wird noch richtig gearbeitet, und du hast diese Maschinen und den Dampf, sehr filmisch. Weil ich eine brauchte, habe ich neulich alle Wäschereien abtelefoniert, die ich vor fünf Jahren schon mal fotografiert hatte. Die Hälfte gab es nicht mehr. Und einer sagte am Telefon: Ja, kommen Sie, aber kommen Sie schnell, ich habe gerade Insolvenz angemeldet.

Stadtautobahn, rechts unterhalb der Fahrbahn liegt eine russisch-orthodoxe Kirche mit hellblauen Spitzdächern, von den Zinnen ragen dicke Goldkreuze auf.

Wir haben echt Glück, dass unsere Könige in ganz Europa verwandt und verschwägert waren, ihrer Sippe zuliebe haben die öfter mal was Russisches oder Viktorianisches gebaut ... Stilkunde ist auch wichtig, wenn ich ein fränkisches Walmdach suche, muss ich natürlich wissen, wie ein Walmdach aussieht.

Tobias fährt von der Autobahn ab.

Wenn ich nach einer echten Wohnung suche, muss ich schon mal vorfühlen, ob die Leute grundsätzlich bereit sind, ihre Wohnung zur Verfügung zu stellen. In Berlin weiß ja jeder, was Filmarbeiten sind, aber man muss behutsam vorgehen. Man sollte nicht denken, alle warten darauf, dass die vom Film kommen und denen ihr ganzes Leben durcheinanderbringen. Wenn ein Motiv in die nähere Wahl kommt, gucke ich mir das noch mal zusammen mit Regie, Kamera, Szenenbild und Produktionsleitung an. Wenn das Leute sind, die noch nie in ihrer Wohnung haben drehen lassen, finden die das total witzig und aufregend. Die

sind dann natürlich auch neugierig, was diese fremden Menschen jetzt sagen …
und meistens schweigen wir, man ist halt sehr konzentriert.

Ich habe selber mal aus der Not heraus meine Wohnung angeboten und hatte
die Leute bei mir in der Wohnung stehen – die wussten aber nicht, dass ich ein
Kollege bin. Das war schon interessant. Ich glaube, die optimalen Motivgeber
sind die, die einfach diese Neugier mitbringen, sich fragen, was machen diese
Filmleute aus meinem Zuhause. Na ja, sie machen was Neues draus und erzählen
diesen Ort auf eine ganz spezielle Art. Du musst entspannt sein, und am Ende …
guckst du dir das einfach an.

**Die Tegeler Markthalle kommt in Sichtweite, davor liegt eine Fußgängerzone,
in der man eine westdeutsche Kleinstadt filmen könnte. Tobias stellt seinen
1988er Mercedes ins Parkhaus und geht rüber in die Halle, in der es nach
Fisch und Käse riecht. Rentner stehen Bockwurst essend vor orangefarben
gefliesten Wänden. Hier beginnt Tobias' Arbeit, die so schwer als solche zu
erkennen ist. Es ist eine Fantasieleistung: Er durchmisst die Gänge zwischen
den Verkaufsständen mit großen Schritten, er bleibt stehen, kneift die Augen
zusammen, sagt nichts, geht wieder ein paar Meter, bleibt wieder stehen. Er
guckt nach links auf Fischtheke und Eierstand, er guckt nach rechts auf Obst-
verkäuferin und Staubsaugervertreter. Er geht weiter.**

Wie würdest du es beschreiben, so von der Stimmung her? Nicht so richtig Berlin, oder? Überhaupt nicht hip, sehr interessant. Man weiß auch nicht genau,
wo man ist, das finde ich gut. Schau mal hier zum Beispiel, diese Flucht. Damit
kann man schon … Ich überlege gerade, was dieser Ort erzählen könnte. Diese
orangefarbenen Kacheln zum Beispiel … und wie er da steht mit seiner Wurst,
das ist doch eigentlich schon perfekt.

**Tobias hat alles gesehen, er läuft durchs Parkhaus zu seinem Auto und muss
daran denken, wie schwierig es wohl wäre, eine Drehgenehmigung für diesen
Ort zu bekommen. Parkhausbetreiber sind nicht die beliebtesten Motivgeber,
was daran liegen könnte, dass Parkhäuser die beliebtesten Kulissen für Ver-
gewaltigungen und Morde sind.**

FAHREN SIE WEITER. DAS GEHT AUF MEINE KAPPE

Heinrich

Flughafen Tegel: Solange Flugzeuge da sind, sind auch Taxis da. Sie warten in fünfundzwanzig Reihen auf einem riesigen Parkplatz, an diesem Donnerstagmittag unter einer satten Spätsommersonne. Zwischen den Autos haben sich Grüppchen gebildet, Männer, die sich unterhalten, Männer, die in geöffnete Kofferräume schauen, Männer, die Kaffee aus Pappbechern trinken. Heinrich hat auch so einen Siebzig-Cent-Kaffee in der Hand, im Slalom läuft er zwischen den Autos der Kollegen zu seinem eigenen. Heinrich ist dreiundsechzig, er macht den Job seit fünfundzwanzig Jahren und ist wie fast jeder zum Taxifahrer geworden: durch Zufall.

Mein skurrilster Fahrgast war unser ehemaliger Verteidigungsminister, wie hieß der noch? Der mit der Gräfin? (überlegt) Scharping! An den erinnere ich mich, weil man an dem sehen konnte, wie manche abgehoben sind. Da war die Beerdigung vom Rau, Johannes Rau, im Berliner Dom. An dem Tag hat es geregnet. Ich stand hier in Tegel, und Scharping kam rein mit noch einem und sagt: Ich möchte zum Dom zur Trauerfeier. Da sage ich: Da ist alles abgesperrt, da werden wir nicht rankommen. Und da sagt er: Das lassen Sie mal meine Sorge sein. Na ja, wir fahren los. Erste Schranke, Karl-Liebknechtstraße. Wir fahren ran, Scharping macht die Scheibe runter. Der Polizist: Haben Sie eine Akkreditierung? Scharping reicht ein Papier rüber. Sagt der Polizist: Das ist eine Einladung, keine Akkreditierung. Man muss dazusagen, da war Scharping schon kein Minister mehr. Sagt der Polizist: Fahren Sie rechts ran, Sie müssen aussteigen. Und Scharping, sauer, sagt: Fahren Sie weiter, das geht auf meine Kappe. Na ja ich fuhr denn langsam weiter Richtung Dom. Auf einmal: Mäuse, also Motorradstreifen – direkt vor meine Haube. Wieder ein Polizist. Scharping: Ich bin Scharping, ich bin eingeladen. Und der Polizist wieder: Haben Sie eine Akkreditierung? Scharping zeigt wieder das Papier, der Polizist schüttelt den Kopf. Da fragt Scharping: Wie, soll ich jetzt zu Fuß laufen? Der Polizist: Ich steh hier auch die ganze Zeit ohne

Regenschirm. Na, da war was los. Letztendlich blieb Scharping nichts anderes übrig, er ist im Regen raus und musste fünfhundert Meter zum Dom laufen. Der war stinksauer, so eine Flappe hat der gezogen. Und das hat doll geregnet.

Heinrich hat glatte graue Haare und kleine, nette Augen. Er trägt ein Polo-shirt, quer gestreift, und Jeans. Er erzählt mit einem Lächeln auf den Lippen, das so fein ist, dass man nicht weiß, ob es überhaupt eines ist. Sein Taxifah-rerleben breitet er unaufgeregt aus, er ist keiner, der große Gesten braucht, keine Kunstpausen. Vielleicht liegt es daran, dass schon so viele Leute auf seiner Rückbank saßen und ihm Geschichten erzählt haben. Er weiß, dass Aufplustern nichts bringt, man kann sich nicht selbst vergrößern. Man ist der, der man ist.

Ich stehe relativ oft am Tegel, eigentlich dreimal am Tag. Auf der Palette – so wird der Parkplatz hier genannt – findet man alle Nationalitäten. Türken, Grie-chen, Russen, Polen, Araber, Afrikaner. Neulich haben sie im Funk einen ge-sucht, der Suaheli spricht. Da waren wohl Touristen, die von einem durch die Stadt gefahren werden wollten, mit dem sie reden konnten. Und zack war der Richtige gefunden.

Ob ich später mal am Flughafen Schönefeld stehen werde, wenn es Tegel nicht mehr gibt, weiß ich nicht. Wenn Schönefeld irgendwann mal fertig ist, ist die Bahnanbindung dort wesentlich besser. Kann ja sein, dass die Leute dann alle mit der Bahn fahren, wird ja auch teurer für die Kunden, von dort. Von hier in die Innenstadt kostet das zwanzig oder fünfundzwanzig Euro, von Schönefeld fünf-unddreißig oder vierzig.

Am Adlon am Pariser Platz stehe ich auch gerne, da sieht man die ganzen Tou-risten und auch mal echte Stars. Als Taxifahrer kommt man in ganz Berlin rum. Andere Leute kommen ja aus ihrem Kiez gar nicht raus, die sitzen in Neukölln und sagen: Reinickendorf kenn ich nicht, hab ich mal gehört, das muss irgendwo im Norden sein. Es gibt aber auch solche Kollegen, die stehen an der Charlotten-straße am Taxistand, und wenn einer einsteigt, der zum Bahnhof Zoo will, sagen die: Nee, ich fahre nur in Spandau. Den Ku'damm kennt aber jeder Fahrer rauf und runter, da kennt man jede einzelne Nebenstraße. Sonst hat jeder Fahrer seinen Bezirk, wo er sich besonders gut auskennt – oder den er nicht mag. Ich persönlich mag den Wedding nicht so, der ist so schmuddelig, das ist nicht mein Bezirk. Und Mitte nervt alle Taxifahrer, weil da nur Baustellen und Umleitungen sind, und im Berufsverkehr kommt man da gar nicht mehr raus. Katastrophe. Es gibt Straßen in Berlin, da war ich noch nie, obwohl ich seit mehr als zwanzig Jahren fahre. An der Straße bin zwar schon tausendmal vorbeigefahren, aber noch nie durch die Straße. Dann gibt's wieder Straßen, da wirst du an einem Tag dreimal hingerufen. Einmal hatte ich eine Fahrt nach Thüringen in irgendeine Kleinstadt. Drei Stunden hin, drei zurück. Der hat vierhundert Euro bezahlt, wäre mit dem Zug nicht mehr rechtzeitig hingekommen. War wohl ein wichtiger Termin, hat aber nicht gesagt, worum es ging.

Heinrichs Arbeitstag dauert zehn Stunden, er verlässt das Haus morgens um halb acht. Meistens hat er Stullen dabei und eine Thermoskanne mit Schwarztee, wenn er abends nach Hause kommt, hat seine Frau gekocht. Das war nicht immer so, früher hatte er einen anderen Job.

Ich hab mal Fußball bei Lichterfelde 12 gespielt, der Verein heißt heute VfB Lichterfelde, jedenfalls gab es in der Mannschaft einen, der immer gejammert hat, dass er den Taxischein nicht bekommt. Andauernd ist er durch die Prüfung gefallen, vier oder fünf Mal. So schwer kann das doch nicht sein, hab ich gesagt. Also haben wir gewettet und sind zusammen zur Prüfung für den P-Schein gegangen. Er hat bestanden und ich auch. Eigentlich war ich Fernmeldetechniker, ich bin dann aber immer öfter Taxi gefahren, und irgendwann bin ich nur noch Taxi gefahren. Als ich 1986 angefangen habe, lief es recht gut. Dann kam 1989, die Wende, danach ging's die ersten ein, zwei Jahre auch noch. Und dann ging's bergab, na ja, hohe Arbeitslosigkeit, der Tourismus war noch nicht wie heute, und die ausm Osten hatten auch kein Geld. Außerdem gab es ein Überangebot an Taxen. Da hatten wir einen Stundenlohn, den konnte man vergessen. Die letzten Jahre sind wieder gut gelaufen, der Tourismus ist unwahrscheinlich, man sieht da ein neues Hotel, und da, und da. Immer weiter, immer weiter. Wenn Fahrgäste erzählen, wie lange sie nach einem freien Hotelzimmer suchen mussten, denkt man, das kann doch gar nicht sein. Das geht schon seit Jahren so, ich beobachte das ein bisschen. Im Radio haben sie gesagt, dieses Jahr kamen dreizehn Prozent mehr Touristen als im letzten Jahr. Ich warte immer, dass es mal bergab geht, aber bis jetzt passiert das nicht. Die Leute kommen aus aller Welt. Ich rede mit denen auf Englisch, das kann ich ein bisschen, aus der Schule noch. Wirtschaftsenglisch kann ich natürlich nicht, ab und zu fehlt mal 'ne Vokabel, dann versuch ich das eben zu umschreiben.

Bei Fahrgästen mache ich keinen Unterschied, ob das Berliner sind oder Touristen. Manche sind anstrengend, die sitzen kaum, da geht das gleich los: plapper, plapper, plapper. Geschichten, die man gar nicht hören will, wenn das 'ne lange Strecke ist, ist man froh, wenn der wieder aussteigt. Ich musste aber noch nie einen rausschmeißen. Meine Erfahrung ist: Gib dem betrunkenen Fahrgast immer recht. Wenn ich meine Meinung sagen würde, hätte ich in zwei von drei Fällen Ärger. Wie oft ich gehört hab, dass die Ehefrauen alle Schlampen sind … und was weiß ich was alles. Ich bin einfach immer der gleichen Meinung, dann gibt's auch noch ein schönes Trinkgeld, weil der denkt, dass endlich mal einer auf seiner Seite ist.

Heinrichs Auto hat die Farbe »Hellelfenbein«, so wie alle Taxis in Berlin, das ist Vorschrift. Das Innere ist sauber, kein persönliches Zeug, obwohl das Auto ihm gehört. Ausgenommen die Visitenkarte mit Name und Anschrift, sie klebt auf dem schwarzen Armaturenbrett. Würde Heinrich nicht erzählen, wäre es still im Auto. Den alten Taxifunk, wo immer einer redete, oder es wenigstens knackte oder rauschte, gibt es nicht mehr. Der Digitalfunk ist so langweilig wie ein Smartphone, manchmal macht er leise »ring«, mehr nicht.

Viele Kollegen haben schon von Überfällen erzählt. Mir ist noch nie was Schlimmes passiert, ich hab auch noch nie den Alarmknopf gedrückt. Mir ist nur mal jemand abgehauen, ohne zu bezahlen. Dem bin ich hinterhergeschlichen, habe beobachtet, in welches Haus der geht, dann habe ich geklingelt und gesagt: Bezahlen Sie jetzt, oder es gibt eine Anzeige. Er hat bezahlt. Und einmal hat eine Frau gesagt, dass sie kein Geld mehr hat, dann hat sie ihren Ausweis rausgeholt, mir ihre Adresse aufgeschrieben und gesagt: Sie wissen, wer ich bin, ich überweise Ihnen das Geld, versprochen. Ich habe aber nie wieder was von ihr gehört.

Einmal hatte ich auch richtig Angst gehabt, das ist schon eine Weile her, da bin ich nachts gefahren, eine richtige Sommernacht, dreißig Grad. Ich fahr die Albrechtstraße in Steglitz runter, da steigt einer ein, in Lederkluft, überall tätowiert, lange Haare. Er will nach Moabit, sagt der, aber ich soll über den Hüttenweg fahren, mitten im Wald, alles ruhig. Ich sage zu ihm, dass das ein Umweg ist. Er sagt, dass er das weiß, aber er liebt es, wenn er nachts durch den Wald fährt und die Bäume riecht. Da dachte ich, der will mich überfallen oder was. Aber dann hab ich dem in die Augen geguckt – ich bilde mir immer ein, dass ich ein bisschen Menschenkenntnis habe – und habe dem nicht zugetraut, dass der mich überfällt, obwohl das so eine dunkle Gestalt war. Ich bin also losgefahren, aber immer Finger am Alarmknopf, und der Funk war an. Und dann fuhren wir den Hüttenweg lang, und er wirklich: dreht die Scheibe runter, atmet tief ein. Fahren Sie ruhig langsam, sagt der. Der hat geschnuppert und geschnuppert, herrlich, hat er gesagt.

STÜTZ
RÄDER
GAB ES
NICHT

Katharina

Katharina, fünfunddreißig, brünett, Pony, Top-Gun-Sonnenbrille, bunter Selfmade-Pullover, sitzt hinten in ihrer Fahrradrikscha, da, wo sonst die Fahrgäste sitzen. Sie hat ihren Kopf innen an die Plastikverkleidung gelehnt, außen klebt Werbung für ein Musical am Potsdamer Platz. Sollte Katharina ihre Augen hinter der Sonnenbrille geöffnet haben, müsste sie die Kugel des Fernsehturms sehen, die Sonne und die Schönwetterwolken.

Ich stehe gerne hier am Fernsehturm, weil ich nicht der Mensch bin, der so laut Akquise macht. Ich stelle mich nicht irgendwohin und rufe die ganze Zeit: Rikschafahrt! Eine Rikschafahrt für Sie! Das bin ich halt nicht. Hier funktioniert es wie am Taxistand, wenn du ganz vorne stehst, kriegst du automatisch den nächsten Kunden. Viele Fahrer fangen hier an, weil es hier alles gibt, du kriegst deinen Morgenkaffee, kannst erst mal gechillt ankommen, und dann geht's los.

Wenn man den Fernsehturm eine Weile anguckt, bekommt man immer das Gefühl, er kippe um, auf einen drauf oder von einem weg, je nachdem, wie die Wolken ziehen. Gerade fällt er genau auf Katharinas Rikscha.

Entweder du machst Sightseeing, wo du die Leute eine halbe Stunde, Stunde rumfährst und ihnen was zur Stadt erzählst. Oder du machst eine Taxifahrt mit Zielangabe, zum Beispiel zum Brandenburger Tor. Bis dahin brauche ich eine Viertelstunde, das sind drei Kilometer, aber da gibt es auch viele Baustellen. Ich glaube, ich fahre nicht schneller als fünfzehn km/h, aber auf jeden Fall schneller als Schrittgeschwindigkeit. Die Rikscha hat sieben Gänge, die benutze ich auch alle. Nur um sich mal vorzustellen, wie anstrengend das mit dem Ding ist: Es gibt diese Mini-Mini-Anhöhe beim Radisson-Hotel, bevor du auf die Spreebrücke beim Dom fährst, selbst das ist mit dem Ding schon ein Riesenakt. Richtig furchtbar ist die Bernauer Straße oder auch die Schönhauser Allee, die muss ich abends immer hoch, wenn ich die Rikscha zurückbringe, da ist unser Depot.

Die Sonnenbrille hat Katharina abgenommen, das Opinel-Messer mit Korkenzieher, mit dem sie gerade ihre Dinkelwaffeln geschmiert hat, hält sie immer noch in der Hand.

Ich bin immer viel Fahrrad gefahren, obwohl das mit so einer Rikscha noch mal eine ganz andere Anstrengung ist, das Gerät wiegt ja allein schon … warte mal … Matze!? Matze! Wie viel wiegt denn so eine Rikscha?

Matze: Neunzig Kilo, Leergewicht. Das mit dem Elektromotor da drüben hundertfünfzig.

Katharina: Nach einem Rikschatag fährt sich mein Hollandrad wie Butter. Als ich die Rikscha das erste Mal gefahren bin, dachte ich: Ach du Scheiße, wie konntest du nur? Du musst beim Lenken ganz schön gegendrücken, ich stelle mir das wie beim Lkw vor. Du darfst auch nicht im Fahren absteigen, sonst haut es dir das ganze Gewicht in den Rücken. Nach dem ersten Tag bin ich auf mein Hollandrad umgestiegen und kam mir vor wie betrunken, weil das alles so schlackerte.

Junger Mann: Hallo. Wie viel kostet es denn zum Brandenburger Tor?

Katharina: Vierzehn Euro, aber der Kollege da vorne ist zuerst dran. Der fährt Sie. Ich habe spät Fahrradfahren gelernt, mit sieben oder acht. Das war am Senefelder Platz, da haben wir gewohnt. Ich hatte ein grünes Diamant-Rad, ein Sechsundzwanziger, also eigentlich viel zu groß für mich. Ich musste im Stehen fahren, immer an der Senefelder-Statue vorbei, das ist dieser Mann mit dem Buch. Mein Vater hat mich die ganze Zeit festhalten müssen, weil es keine Stützräder gab. An diesem Tag hat es noch nicht geklappt, das weiß ich wirklich noch genau, das war so ein grauer Tag, ein paar Trabbis waren auf der Schönhauser Allee unterwegs. Die Woche drauf waren wir bei meiner Tante in Mahlsdorf, da gab es ein Fahrrad, das kleiner war, und damit bin ich das erste Mal alleine gefahren. Meinen jüngeren Bruder habe ich schon mit vier zum Fahrradfahren gezwungen … also quasi. Ich wollte nicht, dass der das auch erst so spät lernt. Ich hatte bei unseren Eltern durchgeboxt, dass er so ein Mini-Crossrad bekommt. Die gab es im Osten mal eine Zeitlang für zweihundert Mark, was ja wahnsinnig viel Geld war.

Katharina hat sich die Hosenbeine in die Socken gesteckt, so wie die Bike-Messenger, damit die Hose sich nicht in der Kette verfängt und weil das einfach cool aussieht, Nike-Turnschuhe, Gürteltasche.

Drei Tage die Woche fahre ich Rikscha. Letztes Jahr habe ich angefangen, ich dachte, ich fahre gerne Fahrrad, bin kommunikativ, bin aus Berlin. Und weil ich leichte Aussteigerfantasien hatte, dachte ich, das wäre doch was Feines. Seitdem bin ich Kleinunternehmerin, die Rikscha ist geleast.
Ich komme eher so aus dem Schreiber-Bereich, habe Französisch und Germanistik auf Magister studiert und als Pressereferentin gearbeitet, jetzt mache ich Öffentlichkeitsarbeit für ein Internet-Start-up. Ich habe da nur eine halbe Stelle, Büroarbeit absorbiert mich total, den zehnten bekloppten PR-Text schreiben. Es wird so viel Content produziert, ja, das ganze Internet ist voll. Was die Lohnarbeit betrifft, versuche ich mich, so weit es geht, dem Büro zu entziehen. Vor dem Computer stellt sich so oft die Sinnfrage. Und hier, hier weiß ich einfach, dass ich heute ein paar Menschen ein Stück ihres Weges gebracht habe.
Rikschisten sind ein angenehmer Menschenschlag, sehr unterschiedliche Leute, viele haben schon was Hippiehaftes, aber da stehe ich eigentlich drauf. Es gibt Maler, Künstler, Schauspieler, wir haben hier einen, den ich letztens beim Schweizer *Tatort* entdeckt habe, der spielt den dritten Ermittler. Dann haben wir hier Sicherheitsleute und Türsteher und natürlich viele Studenten.
Ich finde es wahnsinnig toll, wie sich die Wahrnehmung der Stadt für mich verändert hat, Berlin ist ganz klein geworden. Ständig treffe ich Kollegen, auch wenn ich einfach so unterwegs bin, überall sind Rikschafahrer. Dann gibt es immer ein großes Hallo, wie man es sonst nur aus der Kleinstadt kennt. Insgesamt gibt es bestimmt so hundert … zweihundert Rikschafahrer … ich kann das gar nicht schätzen, mit Zahlen habe ich es überhaupt nicht.

Katharina rückt in die erste Reihe vor, das heißt, ein Kollege kommt, Radlerhosen, Klick-Pedal-Schuhe, packt den Lenker und zieht die Rikscha samt Katharina ein paar Meter vor.

Gestern hatte ich Rote-Bete-Saft mit, weil der angeblich die Ausdauer steigern soll, ich war gestern gar nicht gut drauf. Es hat auch wirklich geholfen, aber Rote Bete färbt ja nicht nur die Lippen rot, sondern auch die Zähne, da sah ich aus wie ein Vampir, der den Leuten das Geld aus den Adern saugt.
Ich fahre viele Schweizer, das sind auch die Besten … also, die geben am besten Trinkgeld. Franzosen fahre ich auch sehr oft … einen Griechen habe ich noch nie gefahren (lacht). Ich hätte aber nicht gedacht, dass auch so viele Berliner Rikscha fahren. Neulich hatte ich eine Familie aus Südneukölln mit ihren zwei Kindern. Die hatten einfach Lust drauf, das mal zu machen, es war ein Sonntag, die fühlten sich wie Touristen hier in Mitte. Einmal habe ich eine ältere Dame aus Spandau gefahren, die selber mal einen Fahrradladen hatte. Die stieg mit ihrem Mann am Brandenburger Tor ein, da war wieder irgendein Fest, die beiden waren auch schon leicht angetütert. Jedenfalls hat sie mir gesagt, dass ich mir einen Gewerbeschein holen soll, damit ich Proseccofläschchen verkaufen kann. Jetzt überlege ich in der Tat, ob ich das mache.
Dann hatte ich mal ein ganz stranges Pärchen, die waren so alt wie ich ungefähr, hatten mich für eine Stunde gebucht und sind erst mal mit mir was trinken gegangen. Und was die dann dahinten in der Rikscha veranstaltet haben … das wirkte wie ein Rollenspiel, als ob die einen Zuschauer brauchten, um ihrer Beziehung wieder ein bisschen Pep zu geben … Ich habe einen Rückspiegel, aber ich war sehr diskret (lacht). Hätte ich so ein Gardinchen, wie in einer Limousine, hätte ich das zugezogen.

Ein Schweizer Herr, graues Haar, sonst ganz in Blau, tritt an die Rikscha, will mitfahren, an seiner Hand hängt ein Jutebeutel, auf dem eine Dampflok abgebildet ist.

Schweizer: Was kostet es denn bis zur East Side Gallery?
Katharina: Mmh, da muss ich überlegen (überlegt). Zum Ende oder zum Anfang?

Schweizer: Zum Anfang.

Katharina: Zwanzig Euro.

Schweizer: Zwanzig Euro!?

Katharina: Für zwei Personen.

Schweizer: Ich bin aber allein.

Katharina: … dann fahre ich Sie auch für fünfzehn. Steigen Sie ein.

AN
DER
AUßENSEITE
KOMMT
Okey
Dokey

Siegmar

Trabrennbahn Mariendorf. Die Toilettenfrau, die mit ihrem Latte Macchiato im Vorraum der hellblau gefliesten Herrentoilette sitzt, sagt nicht »Auf Wiedersehen«, wenn man ihr die dreißig Cent auf den kleinen Porzellanteller legt, sie sagt »Viel Glück«. Glück, das weiß diese Frau, braucht man hier mehr als anderswo, nur heißt das nicht, dass es hier mehr davon gibt. Siegmar jedenfalls, ein älterer Herr mit jungenhaftem Gesicht und Schiebermütze, hatte heute noch keins. Gerade steht er vor einem Kassenschalter und gibt seinen Wettschein fürs nächste Rennen ab.

Beim letzten Rennen sind ja von den acht Pferden, die gestartet sind, gerade mal zwei durchgekommen. Alle anderen sind disqualifiziert worden, das eine ist gleich nach dem Start ins Springen reingekommen, die anderen sind dann auch nicht beim sauberen Trab geblieben. Mein Pferd hat zwar gewonnen, aber von den anderen, die ich drangehängt hatte, ist keiner angekommen ... Glück ist selten, nich. Heute habe ich hundert Euro mitgenommen. Das mache ich immer so, damit man sich ein bisschen in Grenzen hält.
In der ersten Zeit hier in Mariendorf hatte ich mal viel Glück, das ist fast zwanzig Jahre her (ein Abglanz dieses Glücks scheint immer noch in seinen Augen). Kann ich ja mal erzählen: Der Winter fing gerade an, ich glaube, es war der erste Advent, da war leichter Schnee gewesen. Ich erinnere noch, dass ein altes Pferd verabschiedet wurde, das immer seine Leistung gebracht hatte und immer noch flott gewesen ist. An diesem Tag habe ich den Großen Einlauf richtig getippt, das heißt, ich habe die Reihenfolge der ersten drei Pferde vorausgesagt. Beim zweiten Tip hatte ich auch alles richtig gehabt. Ich hatte zu 2,50 gewettet, das gab also nur fünfundzwanzig Prozent, aber das waren immerhin noch dreitausend Mark. Am selben Tag hatte ich das Glück, noch zweimal den Großen Einlauf zu treffen. Der erste hat um die hundertfünfzig Mark gebracht, der zweite um die dreihundert. Als ich am Abend nach Hause kam, habe ich zuerst die zweihundert

Mark beiseitegelegt, die ich mit zur Rennbahn genommen hatte, dann habe ich den Rest gezählt – ich hatte fast dreieinhalbtausend gewonnen. So was ist bisher nicht wieder vorgekommen.

Im dritten Rennen hat Siegmar auf die Fünf und die Sechs gesetzt, diese Pferde müssen Erster und Zweiter werden, als Dritter muss die Drei oder die Acht ins Ziel kommen. Siegmar hat sich in die hinterste Reihe der verglasten Zuschauertribüne gesetzt, in eine der Holzschalen, die alle im selben schrägen Winkel zur Rennbahn ausgerichtet sind. Er kommt aus Strausberg bei Berlin, er braucht zwei Stunden bis zur Trabrennbahn. Er trägt ein Halstuch mit nautischem Muster und einen graubeigefarbenen Anorak mit Cordkragen. Die Augen hinter der Goldrandbrille sind blau, die Koteletten wuschelig, in ein paar Tagen wird er achtundsiebzig. In seiner Umhängetasche, die auch ein Schüler tragen könnte, hat er das Programmheft, seine Lesebrille und ein paar Blankowettscheine.

Ich gucke immer nach den Zeiten im Programm und danach, wie die Pferde zuletzt in Form waren. Vielleicht wäre es manchmal besser, das nur nach Bauchgefühl zu machen. Ich habe selten Glück, man lässt wohl mehr Geld hier, als man mitnimmt, doch, doch. Aber wenn man mehrere Kombinationen macht, dann hat man auch mehr Möglichkeiten zu gewinnen. Ein Tag auf der Rennbahn bringt Abwechslung, man hat sich mal wieder mit Leuten unterhalten, und wenn schönes Wetter ist, bin ich gerne draußen, wo die Siegerehrungen sind. Dort schaue ich mir die Fahrer und die Pferde an.

Ich gehöre zur Kriegskindergeneration, bin 1935 geboren, wir sind als Flüchtlinge aus Pommern gekommen, mit dem Handwagen losgezogen, ein Pferd hatten wir nicht. Nach der Heimatvertreibung sind wir oben in Mecklenburg gelandet. Dort bin ich seinerzeit das erste Mal mit Pferden in Berührung gekommen, der Onkel hatte welche, ein Bruder meiner Mutter, der den Bauernhof der Großeltern geführt hat. Und mit ihm bin ich ab und zu mal auf dem Feld gewesen als Bengel. Bei Onkel Hermann, wie er hieß, habe ich auch mal die Ferien verbracht. So dass er dann auch mal sagte: Kannst du mal die Leine nehmen, ich rauch mir mal eine Pfeife an! Und dann bin ich mit dem Pflug gelaufen, zwei

Pferde davor und immer in der Furche bleiben. Und dann wenden und wieder rein den Pflug.

Siegmar blickt auf die Rennbahn, über die zwei orangefarbene Fahrzeuge fahren, das eine wässert, das andere harkt den rotbraunen Boden. Rings um das Oval stehen hohe Lichtmasten, außerdem sieht man ein paar Fahnen, eine große Digitalanzeige und Menschen mit Basecaps. Hinter der Kurve auf der linken Seite erhebt sich eine elfenbeinfarbene Seniorenresidenz. Dort ein Balkonzimmer mit direktem Blick auf die Rennbahn zu bekommen ist wahrscheinlich Glückssache.

Ab und zu bin ich auch beim Galopprennen in Hoppegarten, da kann ich mit dem Fahrrad hinfahren. Die wollten ja Karfreitag ein Rennen machen, aber da lag noch alles unter Schnee, haben sie abgesagt. Die Trabrennbahn hier ist eigentlich auch interessanter, weil man die Pferde immer zweimal sieht, die Bahn ist zwölfhundert Meter, die Galopprennbahn ist doppelt so lang, da starten die ganz hinten in der Ecke oder auf der anderen Seite und kommen nur ein Mal an der Tribüne vorbei.

Lautsprecher: »Es liegen jetzt die Quoten für das zweite Rennen vor ...« (der Ansager hat ein mittelamerikanisches Sprechtempo, wer nicht schon vorher weiß, was er ungefähr sagt, versteht kaum etwas) »... Dreierwette 6,5, beliebig zweiundsiebzig ... Jackpot von tausend Euro ... in Kürze eingespeist ... Start in zwei Minuten, fahren Sie jetzt bitte auf die Tribünenseite. Start in zwei Minuten.«

Mit fünfzehn habe ich das erste Mal auf einem Pferd gesessen. Da sprach mich mein Vater an, der sagte: Der Paul, das war ein junger Bauer in der Nähe, der hätte ganz gerne, dass du ihm mal beim Pflügen hilfst. Jeder Neubauer hatte im Allgemeinen acht Hektar und ein Pferd. Und der Paul, wie er mit Vorname hieß, Nadolny mit Nachname, der hatte ein schönes, flaches Land und ein ruhiges, kräftiges Pferd. Ich bin also aufs Pferd und die Reihen rauf und runter geritten. Es ist günstiger, wenn man draufsitzt, weil man von oben die Reihen besser sieht.

Das dauerte so ungefähr drei Stunden, und der Paul hat hinten den Pflug geführt. Geld hatten die Bauern nicht gehabt seinerzeit, ich weiß nicht mehr, vielleicht habe ich ein paar Eier bekommen und ein Stückchen Butter.

Lautsprecher: »Start in einer Minute (die *Mission-Impossible*-Melodie wird eingespielt) ... Trööööt (Startsignal) ... an der Außenseite kommt Okey Dokey ... dahinter sind Forrest Gump und ... Izzi Bizzi liegt vorne, gefolgt von Butterfly ... an der Spitze Izzi Bizzi in der zweiten Spur ... jetzt attackiert Forrest Gump, dahinter Remilo Simoni ... Forrest Gump gewinnt vor Sphinx, dahinter ... der fünfte Platz geht an Okey Dokey.«
Kurz vor dem Zieleinlauf wird kurz geschrien, dann ist es wieder still. Siegmar steht auf und geht etwas breitbeinig zur Kasse. Im Kassenbereich gibt es unechte Bäume, Styroporfachwerk und Wagenräder, die immer nur an der Wand hingen. In der Luft liegt Zigarettenrauch. Siegmar will sich den Ergebniszettel für das dritte Rennen holen, weil er geredet hat, hat er die Reihenfolge der Pferde nicht genau mitbekommen. Der Zettel ist nicht größer als ein Kassenbon.

Da steht ganz was anderes drauf, als ich getippt habe: Die Eins ist Erster, die Sechs Zweiter und die Drei Dritter. Für den richtigen Tipp werden fünfhundertsiebenundfünfzig Euro ausgezahlt, ich habe mit einem Euro gespielt, hätte ich richtig getippt, hätte ich ein Zehntel bekommen: 55,70 Euro. Gut, nich?

Lautsprecher (aufgeregt): »Vorsicht, ein fahrerloses Pferd ... und die Sanitäter bitte sofort auf das Geläuf! Die Sanitäter werden dringend auf das Geläuf gebeten.«

Das ist ja schlimm. Da ist jemand gestürzt ...

Lautsprecher: »Vorsicht, ein fahrerloses Pferd. Vorsicht bitte!«

Wahrscheinlich ist ein Fahrer aus dem Sulky gefallen. Das passiert Gott sei Dank nicht so oft ... Wann war's gewesen? Das muss 2011 gewesen sein, da ist was am

Geschirr gerissen, und das Pferd wollte mit aller Gewalt von der Bahn runter, und dann ist es da rumgesprungen und gestürzt, und die Fahrerin lag auch unten, war wohl auch ein bisschen verletzt. Das Pferd ist zwar wieder aufgestanden, war aber so verletzt, dass sie das nachher einschläfern mussten.

Vor jedem Start präsentieren sich Jockeys und Pferde bei einer kurzen Parade, dazu wird lustige Leierkastenmusik gespielt, die die Menschen hier noch ernster wirken lässt. Manche haben Bierflaschen in der Hand, andere malen mit ihrer Bockwurst senfgelbe Muster auf ihre Pappteller. Die Würste gibt es im Erdgeschoss an der *Futterluke*, das Bier an der *Traber-Tränke*, ein »Glücksschnaps« kostet 1,70 Euro.

Ich habe mal eine Weile auf der anderen Trabrennbahn in Karlshorst gearbeitet. Das kam durch Zufall. Nach der Wende war das ja ein bisschen schwierig, Arbeit zu bekommen, nich. Ich war Elektromonteur und habe mich auch als solcher beworben, hatte aber kein Glück gehabt. 1995 habe ich dann auf der Trabrennbahn angefangen, das haben mir Bekannte vermittelt. Der Job war so: Am Anfang habe ich mir immer das Programm geholt, reingeguckt, wie viele Rennen sind und wer die Starter sind. Für die Fahrer, die jedes Mal dabei waren, gab es ja eine fertige Tafel, die man nur noch in die Anzeige stecken musste, so in der Länge (hält die Hände schulterbreit auseinander). Die Tafeln waren weiß mit schwarzer Schrift drauf, Vorname abgekürzt, meinetwegen F. Schmidt. Für die Gastjockeys gab es schwarze Tafeln, auf die ich die Namen mit Kreide geschrieben habe. Alle Namen, Startnummern und so weiter musste ich in die Anzeigetafel stecken, die man von der großen Halle aus sehen konnte. Und wenn die Rennen gelaufen waren, brachten sie mir den Quotenzettel: Meinetwegen Nummer drei ist Sieger, zahlt meinetwegen neunzehn Euro auf Sieg – wenn das der Favorit war, gab es ja nicht so viel. Und dann musste ich auch den zweiten Platz stecken für den Kleinen Einlauf und den dritten für den Großen Einlauf, wie das dann heißt. Gelegentlich sind auch die ersten vier Plätze gefragt gewesen, da gab es dann auch mal große Summen von mehr als hunderttausend Mark zu gewinnen.

Lautsprecher: »Eine Information für das siebte Rennen. Bitte Seite sechsundzwanzig im Programm aufschlagen und die Nummer sechs streichen. Flashlight wird heute nicht starten.«

Der Vater hat mal zu mir gesagt: Ach, du musst doch auch mal Glück haben! ... Vielleicht war das mein Glück mit den fast dreieinhalbtausend damals, nich. Du bist doch ein Sonntagskind, hat der Vater immer gesagt, denk dran, du bist ein Sonntagskind. Aber davon gibt es ja viele, nich.

Ich habe vorhin auch nach Gelsenkirchen rübergewettet, auch kein Glück gehabt. Da ist heute auch Trabertag, wenn ich dort wetten will, muss ich das bloß auf dem Tippschein ankreuzen (kramt in seiner Umhängetasche nach den rotweißen Wettscheinen, die wie Lottoscheine aussehen). Hier oben stehen alle Rennbahnen drauf. Die Tippscheine sind heutzutage recht winzig, da braucht man eine Brille. Den Ausdruck von meinem großen Gewinn seinerzeit, die dreieinhalbtausend Mark, den hab ich immer noch. Da waren die Wettscheine aus dickerem Papier, und die Schrift war irgendwie anders. Ich habe den Schein letztens noch mal rausgesucht, aber die Ziffern haben sich alle vom Papier gelöst. Da ist gar nichts mehr zu erkennen von meinem großen Gewinn.

ICH SCHULDE DIR NICHTS!

U7

Wenn es ein Berlin-Gefühl gibt, dann das: Ich werde dich nie wiedersehen, also denk von mir, was du willst. Ich schulde dir nichts, und du schuldest mir nichts. Was verbindet uns, außer dass wir in diesem Moment an diesem Ort sind? Unsere Schicksale laufen parallel, sollen sie sich doch in der Unendlichkeit treffen. Oder in der U-Bahn.

U-Bahnhof Rudow, ein Werktag, 11.17 Uhr, ich steige mittig in die gelbe Bahn, nehme den Sitz ganz vorn, nicht den Klappsitz im Türraum, sondern den Dreier quer zur Fahrtrichtung. Also U7, vierzig Stationen, sechsundfünfzig Minuten, Endstation Rathaus Spandau. Die hellblaue Linie auf dem Streckennetz, die einem fallenden Aktienkurs gleicht, inklusive kurzem Aufbäumen zwischen Yorckstraße und Mehringdamm. Noch steht der Zug, alle Türen sind offen. Ich hätte mich natürlich auch in die U1 setzen können, dreizehn Stationen, einundzwanzig Minuten, aber da gibt es schon dieses Musical. Ich hätte mich auch in den S-Bahn-Ring setzen können, siebenundzwanzig Stationen, sechzig Minuten, aber da wäre ich am Ende wieder am Anfang gewesen. Außerdem habe ich nur in der U-Bahn, in der sie die Fenster aus reiner Gewohnheit eingebaut haben, das Gefühl, einer Schicksalsgemeinschaft anzugehören. Um 11.18 Uhr heult das Zurückbleiben-Signal, und mit einem Zischen schließen sich die Türen. Mit dieser Linie bin ich immer zur Schule gefahren, ich habe gelernt, wer nur böse guckt und welche Turnschuhe Ärger bedeuten. Also U7.

Auf der Bank mir gegenüber sitzen zwei Jugoslawinnen. Die Mutter: schwarzer Anorak, schwarzer Lidstrich, frisch gemachte Welle im Haar. Die Tochter: blonder Zopf, dicke Backen, grünes Seidentuch. Beide stämmig. Die Mutter guckt leidend, was entweder am aufgeregten Gerede der Tochter oder der Welt im Allgemeinen liegt. Zwickauer Damm, nichts. Wutzkyallee, nichts. Doch: Ein BVG-Mann mit Schnauzer und Glatze steigt ein, er will nicht kontrollieren oder so, er will einfach irgendwohin. Wenn es wärmer wäre, hätte er die BVG-Jacke bestimmt abgelegt und in seinen Rucksack gestopft.

Mutter und Tochter steigen Lippschitzallee aus, die Tochter, das sehe ich jetzt, ist die stämmigere von beiden. Vielleicht wohnen sie in den Hochhäusern der Gropiusstadt, unter deren Kellern wir gerade stehen, Christiane F. kommt von hier, das Plattenbaumädchen aus *Wir Kinder vom Bahnhof Zoo*. Vielleicht gibt es das Buch ja auch auf Serbokroatisch, und die Mutter hat es gelesen und immer ganz viele Cevapcici gemacht, weil sie gedacht hat: Lieber eine stämmige als eine heroinsüchtige Tochter. Ein Kind schreit vom anderen Ende des Waggons her, ich kann es nicht sehen, die Bahn ist nicht voll, aber auch nicht leer genug, um der Länge nach durchzugucken.

Eine Oma mit weißem Bubikopf und knallroter Jacke setzt sich rechts neben mich. Sie braucht Krücken zum Gehen, weil das auf die Hände geht, trägt sie Fahrradhandschuhe. Ihr Mann setzt sich auf die Bank gegenüber. Rechts daneben hat sich eine junge Türkin mit rosa Sporttasche und großen Goldohrringen gesetzt. Sie redet mit ihrer Freundin, deren schwarze Locken unter einer Strickmütze hervorquellen und heftig glänzen, manchmal fällt ein Halbsatz auf Deutsch.

Die Fenster sind mit kleinen weißen Brandenburger Toren beklebt, damit man die Tags nicht so gut sieht, die die Jungs da immer reinkratzen. Damit sie es von allein lassen. Von der Decke hängen Bildschirme, sie melden, dass der Hollywoodschauspieler Christopher Walken (Oscar für den besten Nebendarsteller für *Die durch die Hölle gehen*) keine Lust auf Handys oder Computer hat. Momentan telefonieren mindestens vier Menschen im Waggon.

Manchmal überlege ich, wie es wäre, wenn dieser U-Bahn-Waggon, nur dieser eine, auf einer Insel wieder rauskommen würde, die so abgelegen ist, dass keiner auch nur einen Balken Empfang hätte. Keiner könnte googeln, wie man bei dieser verfluchten Luftfeuchtigkeit ein Feuer ankriegen soll, wie man Meerwasser entsalzt und Zelte aus Palmenblättern flicht. Ich kann zwar nicht erkennen, was für Turnschuhe der Typ mit der Collegejacke da hinten trägt, aber rein von der Statur her wäre er wahrscheinlich der Anführer. Die Frage ist, ob er sich dann einfach eine Frau aussuchen könnte? Oder zwei? Und vor allem: Wer soll diese lila Beeren zuerst probieren?

Grenzallee, die Wandfliesen sind mintgrün, wie fast alles in den neunziger Jahren und fast alles beim Zahnarzt. In der nächsten Station scheint es sonnengelb durch die Fenster, Neukölln, als sei der Bahnhof für all die Gentrifizierer neu gefliest worden, die diesen Bezirk durch ihr Hiersein aufgewertet haben. Ab jetzt müssten sie einsteigen. Aber es steigt nur ein fertiger Typ mit dreckigem Pullover und dreckigem Bart ein, der zwischen den Sitzen steht, ohne sich festzuhalten, was alle in seiner Nähe nervös macht, weil die U-Bahn manchmal ziemlich wackelt. Zum Glück entdeckt er irgendwann den freien Klappsitz. Karl-Marx-Straße, der Bahnhof hat was von Wohnzimmer, wie immer sitzen fünf oder sechs Alkoholiker auf der Bank. Diesmal stehen zwei Männer bei ihnen, die ganz anders aussehen, eher nach viel Aftershave als nach viel Korn, mit Tuch und Mantel, eher wie Mafia, was reden die da? Der Zug fährt an, der auf einmal mit vielen Rollwagen, Taschen und Rucksäcken vollgestellt ist; als wollten alle auswandern. Madonna ist mit ihren Kindern nach Malawi gereist, sagt der Bildschirm.

Die Oma fragt: »Darf ich mal?« und legt mir die Fahrradhandschuh-Hand auf den rechten Oberschenkel, um sich aufzustützen, ihr Mann nickt mir aufmunternd zu. Gern geschehen. Ein junger Mann mit Funktionsmütze und Laufschuhen setzt sich auf den frei gewordenen Platz, er putzt sich die Nase, dann liest er eine großformatige Zeitung. Der Typ gegenüber, der mit den dichten schwarzen Augenbrauen, der aussieht wie ein freundlicher iranischer Atomphysiker, geht an sein Handy, »salam aleikum«. Der Student drückt Creme aus einer blauen Tube und reibt sich damit die Hände ein.

Mehringdamm, der Bahnsteig taucht auf der anderen Seite auf, also in Fahrtrichtung rechts, die Fliesen sind neu und matt und könnten auch im Bad eines Vier-Sterne-Hotels kleben. Eine Frau mit Hut und karierter Jacke steht rechts an der Tür und redet ohne Pause und ganz leise vor sich hin, die silberne Haltestange verdeckt ihre Augen, was das Ganze ein wenig unheimlich macht. Der Atom-physiker steigt aus, eine junge Frau mit farblich abgestimmten Klamotten setzt sich, gedeckte Herbstfarben. Eigentlich müsste sie jeden Moment eine Frauen-zeitschrift rausholen, aber sie guckt lieber ins Nichts. Der Student steht auf und gibt den Blick auf einen Jungen frei, vielleicht siebte Klasse, Skaterschuhe, aus-gewaschene Billigjeans, Kapuze. Er schläft fast. Weiter rechts, hinter der Scheibe, liest eine blonde Frau mit eckiger Brille einen Supermarktprospekt mit einem Fleischwurst-Cover und nickt dabei irre. Ich glaube nicht, dass sie auf der Insel eine Chance hätte.

Mein direktes Gegenüber ist weg, ein Mann um die zwanzig, der seit Rudow dort saß. Ich habe ihn noch nicht erwähnt, weil es nichts zu erwähnen gab: dunkel-blonde Haare, mit viel Fantasie und ganz sicher unbeabsichtigt eine subtile El-vis-Tolle, schwarze Fußballschuhe und eine schwarze Lederjacke mit Silberknöp-fen, auch an Stellen, wo sie keine Funktion erfüllen. Er muss Yorckstraße oder Kleistpark ausgestiegen sein, er saß ganz ruhig da, guckte immer nur geradeaus, ich hatte mich an ihn gewöhnt.

Endlich ein Straßenmusiker, könnte ein Rumäne sein, keine Ahnung, welche Sprache das sein soll ... doch, »Amore«, Italienisch, unbekanntes Lied ... nein, »Volare! Oh, oh, oh, oh!«. Die Pelzmütze behält er auf, das Geld soll man in einen zerknickten Pappbecher werfen. Keiner wirft Geld hinein. Vielleicht nicht ganz versehentlich haut er seine Gitarre gegen eine Metallstange, dass es durch den ganzen Wagen scheppert. Jetzt lacht er.
Die Leute geben aus unterschiedlichen Gründen kein Geld, auch wenn jemand eine gute Show abliefert. Touristen geben nichts, wenn sie kein Ein-Euro-Stück in der Tasche haben. Ihnen ist es unangenehm, weniger als fünfzig Cent zu geben. Berlinern dagegen ist es unangenehm, mehr zu geben. Von mir bekommen immer die was, die nichts können, keine Gitarre, kein Gedicht, kein Obdachlosenmaga-zin, die Unbeliebten. Am liebsten gebe ich denen was, die es nicht mal schaffen zu sagen, dass sie überhaupt Geld wollen.

Jemand in einer tarnfarbenen Jacke drückt seinen Rücken an die Glasscheibe links von mir, an der mein Kopf lehnt. Ich komme mir vor wie im Wald. Bestimmt einer von den Typen, die ein US-Army-Mehrzweckmesser am Gürtel tragen und Rüdiger-Nehberg-Überlebensvideos gucken. So einer macht sich generell gut auf Inseln. Rechts klingelt ein Handy, das des Siebtklässlers, er drückt den Anruf weg. Er wartet kurz, kann sein, dass er still vor sich hin zählt, einundzwanzig, zweiundzwanzig, dreiundzwanzig, dann ruft er zurück. Er verabredet sich für halb zwei vor dem H&M in den Wilmersdorfer Arkaden, bei den Massagesesseln im ersten Stock, du weißt schon. Eine Frau, eher dick als alt, befiehlt einer anderen Frau, den Platz frei zu machen, sie könne nicht stehen. Die Vertriebene, roter Zopf und Krokodilleder-Handtasche, entfernt sich, wobei sie genervt Luft durch die Backen pustet.

Der Wald bewegt sich, so dass ich die Front sehen kann, ein großer Mann mit gewölbtem Bauch und grauem Stoppelbart, der sein eigenes Spiegelbild in der Tür böse anguckt. Er schlägt den Jackenkragen hoch. Es ist nämlich nicht so, dass man hier unten das Wetter vergisst, man nimmt die Sonne mit, die ganzen sechsundfünfzig Minuten bis Spandau, wenn es sein muss. Oder den Regen.

Es passiert nicht viel, das Ehepaar schräg gegenüber – Touristen, frisch in Rente – ist so normal, wie zwei Menschen nur sein können. Wollte man mit aller Gewalt ein Detail finden, das sich zu beschreiben lohnt, dann seine derart tief ins Gesicht gezogene Schiebermütze. Um überhaupt etwas sehen zu können, muss er den Kopf in den Nacken legen, wahrscheinlich wollte seine Frau nach Berlin. Adenauerplatz, eine Tür zischt, weiter hinten muss jemand eingestiegen sein. Vielleicht ist es der Rapper mit Basecap, der in seinen immer erst in diesem Moment erfundenen Texten die Fahrgäste beschreibt. Das letzte Mal hatte er einen Schlafsack dabei und eine Plastiktüte, auf der ganz groß CUBA stand. Vielleicht ist es auch der Typ mit der grünen Wollmütze und dem dunklen Vollbart. Als ich ihn das letzte Mal sah, hat ihm ein Fahrgast eine Banane geschenkt, mit der er die Leute bedroht hat, als sei es ein Revolver. »Hände hoch, ich bin der Bananenräuber«, hat er gesagt, und die Berliner haben tatsächlich gelacht. Hauptsache, es ist nicht der arme Mann, der so dermaßen stinkt, dass man nicht anders kann, als sich ein Kleidungsstück vor die Nase zu drücken und augenblicklich alle Fenster anzuklappen. Der Mann bettelt nicht, läuft aber trotzdem von Waggon zu Waggon, was als Statement zu verstehen ist. Weil man jetzt immer noch nichts hört oder riecht, nehme ich an, dass es ein ganz normaler U-Bahn-Fahrer war, der da gerade eingestiegen ist.

Richard-Wagner-Platz, ab jetzt sind wenigstens die Bahnhöfe interessant, bis zur Endstation gibt es psychedelische Kachelmuster: Raketen im Weltall, rot-weiße Rorschachtests, bunte Tribals. Ich muss an die beiden Türkinnen von vorhin denken, kann gut sein, dass es ihre Väter waren, die sich in den Siebzigern und Achtzigern bis nach Spandau durchgegraben haben und jetzt mit kaputtem Rücken auf der Couch sitzen. Der U-Bahnhof Paulsternstraße sieht aus wie das erste Level aus *Sonic the Hedgehog*.

Mierendorffplatz, eine schmale alte Frau kauert sich auf die Bank gegenüber, ihr dunkler Pelzmantel ist mehrere Nummern zu weit. Sie nimmt sich das Stück Zeitung, das zusammengerollt auf dem Sitz liegt. Rechts neben mir sitzen seit der vorigen Station Vater und Sohn. Dem Vater ist für seine Präsenz auf diesem Planeten nur ein Oberlippenbart und ein akkurat gekämmter Seitenscheitel eingefallen. Ich stelle mir vor, dass es in seinem Kühlschrank immer Bier und nie Milch gibt. Sie reden über verletzte Fußballer. Eine Insel wäre nicht die schlechteste Möglichkeit für den Jungen. Am U-Bahnhof Rohrdamm sind Zahnräder und Kolben auf die Wände gemalt, das erweckt den Eindruck, wir seien auf dem Weg in das Innere einer riesigen Maschine. Die alte Frau wird immer kleiner in ihrem Pelzmantel.

Vater und Sohn steigen aus, die alte Frau blättert um, zwei Männer setzen sich. Sie gucken auf ein Handy und lesen sich immer wieder Öffnungszeiten vor, neun bis achtzehn Uhr, bis sie von der Stimme eines entfernten Bekannten unterbrochen werden: »Rathaus Spandau. Dieser Zug endet hier, wir bitten alle Fahrgäste auszusteigen.« Die Bahn wird langsamer, die alte Frau rollt ihre gefundene Zeitung ein, die Männer erheben sich. Dann öffnen sich gleichzeitig alle Türen, die Hydraulik zischt, und wir sind wieder ganz normale Berliner.

Ingrid

Das Fundbüro der Berliner Verkehrsbetriebe, BVG, liegt an einer der Straßen, die niemals aufhören zu rauschen. Der Bezirk heißt Schöneberg. Gleich um die Ecke thront der berühmte Plattenbau, den alle hier »Sozialpalast« nennen, wegen geballter Bildungsferne und hoher Satellitenschüssel-Dichte. Das Gebilde legt sich wie eine leckgeschlagene *Costa Concordia* quer über die Pallasstraße, unter dem Siebziger-Jahre-Bau fahren Autos hindurch. Kein Brückenschlag, keine positive Konnotation, aber urban sieht es aus, das muss man sagen. Das Fundbüro wird von einem anderen mächtigen Gebäude beherbergt, aber es ist älter und schöner und liegt, wie es sich gehört, parallel zur Straße. Menschen, die etwas verloren haben, betreten es durch eine schmucklose Glastür, die im Verhältnis zum Haus winzig ist. Ein kleiner Raum, vier Stühle, und die U-Bahn-gelbe Theke, hinter der Ingrid steht, mehr bekommen diese Menschen vom Fundbüro nicht zu sehen.

Berliner verlieren einfach alles. Ich sag immer, die Leute verlieren das, was sie mit sich rumschleppen. Die lassen sogar ihren Rollstuhl stehen. Wo ich immer denke, wenn man so was braucht, muss man das doch merken, wenn man aussteigt. Auf der anderen Seite gibt's da natürlich auch Erklärungen, vielleicht hat nur jemand jemanden ins Krankenhaus gebracht. Genauso, wenn sich Leute teure Technik kaufen, da steht dann 'ne Saturn-Tüte mit nagelneuen Sachen in der Bahn, am besten noch mit Rechnung. Da hab ich kein Verständnis für. Weil wenn ich mir was Neues kaufe, will ich doch nach Hause und das anschließen und ausprobieren.

Das sagt Ingrid, die seit fast fünfundzwanzig Jahren im Fundbüro arbeitet. Sie trägt weiße Stiefel mit Reißverschlüssen, eine Fleecejacke, in deren Taschen sie ihre Hände versenkt, und eine ziemlich breite Panzerkette um den Hals. Ingrid ist fünfundfünfzig, hat eine schmale Nase, hohe Wangenknochen und gelbblonde Haare. Ihre langen Fingernägel sind mit rotem Glitzerlack bemalt, aber nur an den Spitzen.

Sogar neu gekaufte Sachen werden bei uns abgegeben. Die Berliner sind sehr ehrlich, muss ich sagen. Wenn man so sieht, was bei uns an Smartphones, Laptops und Taschen mit Bargeld abgegeben wird, das ist schon … Die meisten Leute denken zwar, dass heute keiner mehr Geld abgibt, aber wir werden ja jeden Tag eines Besseren belehrt. Der Busfahrer ist ja immer ansprechbar, dem kann man Fundsachen einfach in die Hand drücken. Da kostet es keine Mühe, ehrlich zu sein. Natürlich landen auch leere Geldbörsen in Bus und Bahn, die gestohlen wurden. Aber es ist schön, dass es in Berlin doch nicht so schlimm ist, wie die Medien das immer darstellen.
Die meisten Leute, die wir benachrichtigen, sagen, damit hätten sie gar nicht gerechnet. Entweder wir finden eine Adresse, oder wir kommen über die Bankkarte auf den Besitzer. Oder der Mobilfunkbetreiber hilft uns, jemanden ausfindig zu machen, wenn wir das Handy haben. Gerade bei so iPhones sind die Leute überrascht, wenn die eine Mitteilung von ihrem Betreiber bekommen, dass das hier abgegeben wurde.

Seit 1989 gibt Ingrid den Menschen ihre Sachen zurück, vor allem Regenschirme, Handschuhe und Mützen. Und Technik: Walkmans, Discmans, Minidisc-Player, MP3-Player. Ingrid erinnert sich auch noch an die kleinen Pager, mit denen man sich anpiepen konnte. Das muss in der Tamagotchi-Phase gewesen sein, verlorener Zeitgeist.

Die Busfahrer gehen an den Endhaltestellen noch mal durchs Fahrzeug und gucken, ob was liegen geblieben ist. Zum Feierabend landet das dann alles auf den Betriebshöfen, wo die Sachen mit einer knappen Beschreibung in die Datenbank aufgenommen werden. Bei der Straßenbahn ist das genauso. Und am nächsten Werktag kommen die Sachen dann zu uns, säckeweise.

Ingrid hat die typischen Berlin-Vokabeln drauf, sie sagt »ooch« (auch), »dit« (das) und »wat« (was). Weil sie berufsbedingt so viel damit in Berührung

kommt, sagt sie auch das Wort »Zug« auf Berlinerisch, in dem sie das »g« gegen den stimmlosen uvularen Frikativ »ch« eintauscht: »Zuch«. Ganz und gar unberlinerisch ist das gerollte »r«.

Ich komme aus Westdeutschland, aus Idar-Oberstein, Stadt der Edelsteine und Diamantenbörse, in Rheinhessen. Hinfahren lohnt sich, ist ein schönes Städtchen zum Urlaubmachen. Ich hab auch mal in einem Edelsteinbüro gearbeitet. Dann wollte ich da raus und bin mit meinem damaligen Freund nach Berlin, der war Berliner. Erst war ich Zuchabfertiger und dann in der Kartenstelle, wo Schüler und Arbeitslose ihre Tickets bekommen haben. Dann bin ich ins Fundbüro gekommen.
Damals kam hier noch nicht so viel an. Berlin ist ja mittlerweile doppelt so groß, dazu kommen die ganzen Touristen, deren Sachen wir nach außerhalb zuschicken müssen. Die landen in Tegel, und der Koffer bleibt im Bus, oder die Kamera oder die Kameratasche oder die Geldbörse. Die verlieren genauso viel wie die Berliner. Die Zahl der Fundsachen steigt ständig. Letztens stand in der Zeitung, dass nächstes Jahr noch mehr Touristen erwartet werden. Früher, wenn Ferien waren und die ganzen Turnbeutel weggefallen sind, war mal 'n bisschen Ruhe. Das gibt's nicht mehr.

Wenn man so lange hier arbeitet wie Ingrid, tritt das Persönliche zurück. Die Mitarbeiter werden Teil des Verwaltungsapparats von Liegengebliebenem.

Die meisten denken, da hängen ein paar Regenschirme, paar Taschen und Schlüssel rum. Aber welche Größenordnungen das sind, da hat keiner eine Vorstellung von. Wir haben pro Tag mindestens 150 Fundsachen, wir heben die sechs Wochen auf, verschiedene Dinge bleiben auch drei Monate da. Das ist 'ne ganze Menge.

Ingrids Büro mit der hohen Decke liegt hinter den Lagerräumen voller Metallregale, Rollwagen, Kisten und Säcken. Unter ihrem Schreibtisch steht ein elektrischer Heizlüfter, über der Stuhllehne hängt ihre dunkelblaue Strickjacke mit dem U-Bahn-gelben BVG-Symbol. Auf dem Tintenstrahldrucker

kleben zwei kleine Stofftiere, links ein schwarzes Äffchen, rechts ein weißes Hündchen. Der zweite Schreibtisch im Raum ist unbesetzt, auf der Tischplatte liegt ein Totenkopf, Fundsache.

Die Arbeit ist nicht für jeden was. Manche wühlen nicht gern in fremden Sachen rum. Sie müssen sich vorstellen: Es ist Sommer, wir kriegen eine Tasche, die am Freitag gefunden wurde, die kommt hier montags an, wird vielleicht erst mittwochs bearbeitet, weil so viel Zeug da steht. Und denn machen Sie die Tasche auf ... entweder Ihnen kommen irgendwelche fliegenden Ungeheuer entgegen, weil da noch irgendwo ein Stück Apfel oder ein Brot drin war, oder ... Was da manchmal für Düfte rauskommen, da darf man nicht empfindlich sein. Wir hatten ooch mal die Polizei rufen müssen, da wurde ein Handy angeliefert, wo irgendwelche Drähte dran hingen. Die Kollegen haben sich das angeguckt, bis der Sicherheitsbeauftragte kam und gesagt hat: Seid ihr verrückt?! Das könnte doch eine Bombe sein. Finger weg und gleich die Polizei holen. Die Polizisten haben das auch sehr ernst genommen, die haben die halbe Straße gesperrt und weiß der Kuckuck wat. Dit hat sich denn nachher rausgestellt, dass das nichts war, Gott sei Dank. Aber lieber einmal mehr anrufen als einmal fünf Minuten zu spät – und wir lernen fliegen.

Die Bürofenster gehen zum Innenhof, schräg gegenüber sitzen die Kollegen, die alles vorsortieren, was ein Kleintransporter täglich bringt. In dem dunklen Raum, in dem nur die Schreibtischlampen leuchten, stehen große Metallkörbe voller Rucksäcke und Handtaschen. Neben der Tür liegt eine Reihe Turnbeutel auf dem Boden, türkise, gelbe, schwarze, auf einem ist eine graue Katze, die eine Fliege fängt. An jedem Turnbeutel, und auch sonst an allem, ist ein Zettel festgemacht. Siebenstellige Nummer, Datum, Uhrzeit, Linie, Haltestelle.

Hier kommen die Fundsachen an, hier fängt das ganze Elend überhaupt erst an sozusagen. Wir kontrollieren zuerst die Stückzahl, dann wird alles in unsere Datenbank übernommen. Außerdem wird hier schon mal grob vorsortiert. Wertsachen werden in einem anderen Büro bearbeitet. Geldbörsen, Handtaschen, Schmuck und so weiter nennen wir intern »A-Sachen«, die sind arbeitsintensiver.

Weiter zum nächsten Raum, wo drei Kollegen an drei Tischen sitzen. Die Tastaturen ihrer Computer haben sie weit nach hinten geschoben, vor ihnen liegen Fundsachen. Einer fummelt gerade die SIM-Karte aus einem zerlegten Handy, ein anderer leert ein Portemonnaie.

Das ganze Bargeld wird aus den Portemonnaies genommen, verzeichnet und extra verwahrt. Dann werden die Leute per Post benachrichtigt, dass sie herkommen sollen, was abholen. Wir haben massenhaft Bankkarten. Die Leute sind schusselig, ziehen sich am Automaten einen Fahrschein und lassen die Karte stecken. Bei der Bank müssen Sie erst die EC-Karte entnehmen, dann kommt Ihr Geld, aber bei der U-Bahn ist das nicht so. Also, ich würde nicht wegrennen, ohne meine Bankkarte mitzunehmen. Aber die Leute denken ja immer, das ist die letzte U-Bahn, die da gerade kommt.

Zum Lager geht es wieder über den hell gestrichenen Innenhof, auf dem jetzt zwei Menschen stehen, Zigarettenrauch ausatmen und auf ihre Füße starren. Ähnlich unmotiviert stehen zwei Einkaufswagen rum. Sie sind mit Fundsachen vollgepackt und sehen aus, als hätte sie ein Obdachloser hier vergessen.

Wenn das dann alles bearbeitet ist – die Kollegen schreiben zum Beispiel auf, welche Schuhe in einem Turnbeutel sind, was für ein T-Shirt und so was –, dann wird das hier tageweise eingelagert. Hier ist zum Beispiel der 30.11. Das ist von der U-Bahn (etwa ein Kubikmeter Regal), und das hier ist Bus und Straßenbahn (ein weiteres Regalfach, in dem unter anderem ein senffarbener Teddybär liegt).

Das ist natürlich noch nicht alles, ins Regal kommt nur der untrennbare Rest. Zerbrechliche Sachen und sperriges Zeug haben einen Extraplatz, Fahrräder auch, Krücken auch, Rucksäcke auch, Koffer, Turnbeutel, Mützen und Schals auch. Schlüssel auch. Jeden Tag werden die Schlüssel zu einem gefängniswärtertauglichen Bund vereint. Die Handschuhe aus vierundzwanzig Stunden Berlin werden an einer Schnur zusammengeknotet.

Italiener freuen sich am allermeisten, die haben hier schon die tollsten Freuden-tänze aufgeführt. Die haben in Italien scheinbar kein Fundbüro, die sind immer so fasziniert, wenn die wat wiederkriegen. Ich habe noch niemanden gesehen, der sich so freut. Das ist richtig auffällig, und das ist nicht nur ein Italiener, das ist immer wieder so.

Zwischen fünfunddreißig und vierzig Prozent der Fundsachen werden abge-holt, der Rest wird irgendwann versteigert oder geht ans Rote Kreuz. Die Beinprothese und der lebensgroße Papp-Udo-Jürgens mit Autogramm bleiben für immer hier. Falls mal wieder einer fragt, was die Leute so alles verlieren.

Wenn wir etwas nicht haben, können wir ja nichts machen, dann können wir höchstens die Adressen der anderen Fundbüros rausgeben. Wenn das gerade erst verloren wurde, sagen wir: Da kommt vielleicht noch was nach. Aber wenn etwas nach einer Woche noch nicht aufgetaucht ist, sinken die Chancen.

Ingrid steht wieder vorn an der U-Bahn-gelben Theke, als ein junger Mann mit langen fettigen Haaren und Weltschmerzgesicht durch die Glastür tritt. Überall auf seiner Jacke sind Logos von Metal-Bands festgenäht, zackige Buchstaben in Rot oder Schwarz.

Mann: Hallo.
Ingrid: Hallo, was kann ich für Sie tun?
Mann: Ich hab letzten Freitag mein Brillenetui mit zwei Brillen verloren, eine ist 'ne Sonnenbrille.
Ingrid: U-Bahn oder Bus?
Mann: U-Bahn oder Straßenbahn, Bus nicht.
Ingrid: Welche Farbe?
Mann: Schwarz oder dunkelblau.

Ingrid setzt ihre Armani-Brille auf, die außen schwarz und innen rosa ist, und schaut im Computer nach.

Ingrid: Nicht rot? Wir haben gerade ein rotes Etui bekommen.

Mann: Nee.

Ingrid: Wenn Straßenbahn, welche Linie könnte dit gewesen sein?

Mann: Kann eigentlich nur in der M10 gewesen sein. (Pause) M6 vielleicht noch … oder M5.

Ingrid: Vom 6. hab ick wat aus der M6, da steht aber nich im Computer, ob dit ein oder zwei Brillen sind.

Ingrid verschwindet im Lager. Nach einer Weile entdeckt eine Kollegin den Wartenden.

Kollegin: Sie werden bedient, wa, junger Mann?

Mann: Ich werde bedient, ja.

Kollegin geht ab. Stille. Der Mann steht regungslos da, ab und zu zieht er die Nase hoch. Ingrid taucht wieder auf.

Ingrid: Nee, leider nich, ist nur 'ne Brille ohne Etui. Rufen Sie Ende nächster Woche noch mal an.

Mann: Das Fundbüro von der S-Bahn is extra, oder?

Ingrid: Ja, im Bahnhof Zoo, hinten bei der Gepäckaufbewahrung.

Mann: Danke sehr. Tschüs.

Ingrid: Viel Glück.

Burkhard

Das blau-weiße Trikot, das Burkhard heute anhat, gehört Fabian Lustenberger, einem schmalen Schweizer Jüngling aus Herthas defensivem Mittelfeld. Bei Burkhard spannt das Trikot am Bauch und schlackert an den Armen, Rückennummer 28. Burkhard sitzt zum Fernseher gedreht auf dem Barhocker. Manchmal löst er seine verschränkten Arme, um am Zigarillo zu ziehen oder am Schultheiss zu nippen. Manchmal auch nur, um sich mit der Hand über die am Morgen rasierte Wange zu kratzen. Es ist kurz nach acht, gleich wird das Berlin-Derby im Olympiastadion angepfiffen: Hertha gegen Union. Burkhard, Vizepräsident des Hertha-Fanclubs *65er Bären*, ist nicht mit ins Stadion gefahren. Er kann nicht mehr so lange stehen, nicht im Februar, wenn es so kalt ist. Er hat drei Stents in den Beinen und zwei am Herzen, sie sorgen dafür, dass das Blut ungehindert durch seinen Körper fließt. Deswegen ist er hiergeblieben, in der Hertha-Kneipe *Zum Kugelblitz*.

Die ganze Anfahrt mit der U-Bahn und bis du ins Stadion reinkommst, dat dauert. Und dann wartest du noch mal mindestens 'ne Dreiviertelstunde, bis dat Spiel anfängt. Dann stehen alle, und ich mit meinen Stents, bei der Kälte. Dann hüpfen alle, dat halt ich erst recht nicht durch. Und mit meinen 1,70 Metern sehe ich sowieso nicht viel. Und dann sind die da alle angeballert. Nee! ... Ich bin die Heimatfront.

Burkhard, neunundfünfzig, kommt aus dem Sauerland, was man daran merkt, dass er »dat« sagt, nicht »dit«, aber er ist Hertha-Fan. Früher hatte er mal lange Haare, das spitze Kinn und die stechenden Augen hat er immer noch. Als er jung war, spielte er beim SC Drolshagen, aber nur bis zur C-Jugend. Drolshagen spielt in der Kreisliga, Burkhard meint, sie könnten bald aufsteigen. Der Fernseher, der im *Kugelblitz* an der Wand hängt, ist lautstärkemäßig auf Maximum gestellt.

Fernseher: Für beide geht es heute um den Einzug in die Erste Bundesliga. Die Atmosphäre im Olympiastadion ist ein bisschen aufgeheizt. Eigentlich begegnen sich die Fans beider Mannschaften immer ganz höflich, bis gestern, als ein paar Hertha-Fans meinten, den roten Union-Bus in den Farben Blau-Weiß umlackieren zu müssen ... Da läuft Ronny ein, mit dem Töchterchen auf dem Arm.

Außer Burkhard ist nur noch der Wirt da, eine alte Frau und Inhaberin Christiane, die mit ihrem Vokuhila und der schwarzen Steppweste aussieht wie eine Fallschirmspringerin.

Burkhard: Hertha und Union sind ja eigentlich nicht verfeindet. Wo die Mauer gefallen ist, ham die ja gleich ein Freundschaftsspiel gemacht. Und davor, als die Mauer noch stand, war der Hertha-Schlachtruf: »Berlin, Berlin, eisern Berlin«. Und die von drüben nennen sich ja »Eisern Union«, dat hat uns verbunden. Heute tippe ich 2:1 für Hertha, aber ich fürchte, dass sie unentschieden spielen.

Christiane: Also, du bist ja 'ne Memme, Hertha wird jewinnen, is doch klar.

Burkhard: Ich sage ja, 2:1 für Hertha.

Alte Frau: Die könn dit ja ooch verlieren, die sind ja schon janz oben. Mein Jott, jib doch die Ossis ooch ma 'ne Chance.

Christiane: Nö!

Alte Frau: Klar woll'n wa alle, dass se jewinnen. Noch schärfer wär's, wenn se beede inne Bundesliga kommen. (Fan-Geschrei aus dem Fernseher) Horch ma: Ick hab 'n Klaus jehört, der brüllt da wie ein Irrer. (lacht)

Christiane: Morgen is er wieder heiser.

Der *Kugelblitz* liegt im tiefsten Wedding, Westen, aber die Straßen sehen so aus, wie sich Süddeutsche Ostberlin vorstellen. Vor der Tür parkt der Elektroscooter der alten Frau, eine Mischung aus Rollstuhl und Motorroller. Drinnen steht ein blau-weiß angemaltes Bierfass mit Hertha-Wimpel, das ist der Stammtisch. Die Deckenlampen sind umgedrehten Biergläsern nachempfunden und machen hopfengelbes Licht. Christiane steht vor dem Spielautomaten, über dessen Bildschirm Cowboyhüte, Kakteen und Hufeisen rasen. In

nicht nachzuvollziehenden Abständen drückt sie auf den grünen Knopf, damit die Symbole anhalten.

Burkhard: Ist Robert auch im Stadion?
Christiane: Nee, der wollte eijentlich kommen, der muss aber arbeeten bis um viertel zehn.
Alte Frau: Wat is'n dit für 'ne Arbeit?
Christiane: Altersheim.
Fernseher: Foul!
Burkhard: Gleich auf die Knochen, ey.
Fernseher: Dem fehlt ein bisschen die Spielpraxis, dem Slowaken, war lange verletzt.
Alte Frau: So, ick reite vom Hof.
Christiane: Kiekste dir dit Spiel nich an?
Alte Frau: Nee, samma, will ick mir ärgern? Mit meim Herze? Nee, nee, nee, nee. Da pass ick uff mit meim Herze.

Die alte Frau bezahlt ihr Bier, 7,80 Euro, und verlässt den *Kugelblitz* durch die Holztür in der Ecke. Draußen startet sie ihren Elektroscooter, was man wegen des Fernsehens nicht hört. Die neunte Spielminute läuft, der Ball befindet sich gerade in Herthas Strafraum, also vor dem falschen Tor.

Burkhard: Oh, oh! Oh, oh! Der ist noch warm! Der ist immer noch warm … (das Tor fällt). Eins null für Union (zu Christiane, die nichts sieht, weil der Spielautomat direkt unterm Fernseher steht). Die ham einfach den Ball nicht weggekriegt da. (Das Tor wird in Zeitlupe wiederholt) Da ist der Fehler. Und dann ham die einfach den Ball nicht weggekriegt …
Christiane: Na wunderbar! Jut, wir ham ja 2:1 jetippt, und die ham ja gerade erst anjefangen.

Das Spiel dümpelt vor sich hin, deshalb hat Burkhard Zeit zum Erzählen.

Wir heißen *65er Bären*, weil 65 die alte Postleitzahl vom Wedding ist und Hertha ursprünglich aus dem Wedding kommt. Jedes Jahr machen wir hier eine Weihnachtsfeier. Da kommt immer ein Spieler, und der bringt ein Trikot mit. Siehst du ja (zeigt zur Wand, wo eine Reihe blau-weiße Trikots hängen). Da hängt Janker, daneben Ronny, und da der ... hier, der ... Rameier-Radschepi.

Christiane: Radjabali-Fardi!
Burkhard: Genau, der! Kann man so schlecht aussprechen. Marko Pantelić war auch mal hier. Als der kam, war der Laden rappelvoll, die standen bis draußen vor die Tür. Der Pantelić hat fast ein bisschen Schiss gehabt, der hat gar nicht gedacht, dass da so ein Andrang ist. Olle Janker kam direkt von einem Spiel der Amateure. Der wusste nicht, dass die andern alle ein Trikot mitgebracht haben. Da hat er sich erst mal entschuldigt und ist am Montag wiedergekommen und hat dat Trikot mitgebracht. Alle, die hier waren, sind sympathisch gewesen, mit denen konntest du schön quatschen. Der Beste war Ronny, der Brasilianer, der hat kein Wort Deutsch verstanden, hatte einen Dolmetscher bei. Und wir hatten Spanferkel, und der Ronny hat ja immer dat Problem, dat der so schnell zunimmt. Und der Arme hat vor dem Schwein gestanden und hat bald geweint. Der Dolmetscher meinte, Ronny hat schon vom Schweinangucken zwei Kilo zugenommen (lacht). Gibt ja solche, die können rennen, rennen, rennen und nehmen nicht ab. Ich denke aber, wenn der auf einmal dünn wäre, hätte der keine Kraft mehr. Bei dem muss dat so.

Die Fans im Olympiastadion werden immer lauter, abwechselnd brüllen sie: Union, Hertha, Union, Hertha. Dazu flötet der Spielautomat seine gewinnversprechende Melodie.

Christiane: Die stacheln sich da jegenseitig an im Stadion. Die schaukeln sich da hoch.
Burkhard: Ist ja auch halb Köpenick da. Die Verteilung ist vielleicht zwei Drittel Hertha, ein Drittel Union. Vielleicht sogar halbe-halbe.
Fernseher: Und Ronny ... über die Latte weg! Der ist heiß, der Ronny!

Burkhard: Dat Olympiastadion hält ja immer noch den Zuschauerrekord, der nie wieder gebrochen werden kann. 1969 war dat, achtundachtzigtausenddreihundertdreißig Zuschauer, Köln gegen Hertha. Ich war dabei, dat erste Mal im Olympiastadion und dann gleich so was. Dat Stadion ist ja später umgebaut worden, heute gibt es in Deutschland keins mehr, dat so viele Plätze hat. Dortmund hat die meisten, knapp über achtzigtausend, dat zweitgrößte Stadion hat Berlin mit fünfundsiebzigtausend, dann müsste Bayern München kommen.

Fernseher: Der Ramos. Ja, der muss heute wirklich viel laufen.

Burkhard: Die passen schon auf, die Unioner, die sind schneller. Bis jetzt sieht man von Hertha wenig. Wenn dat so bleibt … Mann, beim Derby muss man doch mal hundertzwanzig Prozent bringen.

Fernseher: Eine halbe Stunde ist rum, der große Favorit, die Hertha, Tabellenzweiter, ist noch ohne richtig dicke Chance in diesem Spiel. Ronny hat es zweimal aus der Distanz versucht, das war aber auch schon alles. Eine spielerische Linie ist noch nicht zu erkennen.

Burkhard: Siehst du, da ist sofort einer von Union dazwischen, die kommen kaum zum Spielen. Die lassen Herthas Technik gar nicht erst aufblühen.

Christiane: Die solln uns ja nich enttäuschen!

Burkhard: (nach einem Foul liegt ein Union-Spieler am Boden) Steh auf, ist kalt!

Auf die Wand mit dem Fernseher ist ein großflächiges Graffito gesprüht. Die Schattenrisse des Europacenters und der Gedächtniskirche, daneben ein schäumender Bierkrug und der Spruch: »Deutscher Meister 1930/1931. Darauf trinken wir!« Im hinteren Raum steht eine beleuchtete Vitrine mit Hertha-Devotionalien und Tische mit blau-weiß karierten Decken. Christiane nennt es VIP-Lounge.

Burkhard: Da laufen die vom Ball weg. O Mann, ist dat schwach! Die können ja, wenn se heute gewinnen, also wenn se Tabellenführer werden … Oh, schön! … Aber wohin spielt der denn … ja, blind! Fehlpass! … Der muss ja nun nicht gleich umfallen, weil der andere die Hand ausstreckt … Der hält den am Arm fest. Dat ist Gelb!

Fernseher: Bei Standardsituationen muss Union aufpassen. Zwanzig Tore in dieser Saison, mit Abstand die meisten der Liga, hat die Hertha bei Standards geschossen. Meist von Ronny eingebracht.

(Der Freistoß wird ausgeführt, Allagui köpft ihn sehr knapp am rechten Pfosten vorbei.)

Burkhard: Boah! Ahh! Fahne oben. Der stand schon wieder im Abseits, nicht zu fassen. Siehst du, da steht der drin. Dat ist seit Anfang der Saison so, jedes Mal steht Allagui im Abseits, egal bei welchem Spielzug. Jedes Mal! Und dat ist der teuerste Einkauf der Saison, für 1,6 Millionen haben sie den geholt.

Fernseher: Die Herthaner sind nicht so richtig im Spiel nach dieser ersten Halbzeit, sie haben die gute Defensive von Union noch nicht in Bedrängnis gebracht. Die Zweikämpfe waren entscheidend, Hertha hatte Probleme auf den Außenpositionen. Da wird es einiges zu bereden geben in der Kabine.

Ein Typ mit langen offenen Haaren und Stirnband betritt den *Kugelblitz* und setzt sich an die Bar. Auf seinem T-Shirt steht: »Ich bin nicht reich, aber potent«. Er kommt gerade aus der Innenstadt, wo sich vor ein paar Stunden die Fans beider Vereine getroffen haben, um zum Olympiastadion zu fahren. Die Polizei war auch da. Im Fernsehen läuft der Halbzeit-Werbeblock.

Stirnband: Am Zoo is ooch nichts mehr los, allet tot, ey. Die janzen Bullen, alle weg. Nich een Schwanz is da, nur die Schnapsleichen lijen noch rum ... Een Kumpel von mir war am Stadion, wa. Hat sich 'n Ticket für dreißig Ocken jeholt, und kurz vorm Einjang, wat macht der, Alter? Muss der sich mit jemand anlegen und haut ihm vor de Birne. Die Polizei nimmt den natürlich gleich mit, und dit Ticket für dreißig Ocken: Tschüssikowski, weeßte? Ick war ooch fast am Stadion, aber denn bin ick abjeknickt, also abjebogen. Dit war zu spät für 'n Ticket, die Preise steigen ja jede Minute. Wenn ick da jewesen wär, hätte ick 'n Fuffi hinjelegt.

Burkhard: Ich bin damals wegen der Arbeit nach Westberlin gekommen. Ich habe Koch gelernt, mit siebzehn war ich fertig, hab mich dann im Kempinski in der Fasanenstraße beworben. Damals dat absolute Top-Hotel in Berlin, allein von denen ein Zeugnis zu kriegen hat für mich den Ausschlag gegeben herzukommen. Nach der Hotelfachschule habe ich gekellnert, unter anderem im Ratskeller vom Rathaus Schöneberg. Dort waren gerade die Ost-West-Gespräche, muss 1971 oder 1972 gewesen sein. Da war Ulbricht noch an der Regierung, danach kam ja Honecker. Die haben über den Status von Westberlin und dat Transitgeld für die DDR-Durchreise verhandelt. Einen Tag im Schöneberger Rathaus, einen Tag im Roten Rathaus. Der Osten hat Westberlin ja als selbstständige politische Einheit wahrgenommen. Du durftest ja als Westberliner gar nicht in den Osten rein, wenn du nur deinen Berliner Ausweis hattest. Deshalb habe ich meinen westdeutschen Reisepass behalten, als ich herkam. Später habe ich bei einem Partyservice angefangen, da ging es auch um Politik, ich habe massenhaft Staatsempfänge im Schloss Bellevue mitgemacht. Es gab nur einen Bundespräsidenten, der Trinkgeld gegeben hat, der Weizsäcker ... also seine Frau. Die ist zu uns gekommen und hat gefragt, wie viel Mann wir sind, und dann hat jeder 'n Zehner bekommen, auch die Köche. Wir waren alles in allem vielleicht hundert Leute, da hat der Weizsäcker 'nen Tausender hingelegt. Ich bin dem Reagan begegnet, dem spanischen König und Valéry Giscard d'Estaing. Ich war auch dabei, als die Queen zum Dinner ins Schloss Charlottenburg eingeladen hat, dat lag ja im britischen Sektor. Dat ganze Geschirr hat sie aus England mitgebracht, Tafelsilber auch. Dat Zeug kam in richtigen Schatztruhen bei uns an, »Buckingham Palace« stand da drauf. Nur die Gläser waren von uns. Ich weiß noch, dass sich je zwei Gäste Pfefferstreuer und Salzstreuer teilen mussten, außer die Queen, die hatte dat für sich alleine (lacht).

Burkhard redet abwechselnd von Staatsmännern und Fußballern. Weil auf dem Spielfeld nicht viel passiert, wird das 0:1 noch mal gezeigt. Eine Wiederholung, der mit dem Stirnband flucht trotzdem.

Stirnband: Maaaaann! Kacke!
Burkhard: Hab ich doch gesagt, die haben den Ball einfach nicht weggekriegt.
Stirnband: Kacke, Alter! Is doch Kacke, Alter!
Burkhard: Am schlimmsten war der russische Service, da hältst du die Platte hin, und die Gäste können sich was runternehmen. Und dann sind die am Quatschen, und dir fällt der Arm ab, dat ist nämlich so eine schwere Silberplatte.

Guck mal hier (deutet auf die Brandnarbe am linken Unterarm). Verbrannt, die scheiß Silberplatte war so heiß, dat ist direkt durch den Anzug gegangen. Ich habe dat erst nach einer halben Stunde gemerkt. Als ich dat Hemd hochgekrempelt habe, hing die ganze Haut runter.

Die Hertha-Spieler rennen immer noch über den Rasen, als wüssten sie nicht, wo der Ball hinsoll. Es reicht. Burkhard bestellt einen Korn, der in einem Hertha-Schnapsglas serviert wird.

Den gibt's normalerweise nur, wenn Hertha ein Tor geschossen hat. Oder wenn Hertha nach der Halbzeit noch keins geschossen hat. Dat ist dann der Halbzeitschnaps, wenn man den schon vorher trinkt, bringt dat Unglück … 1990 bei der Wiedervereinigung, als de Maizière und Kohl den Vertrag unterschrieben haben, hab ich im Reichstag bedient. Der Tisch war zehn, zwölf Meter lang, und da war eine Schärpe drauf, Schwarz, Rot, Gold. Die hab ich nachher abgeräumt und mit nach Hause genommen, und bei der WM im Sommer haben wir die in der Kneipe aufgehängt.

Bamm, das 2:0 fällt. Der mit dem Stirnband jubelt laut, bis ihn Burkhard darauf hinweist, dass Union das Tor geschossen hat, also die Falschen.

Burkhard: Ey, mit drei Mann steht Union da, guck mal, und keiner von uns springt hoch. Und die kommen frei zum Kopfball. Unglaublich! … Oh, da tritt der am Ball vorbei, ich glaub dat ja nich. (zündet sich einen Zigarillo an) Ich sag ja, Hertha kriegt heute nix auf die Reihe.

Fan eines Fußballclubs zu werden ist leicht: ein Moment, ein Herzschlag, kein Nachdenken. Fan eines Fußballclubs zu sein dagegen ist eine Zumutung. Nie läuft es so, wie es soll, nicht der Ball, nicht die Spieler, nicht die Saison.

Burkhard: Ich hab ja 2:1 gesagt, aber für Hertha, dat geht ja nu nicht mehr. Stirnband: Wat will denn der Schiri mit der Jelben?! Für wat denn dit? Der hat den doch umjehaun und nich umjekehrt!

Burkhard: Guck mal, der wartet ganz in Ruhe, bis der Ball angerollt kommt. Anstatt nach vorne zu laufen. So was versteh ich nich! Da nehm ich doch den Ball und mach Druck.

Stirnband: Jetzt aber! Mann, ey, dit jibt's doch ja nich und denn ooch noch Abseits.

Burkhard: Dat war gar kein Abseits, is Schwachsinn, wat der da erzählt.

Stirnband: Schiri is Schiri, Alter.

Christiane: Da werden se ja jeknickt aus'm Stadion kommen.

Burkhard: Ich kann dir sagen, was die singen werden: »Niemals vergessen, scheiß Union«. Pass auf! (alle lachen) Kann ich mir gut vorstellen, dass dat nachher noch Stress gibt. Wenn die Köpenicker 'ne zu große Schnauze haben. Ein Hertha-Fan kann ja Kritik und Freudengesänge vertragen, aber wenn Schmähgesänge kommen und »Scheiß Hertha«-Rufe und so, ja dann …

Die einundsiebzigste Spielminute ist angebrochen. Der mit dem Stirnband hat sich vom Fernseher weggedreht und liegt halb auf dem Tresen. Das Spiel verfolgt er spiegelverkehrt in der Fensterscheibe, wobei die halbhohe Spitzengardine stören dürfte. Es steht immer noch 2:0 für Union. Der Fernsehkommentator sagt: »Für Hertha muss bald was passieren.« Burkhard sagt: »Ich werd ihn mal in die Hand nehmen, vielleicht bringt dat was.« Er steht auf und geht zur Toilette. Nicht mal fünf Minuten nachdem er wieder auf dem Barhocker sitzt, schießt Hertha den Anschlusstreffer.

Burkhard: Tor! Jawoll, da is es doch! 2:1! (knallt das Hertha-Schnapsglas auf den Tisch) Hier: einmal füllen! (trinkt) Und jetzt ham wir noch zwanzig Minuten.

Fernseher: Ha, ho, he, Hertha BSC!

Burkhard: Siehst du, schon geht dat los, jetzt brüllen sie alle … Den Job beim Partyservice hab ich fünfzehn Jahre gemacht. Mein allererster großer Empfang in Bellevue war mit Walter Scheel. Der war in Berlin, um die Staatsbibliothek am Potsdamer Platz einzuweihen. Und wir waren zwei Stunden hinterm Protokoll. Dat war katastrophal, die Getränke standen alle da, aber es sind keine Gäste gekommen, da haben sich dann die ganzen Kellner bedient (lacht). Wir mussten darauf achten, dat auf jedem Tablett, dat rausging, ein Weinglas speziell für Walter Scheel stand. Dat war nur für ihn … Ich weiß gar nicht, ob ich dat erzählen darf.

Christiane: Nu erzähl ma nich zu ville, Burkhard!

Fernseher: Wir sind in der spannenden Schlussphase, gut sechzehn Minuten noch zu spielen.

Stirnband: Jetz, komm! 2:0! … 2:2 mein ick!

Burkhard: Als dat Offizielle alles vorbei war, saßen da noch fünfzehn Leute am Tisch, ziemlich lange, so dass die noch mal Hunger bekamen, es hatte nur ein paar Häppchen gegeben. Da winkt mich einer an den Tisch und sagt: Herr Bundespräsident, wenn hier jemand noch was organisieren kann, dann der da. Und ich sage, Entschuldigung, dat geht nicht, es ist nichts mehr da. Ich zieh mich also um, Jeans und Parka, und wollte nach Hause. Jetzt winkt mich Scheel an den Tisch, ich soll mich mal setzen … Was ich vergessen habe zu erzählen: Der Scheel hatte mich früher am Abend nach seinem Wein gefragt. Da habe ich gesagt: Ihr Getränk darf den Namen Wein eigentlich gar nicht tragen. Ich hatte nämlich Weinkunde, und der für den Scheel hatte zu wenig Alkohol und zu wenig Säure. Da sagt Scheel, da sind Sie aber der erste Kellner, der das weiß, oder »Ober«, wie er sich ausgedrückt hat. Er hat mir dann erzählt, dass dat ein Spezialwein für ihn ist, der praktisch alkoholfrei ist. Sonst wäre er ja jeden Abend besoffen, und darum eben immer dieses Extraglas. So sind wir ins Gespräch gekommen, und ich habe ihm erzählt, dat ich aus dem Sauerland komme. Durch Zufall wusste ich, dass seine Familie auch da her ist. Nun saß ich also am Tisch mit Scheel und sollte warten, weil die noch eine Käseplatte von irgendwo bestellt hatten. Dann durfte ich seinen Wein probieren, hab eine Zigarre geraucht und gewartet, bis der Käse kam. Wir haben die ganze Zeit vom Sauerland gesprochen. Familie Scheel kommt aus dem Bergischen Land, aus einem Ort, der heißt Husten, wie der Husten. Halbhusten ist da auch in der Nähe, vielleicht war die Familie auch von dort.

Christiane: Mensch, kiek lieber hin, Burkhard!

Burkhard: Mach ich ja!

Christiane hat den Spielautomaten verlassen und sitzt jetzt auch an der Bar. Vom vielen Knopfdrücken hat sie Rückenschmerzen, aber das ist jetzt nicht wichtig. Vier Minuten noch, dann ist das Spiel aus. Da fällt das 2:2, Ronny, der untersetzte Brasilianer, ballert einen Freistoß von weit außerhalb der Strafraumgrenze rein.

Alle: Ja! Tor! (Hände schlagen auf den Tresen)
Burkhard: Wo Ronny angelaufen ist, hab ich dat schon gesagt: Der ist drin. Geil! Seitdem der die Freistöße nicht mehr so hoch schießt, trifft der auch. Dat hab ich ihm übrigens hier am Tisch gesagt, wo der Weihnachten da war.
Fernseher: Kein hochklassiges Spiel, aber die Spannung war da.
Burkhard: Unentschieden, dat reicht wieder nicht für den ersten Tabellenplatz … Aber was hab ich vorhin gesagt? 2:2!
Stirnband: Du hast viel gesagt heute.

Richtig Retro

Dorette

Ich bin am 5. April 1986 angekommen, das war die Nacht, in der das *La Belle* in die Luft flog, die Disco in Friedenau. Wir kamen Unter den Eichen rein, und bald sah man nur noch Polizei, überall war Blaulicht, ich wusste überhaupt nicht, was los war. Das war mein Empfang in Berlin. Ich hatte zwei Adressen, wo ich unterkommen konnte, aber das nützte mir nichts, weil die auf dem Hinterhof lagen und vorne auf der Straße keine Klingelschilder waren. Das war damals oft so, und Handys gab es ja noch nicht. Also musste ich mir ein Hotel nehmen, ich landete irgendwo in der Hauptstraße. Ich bin heute noch davon überzeugt, dass das ein Stundenhotel war. Die guckten nämlich ganz komisch, als ich mit meinen Koffern ankam. Als ich kurz danach in der Uniklinik Benjamin Franklin anfing, lagen noch Verletzte vom *La Belle*-Anschlag auf der Intensivstation.

Dorette ist Allgemeinmedizinerin, eine von denen, die irgendwann beschlossen haben, keinen Kittel mehr zu tragen, um ihren Patienten näher zu sein. Ihre Praxis liegt mitten in Kreuzberg, weshalb sie Fotos von Istanbul im Wartezimmer aufgehängt hat. Dorette hat blonde Haare, ein wenig gewellt, einen blauen Pullover und blaue Augen. Sie ist vierundfünfzig, trägt Jeans und Absatzstiefel und hat kleine Steinchen in den Ohren, sie könnte Tatort-Kommissarin sein.

Als ich meine Wohnung in Kreuzberg bezog, habe ich gleich meine Münchner Klamotten in den hintersten Kleiderschrank gelegt. Dann habe ich mir meine erste Lederjacke am Nollendorfplatz geholt, man musste sich ja hier ein bisschen schwärzer anziehen. Aber ich muss dazusagen, dass es eigentlich egal war, welche Klamotten man trug. Das war nicht wichtig, ich kam manchmal auch schick angezogen aus dem Theater ins *Madonna*, das war meine Lieblingskneipe in der Wiener Straße. Es ging nicht um die Klamotten, wie man das von München kennt, wo ich studiert hatte. Wenn man da die Leopoldstraße entlangflaniert, am *Venezia* vorbei, wird man erst mal so richtig abgecheckt. Das gab es hier nicht, man kam irgendwo rein und wurde angeguckt, in die Augen.

Die Ankunft in Berlin fühlte sich an, als hätte man einen Zeitsprung gemacht. Ich bin in Worms aufgewachsen, Jahrgang achtundfünfzig, ich war ein Wirtschaftswunderkind. Und dann komme ich nach Berlin, und es gibt überall noch Öfen, die Luft riecht nach Kohle, und die Toiletten sind auf halber Treppe im Hausflur. In der Wrangelstraße gab es sogar eine Kneipe – ich weiß nicht mehr, ob die *Kuckucksei* oder *Kuckucksnest* hieß –, die Wannenbäder anbot.

Das Behandlungszimmer liegt am Ende eines langen, schmalen Flurs. Dorette sitzt vor einer froschgrünen Schrankwand mit Lichtkasten für Röntgenbilder und einem Kniegelenk aus Plastik. Auf dem weißen Arzneischrank in der Ecke präsentiert eine Figur ohne Bauchdecke ihre Organe.

Das ist ja immer noch das Siebziger-Jahre-Mobiliar meines Vorgängers. Ich finde es scheußlich … aber es ist richtig retro. Die Vorhänge mit den Prilblumen habe ich von Ikea, das passt doch sehr gut, oder?

Die Praxis liegt an einer Straßenecke, durch drei hohe Fenster kann man in drei verschiedene Richtungen sehen. Draußen hupt einer wie verrückt.

Es gibt Patienten, die mit Rückenproblemen zu mir kommen und sagen, ich soll sie krankschreiben. Die kommen hier gekrümmt rein, und draußen auf der Straße laufen die wieder ganz normal. Das kann ich von hier ganz wunderbar beobachten (lacht). Dann ist hier der schöne Markt, die Restaurants, im Sommer ist Leben, Sonne … Ich liebe diesen Kiez.

Natürlich ist es in der Großstadt hektischer, stressiger, aber *die* Berliner Krankheit gibt es nicht, glaube ich. Es kommen viele, wie man so sagt, Kreative, mit spannenden Berufen. Es ist aber nicht so, dass die sensibler wären. Gerade in den letzten Jahren sind neue Leute dazugekommen, vorher hatte ich noch mehr alte und türkische Patienten. Jetzt erzählen mir manche, dass sie wegziehen müssen, weil ihre Miete zu teuer geworden ist. Die Stadt normalisiert sich, das finde ich schade. Ich habe tausend Patienten im Quartal, plus/minus. Das ist stark angestiegen, deshalb kann ich nur noch die Hausbesuche machen, die wirklich wichtig sind. Bloß ein Schwätzchen halten geht nicht mehr. Es sind viele alte Leute, die irgendwann mal in den vierten Stock gezogen sind und jetzt nicht mehr runterkommen. Die wohnen in den typischen Drei-Zimmer-Altbauwohnungen, die es hier gibt. Eine sehr süße Hundertjährige zum Beispiel, die mal Mannequin war, die ist ganz schmal und groß, trägt die Haare immer nach oben gesteckt und hat riesengroße Ohrringe.

Im Wartezimmer liegen *GEO*-Hefte von 1984 zwischen den aktuellen Magazinen. Lehnstühle stehen nebeneinander an der Wand, darüber hängen die Istanbul-Fotos und Bilder von Manhattan, auf denen Taxis durch Hochhausschluchten fahren, sie sind richtig gelb, nicht beige.

Ursprünglich wollte ich ja nach Amerika auswandern. Für mein Praktisches Jahr hatte ich schon eine Stelle in Harvard. Und zwei Tage bevor ich losfliegen sollte, hatte mein Vater einen Herzinfarkt. Ich habe die Stelle abgesagt und bin dann auch noch durchs Examen gefallen. Ich hatte damals keine gute Zeit, weil ich eine Panikstörung hatte, mir ging es ein Jahr lang ziemlich schlecht. Damals sprach keiner über Angstsyndrome, das war ein Tabu. Ich habe das auch niemandem erzählt. Ich wusste nur, dass ich irgendwohin musste, raus aus München. Und als ich nach Berlin kam, war meine Angst weg, ohne Medikamente, ohne alles. Deswegen hänge ich auch so an der Stadt, sie hat mir sehr geholfen. Ich brauchte Abstand zu der Krankheit meines Vaters, das war auch ein später Emanzipationsprozess. Und Westberlin, gerade als die Mauer noch stand, war ja ein bisschen wie Auswandern. Meine erste Wohnung war ganz am Ende der Görlitzer Straße, dahinter kam nur noch der Kanal, ein kleiner grüner Streifen und dann stand da die Mauer. Ich wohnte im ersten Stock, konnte aber rüber in den Osten gucken, ich sah die Soldaten auf dem Wachturm in Treptow – der steht immer noch da ... Irgendwie bin ich in Berlin hängen geblieben. Bei Leonard Cohen heißt es ja: »First we take Manhattan, then we take Berlin.« Ich bin halt gleich nach Berlin.

SCHNUPPERT
GLEICH'N
BISSCHEN
NACH ORANGE

Raimund

Zuerst hört man Raimunds Vierzig-Kilo-Koffer über den Hof rollen, dann seine Schritte im Treppenhaus. Und dann, irgendwann, steht er da: Raimund, die Ich-AG. Auf seinem T-Shirt steht in blauer Schrift »Matratzenreinigung«. Raimunds Haar ist grau und seitlich gescheitelt, ein feiner dunkler Bart schließt sich um seinen Mund, das Gesamtbild ist Sean-Connery-haft. Er ist aus der Puste, als er vor der Wohnungstür steht, er atmet kurz durch, dann trägt er seinen Koffer ins Schlafzimmer. Es ist ein Berliner Zimmer, mit einem einzigen Fenster in der Ecke, an der Wand lehnt ein Rennrad mit hellgrünen Reifen. Als Raimund die Matratze begutachtet, fällt ihm sofort der Aufkleber am Fußende auf.

Raimund: (zu der Frau, die ihn bestellt hat) Sie haben schon mal reinijen lassen.
   Den Kollegen kenn ick gar nich.
Frau: Das war auch in Mainz.
Raimund: Ach so. So weit bin ick noch nich rumjekommen.

Er klappt den silbernen Metallkoffer auf, den er neben dem Bett auf den Holzdielen abgestellt hat.

Raimund: Wat hat Sie denn nach Berlin verschlajen?
Frau: Er hier (deutet auf ihren Freund).
Mann: Ich bin schuld.

Das Gerät, das er jetzt über die Matratze zieht, sieht aus wie ein handlicher Rasenmäher. Ein aufgeblähter Beutel, in den die Milben gesaugt werden, zittert daran. Raimund zieht das Ding zweimal über die Matratze, erst quer, dann längs.

Mann: Wolln Sie 'n Kaffee?

Raimund: Na, wenn Se mich so fragen, kann ick natürlich nich nein sagen.

Mann: Milch dazu?

Raimund: Ja, dit wär lieb.

Als Raimund fertig ist, versprüht er eine Flüssigkeit über dem Bett, ein Desinfektionsmittel, das nicht wie eines riecht.

Raimund: Schnuppert gleich 'n bisschen nach Orange (nimmt zwei Züge Zimmerluft). Ah, jeht schon los, Orange.

Raimund dreht die Matratze um und macht das Gleiche noch mal, erst quer, dann längs. Als er die Maschine ausschaltet, fällt der Beutel in sich zusammen. Auf Wunsch kippt er das, was sich darin gesammelt hat, auf ein schwarzes Tuch, das erhöht die Chance auf einen Folgeauftrag. Fertig. Raimund leert seinen Kaffee mit einem langen Schluck, dann muss er weiter: anderer Bezirk, andere Wohnung, andere Matratze. Derselbe Vierzig-Kilo-Koffer.

Ick freu mich immer, wenn ick innen vierten oder fünften Stock muss und keen Fahrstuhl drin is. Wenn de denn oben bist, stehen die Ohren so weit ab (zeigt, wie weit), die Oogen stehn so weit raus (zeigt, wie weit), und pumpen tuste wie 'n Maikäfer. Die Beene fangen an zu schlackern, die Arme schleifen uffm Boden.

Zu Hause muss Raimund nicht mehr schleppen, da, wo er wohnt, gibt es einen Fahrstuhl. Das ist ziemlich weit im Osten der Stadt, da, wo die Mädchen sehr blond sind und die Männer mit Malerhosen in den Feierabend fahren. Da, wo alle rauchen. Da, wo man das Gefühl hat, man laufe nicht durch Straßen, sondern über Plätze, weil so viel Raum ist zwischen den Wohnblöcken, die aussehen, als hätte man ein paar LIDL-Märkte übereinandergestapelt. Auf den Freiflächen könnte man Weizen anbauen oder Tabak. Raimund wohnt da, wo die wohnen, die ihre Schuhe vor der Haustür ausziehen und auf Wischlappen stellen, die neben Affenbrotbäumen im Hausflur liegen. Da also, wo ganz normale Leute wohnen, in Marzahn.

Meine erste Tour is jeden Morgen raus zum Autohaus nach Französisch Buch-
holz, fünf Mal die Woche. Dit Autohaus dauert knapp zwee Stunden. Ick fang
mit den Sanitäranlagen an, denn die Bürotische wischen, die Flächen mach ick
mit der Reinijungsmaschine, ick wische um die Autos rum und unter den Autos.
An die Autos selbst dürfen wir nich ran. Dit is Daimler, da stehn nur Mercedes-
Modelle und vielleicht mal 'n Smart. Ick selber fahr 'ne Reisschüssel, 'n Mazda,
is aber nich schlecht, ick muss keen Daimler haben. Frühstück jibt's erst, wenn
ick im Autohaus fertich bin. Um vier klingelt der Wecker, da steh ick nich noch
früher uff nur für dit Frühstück.

**Raimunds Wohnzimmer ist bombastisch voll von gemütlichen Dingen: Spit-
zendecken, Figürchen, Windlichter, Dinge aus Kristall. Kein freier Platz, nir-
gends. Es gibt sieben Lichtquellen im Raum plus Deckenlicht. Gemütlicher
geht einfach nicht. Über dem schwarzen Fernseher hängt ein Gemälde, medi-
terranes Zitronenbäumchen unter mediterraner Freitreppe.**

Zu meiner Reinijungsmaschine bin ick über 'n Zettel unterm Scheibenwischer
jekommen. Ick dachte erst, dit wär 'n Strafzettel, stand aber druff »Biete Arbeit«.
Hab ick jedacht, jut, jehste ma vorbei, Zeit haste eh. Ick war zu der Zeit arbeitslos.
Als ick da war, hab ick 'n Schreck bekommen, weil ick da Staubsauger verkoofen
sollte. Aber jut, nu war ick ja da jewesen und hab mir die Präsentation anjeguckt.
Da saßen wir denn vor 'nem Fernseher, acht oder neun Leute. Die ham 'n Film
jezeigt, in dem die Reinijungsmaschine immer wieder vorkam, jegen Milben,
Hausstaub und solche Dinge. Den Namen hab ick mir jemerkt und denn im In-
ternet nachjeforscht: Deutsche Firma, aus Miltenberg bei Frankfurt am Main. Dit
Startkapital hab ick mit dem Jeld aus meiner Lebensversicherung bezahlt. Wenn
man so wat kündigt, macht man ja Miese, zwangsläufig. Die lief ja seit, jetz muss
ick ma überlegen (überlegt), mehr als zehn Jahren. Ick hab jekündigt und uff die
Provision verzichtet, und denn war die Sache erledigt.

**Die Schrankwand steht rechts vom Sofa. Im Radio läuft: »Alice, Alice. Who
the fuck is Alice?«**

Die Maschine hab ick selber abjeholt. Die hätten se mir ooch schicken können, aber ick bin runterjefahren, um mir dit anzugucken. Ick habe dit denn vierzehn Tage kostenlos jetestet und mich entschieden, die zu behalten. Als Allererstet hab ick meine eigene Matratze jereinigt, um zu wissen, ob dit funktioniert, bevor ick zum Kunden bin. Dit wär ja sonst unanjenehm, wenn wat nich jeklappt hätte, und ick komm ja nich aus dieser Branche.

Raimund trägt Wildlederpantoffeln und einen weinroten Pullover mit Musterbordüre, seine Arme hat er vor dem Bauch verschränkt. Vor ihm auf dem Tisch steht eine Tasse mit Cappuccino, alle paar Sätze nimmt er einen Löffel Milchschaum, den er mit einer Extramaschine zubereitet. Milchschaum, so dick, dass er Rohrzucker trägt, ist absolut sein Ding. Und Line Dance. Zweimal die Woche schnallt er sich den Gürtel mit der dicken Metallkoppel um und geht mit seiner Frau zum Tanzen.

Jelernt hab ick Kabelmechaniker. Kabelwerk Oberspree in Berlin, wir warn eijentlich 'n Begriff jewesen in Berlin. Wir ham allet herjestellt, anjefangen von der Litze mit kleinem Durchmesser (rollt den Zeigefinger ein) bis zu den dicken Kabeln für Hochspannungsleitungen (nimmt beide Hände) und Kupferspulen und so weiter. Nach der Lehre bin ick zum Bund ... nee, Bund nich, Armee ... (betont) Nationale Volksarmee. Drei Jahre, ick war Funker. Ick wollte ja zur Handelsmarine, aber mir ham se vorher nich jesagt, dass ick, wenn ick Funker bin, erst mal fünf Jahre zu Hause bleiben muss, weil ick Jeheimnisträger bin. Denn war die Sache erst mal jejessen. (Kratzt den Rest Milchschaum aus der Tasse) Mit Dampfern über die janze Welt schippern wär doch wat Schönet jewesen. Aber denn kamen die Frauen dazwischen, und denn war die Sache sowieso jejessen. (Legt den Löffel auf die Untertasse)

Bis 1990 arbeitete Raimund als Kabelmechaniker. Dann wurde er gekündigt, weil er SED-Mitglied gewesen war.

Die Jenossen wurden als Erstet jefeuert. Ick war zwar bloß 'n janz Kleener, aber is ja ejal. Jenosse is Jenosse, und der musste eben jehen. Danach war ick in Westberlin bei den Deutschen Telefonwerken, DTW. Da warn denn zwar ooch 'n paar Ossis, aber jeder war für sich. Ick hab ooch mit vielen Kollegen jearbeitet, die nichtdeutscher Herkunft waren, ooch wieder 'ne neue Erkenntnis. Köpenicker Straße, Kreuzberg, mit vielen Türken zu tun jehabt. Janz tolle Leute, aber da jab's ooch 'n paar Paschas, mit denen hat man sich jelejentlich anjelecht. Die waren der Meinung, die Ossis sollen mal wieder dahin jehen, wo se hinjehören. So war die Zeit eben.

DTW hat sich ja denn bald in Luft aufjelöst, weil der Markt Ende der Neunzjer nach Asien jeöffnet wurde. Wir waren denn plötzlich nich mehr der alleinije Hersteller für die Telekom. Ick hab mich denn auszahlen lassen, bevor ick entlassen wurde. Denn hab ick 'ne Weile rumjewurschtelt. Kurzzeitig wollt ick *Brockhaus*-Verkäufer werden (zeigt auf die nussbraune Schrankwand, wo eine ganze Reihe Lexika stehen). Aber dit hat nich funktioniert. Denn war ick noch vier Jahre bei Samsung, die sind denn aber nach Ungarn jejangen. Wieder dit selbe Theater, wieder arbeitslos. Denn hab ick jesacht: Jetz bin ick keene Nummer mehr, jetz mach ick mich selbständig.

Erst mal hab ick Werbezettel verteilt, überall in die Briefkästen jeworfen: Marzahn, Hellersdorf, Wedding, Prenzlberg, Lichtenberg, Charlottenburg, bis nach Friedrichshagen raus. Aus einem A4-Blatt hab ick zwee Steckbriefe jemacht. Insjesamt hab ick über die Jahre mindestens vierhunderttausend verteilt. Immer wenn ick keene Arbeit hatte, bin ick mit 'nem Stapel losjerannt und hab die jesteckt. Und denn kamen nach und nach die Anfragen.

Ick hab anfangs nur Matratzenreinijung anjeboten, aber dit is schwierich, dit is ja 'n sehr sensiblet Thema, wer lässt denn gleich 'n Fremden an seine Matratze ran? Könnt ja 'n Fleck drin sein und peinlich werden. Mit 'ner Teppichreinijung kommste eher in 'ne Wohnung. Da sagen die Leute, Mensch, diesen Fleck könnte ja der Nachbar sehen. Könn Se den ma schnell wegmachen? Dann sag ick: Ja, aber ick krieg noch viel mehr Flecken weg (lacht). Wo is denn Ihre Matratze? Na, so sag ick dit nich, aber so ähnlich.

Raimund hat nicht mitgezählt, aber er glaubt, dass er insgesamt sechstausend-fünfhundert Matratzen gereinigt hat. Stand heute.

Ick hab mir die Selbständigkeit einfacher vorjestellt. Dit Selbstvermarkten hab ick ja so nich jelernt. Man is zwar Firma, aber die Firma is man selbst. Man muss sich immer wieder überwinden, mit Menschen ins Gespräch zu kommen. Ick hab zwar dit Feeling, mich mit Leuten zu unterhalten, aber der erste Augenblick is nich einfach. Kaltakquise, hinjehen, ankloppen und sagen: Hallo, hier bin ick! Wenn ick dit erste Mal zu 'nem Kunden komme, merk ick ja mit den ersten Worten, ob wir uff der gleichen Wellenlänge sind. Ick versuche, immer locker zu bleiben und meen kleenet Späßchen zu machen. Und denn funktioniert dit eijentlich. Wenn ick inne Wohnung rinkomme, sag ick als Erstet: Wo ham Se Ihre Ming-Vase zu stehen? Denn sagen die: Hä, wat für 'ne Ming-Vase? Und ick: Meene Versicherung sacht immer, ick muss wissen, wo die steht, damit ick die nich umwerfe. Also, wo is die jetz? Dann wird dit 'n bisschen lockerer.

Die saubersten Matratzen gibt es in Charlottenburg und Köpenick. Jedenfalls hat Raimund dort die meisten Kunden.

In Marzahn-Hellersdorf hab ick janz wenig zu tun. So jesehen sach ick immer, ick wohn hier bei den Schweinen (lacht).
Eenmal hat mich 'n Kunde anjerufen und jesagt, er hat da 'ne besondere Matratze. Von seinem Großvater jeerbt, mit Stroh jefüllt. Ick kann die reinijen, hab ick jesacht, unter eener Bedingung: Sie schneiden die Seitennähte uff, richten dit Stroh nach eener Seite aus und machen wieder zu. Damit ick mit meener Maschine den janzen Dreck aus den Strohhalmen ziehen kann. Und denn merkte der mit 'nem Mal, dass ick den verarsche. Denn fing der an zu lachen und hat jesacht: Ick hab wirklich so 'ne Matratze. Ham Se 'ne Idee, wie ick die reinigen kann? Ick sage: Ja, schneiden Se dit Ding uff, machen Se neuet Stroh rinn, und denn is die Sache jejessen. Bei ältere Damen kann dit ooch kompliziert werden, die wollen ja nich nur Matratze und Teppich jereinigt ham. Die fragen denn: Machen Se ooch die Fenster? Wenn ick Zeit hab, sag ick: Für Sie mach ick dit schon. Da bin ick denn schon mal viereinhalb Stunden bei so ner alten Dame. Und dit is ja 'ne beschissene Arbeit da oben unter der Decke, vor allem bei hohen Altbauten. Deswegen bin ick froh, dass meine Wohnung nich so hoch is.

Raimund schätzt die Deckenhöhe seiner Marzahner Wohnung auf 2,65 Meter.

Ick lebe jerne in Marzahn, ick komm hier mit den Leuten aus. Manche sagen ja, Marzahn is ein Scheiß, aber … ick zeich Ihnen dit (steht auf, öffnet die Glastür und tritt in Wildlederpantoffeln auf den Balkon). Gucken Se ma hier raus (Pause, der Augenblick soll wirken). Hier hab ick dit Dorf Mahrzahn (streicht mit einer ausladenden Handbewegung über die flachen Einfamilienhäuser, die zwischen den eckigen Plattenbauten stehen). Hier hab ick 'n freien Blick. Hier unten ist der Fußballplatz, da hinten der Hellersdorfer Berg und auf der anderen Seite der Marzahner Berg (unten, weit weg, rauschen Autos). Warum soll ick denn woanders hinziehen? Wenn ick mir so überleje, wat ick sehe, wenn ick bei manchen Kunden aus Fenster gucke: 'n Hinterhof. Da hab ick dit doch jut hier, oder?

Dirk

Dirk sitzt an der heimeligsten von vier Champagnerbars, die man auf der Gourmetetage des KaDeWe finden kann. Vor ihm auf der Theke aus cremefarbenem Plastikmarmor steht ein Glas. Es ist Montagnachmittag, und warum er ausgerechnet heute Weißwein trinkt und nicht wie sonst Champagner, ist nicht mehr einwandfrei zu rekapitulieren. Es ist auch egal, was Dirk trinkt, was sagt das schon? Wichtig ist doch der Mensch. Der war mal in der Musikbranche, Leidenschaft, Rock 'n' Roll, People Business, im Tourbus durch Europa. Seit acht Jahren verkauft Dirk Immobilien.

Letztendlich ist es das Produkt, das du verkaufst, darum geht es, ob das nun eine Immobilie oder ein Künstler ist. Das eine lebt, das andere nicht. Es ist einfacher, ein Haus zu verkaufen, als eine gute Band. Ich war von 1995 bis 2002 in der Musikbranche. Es war super, alles gut ... Die größte Zeitverschwendung meines Lebens, ich habe mein Leben für Rock 'n' Roll verschwendet. Ich war mit Leuten auf Tournee, die einen Major-Deal hatten, also bei einer der vier großen Plattenfirmen waren. Zum Beispiel mit einer Band, die sehr erfolgreich im Lounge-Bereich war, die war auf jeder *Café del Mar*. Mit denen habe ich eine schöne Zeit gehabt, im Nightliner durch Osteuropa, Russland, Kanada, sensationell.
Mit sechzehn habe ich eine Ausbildung zum Groß- und Außenhandelskaufmann gemacht, ganz seriös. Irgendwann habe ich mir aber gedacht, ich will mein Geld mit dem verdienen, was ich mag, Musik. Das habe ich dann ein paar Jahre gemacht. Mit Anfang dreißig denkt man aber, Mensch, du willst auch ein bisschen Geld verdienen, ein bisschen weiterkommen, Musikbusiness ist People Business, da sind Emotionen, das machst du aus Leidenschaft. Aber je älter du wirst, desto mehr willst du auch vom Leben, dein Standard erhöht sich. Ich bin dann bei den Immobilien gelandet, da ging das relativ schnell, dass man viel Geld verdient hat, sehr viel Geld ... Frag mich nicht nach Leidenschaft, Leidenschaft ist das nicht. Wenn es darum geht, würde ich morgen wieder mit einer Band auf Tour

gehen ... am liebsten mit Oasis, wenn es die noch gäbe. Im Moment existiert ja keine outstanding Band, es gibt mal hier und da einen Hit, aber keine Band, die in den Rock 'n' Roll-Himmel schreibt: Wir sind es! Die letzten Dinosaurier dieser Welt waren REM und U2, die waren riesengroß.

Dirk ist vierzig, er hat einen Dreitagebart und entfernte Ähnlichkeit mit Christian Ulmen, der auch gerne im KaDeWe luncht. Dirks Anzug ist grau, sein Hemd hellblau, Kragen und Manschetten weiß, seine Uhr eine Tag Heuer Monaco, Klassiker. In der Jacketttasche klemmt eine Ray Ban, im Portemonnaie die schwarze KaDeWe-VIP-Card, die nur bekommt, wer mehr als zehntausend Euro im Jahr hier lässt. Dirk hat, das weiß er genau, letztes Jahr zwölftausendachthundert Euro im KaDeWe ausgegeben, vor allem für Champagner. Es ist warm an der Bar, auf Dirks Stirn haben sich feine Schweißperlen gebildet.

Ich bin seit vier, fünf Jahren Stammgast im KaDeWe, das ist mein Rückzugspunkt. Man darf das KaDeWe aber nicht überbewerten, das ist nichts anderes als eine Stammkneipe. Hier in der sechsten Etage geht es um Fressen, 'tschuldigung, wenn ich das so sage, Fressen und Saufen, darum geht es. Man kann hier abschalten, die Seele baumeln lassen, darum geht es. Den Tag über machst du *hard busines* und dann kommst du hierher, und die Welt ist wieder in Ordnung. Egal wo du wohnst, ob du Student im Prenzlauer Berg bist, ob du Hippie in Kreuzberg bist, ob du Snob in Charlottenburg bist: Jeder braucht seinen *hideaway*, jeder braucht seine Kneipe, und jeder braucht seinen Drink. Jeder will irgendwo chillen. Wir sind hier im KaDeWe, aber man sollte das nicht überbewerten.

Hinter der kurzen Theke steht Renate, eine Frau mittleren Alters mit rötlichen Haaren, dunklem Lidstrich und einem schweren Froschanhänger an der Halskette. Sie räumt die Geschirrspülmaschine eine, poliert Gläser, sorgt für Eis und, das ist am wichtigsten, schenkt nach und weiß alles. Stammgäste, denen zwischenzeitlich kleine oder große Details der eigenen Vita entfallen, fragen einfach Renate, das kostet nichts. Ein Gläschen Jacquart kostet 11,90 Euro.

Renate, hast du noch einen Weißwein für mich, einen kleinen? (Renate zieht das leere Glas weg, wischt über die Theke, legt eine frische KaDeWe-Serviette hin und stellt ein volles Glas darauf) Das soll ein kleiner sein, Renate?!
Ich komme wegen Renate hierher, nur wegen Renate ... nein, es ist ganz einfach, der Moët-Stand da vorne ist direkt auf dem Hauptgang, da bleibt jeder stehen, da hat man keine Ruhe. Hier ist es ein bisschen intimer, das ist eine Gesellschaft für sich, hier haben wir wundervolle Menschen, wie den Rudolf und die Renate. Das ist wie an einem Stammtisch.

Die Bar ist nur wenige Quadratmeter groß und besteht genau genommen aus nicht mehr als zwei Trennwänden, einem Garderobenständer und vier oder fünf Barhockern. Auf der einen Seite ist ein Gang, durch den Einkäufer strömen, auf der anderen Seite ein verkehrsberuhigter Bereich voller Pyramiden aus Perlweinflaschen und Trüffelbuttergläschen. Es ist die perfekte Balance aus Abgeschiedenheit und Mittendrinsein. Plötzlich zieht ein schwerer Hauch von Käsefondue durch die Gourmetetage, Renate blickt entschuldigend auf und erklärt, dass das Raclette sei, leider.

Wenn ich hier oben was esse, gehe ich rüber zum Kartoffelacker, da kriegt man einen Sylter Teller mit Granat und ... Granat ist das norddeutsche Wort für Nordseekrabben (Renate lacht) ... Granat mit Rührei und Kartoffeln und Speck, das ist geil, das ist der Hammer. Granat versteht hier nur keiner, man muss Sylter Teller sagen. Ich bin ja in Wilmhelmshaven geboren, einer Stadt, in der es nur Marinesoldaten, Arbeitslose und Rentner gibt. Es ist eine alte Kriegsstadt, gegründet von Kaiser Wilhelm II., wie der Name schon sagt. Alles gut, alles schön, viel Strand, viel Meer. Danach war ich eine Weile in Hamburg, dann bin ich nach Berlin gekommen. Ist inzwischen dreizehn Jahre her.
Als Nichtberliner braucht man ein halbes Jahr bis ein Jahr, um hier warm zu werden. Manche brauchen sicher länger, das ist typbedingt. Ich habe sofort gemerkt: Berlin ist nicht Berlin, Berlin ist Europa, Berlin ist der geografische Mittelpunkt des Kontinents. Auch die Leute hier, du triffst kaum Berliner. Die Leute kommen aus ganz Deutschland, aus ganz Europa, das macht Berlin aus. Berlin is Europe's capital. Was die Immobilien betrifft ... die Preise sind gerade sehr hoch, die Leute kaufen weniger.

Rechts von Dirk sitzt Rudolf, ein älterer Herr in kariertem Jackett und schlankem marineblauem Binder. Rudolf hat weißes Haar und schwere Augenlider. Seine rechte Hand, die mit dem dicken Siegelring, hält das Glas. Er sieht aus wie ein FDP-Wähler, aber da kann man sich irren, vielleicht wirkt das nur so, weil er optisch viel von Rainer Brüderle hat.

Dirk: Rudolf kenne ich von hier. Wir kennen uns schon eine ganze Weile, wenn wir uns treffen, klönen wir immer. Als ich letzte Woche in Athen war, habe ich ihm sogar eine Postkarte geschickt, mit der Akropolis drauf.
Rudolf: Die aber …
Dirk: Die noch nicht angekommen ist. Wir vermuten, dass der griechische Postbote die Briefmarke abgeknibbelt hat, weil er das Geld einsacken wollte.
Rudolf: Es bleibt mir also nichts anderes übrig, als selbst nach Griechenland zu fahren und mir die Postkarte abzuholen.
Dirk: Prost, Rudolf.
Verkaufen hat immer was mit Kommunikation und Menschen zu tun, und Menschen lernst du da kennen, wo das Leben ist. Es geht darum, schnell eine hohe Verbindlichkeit zu schaffen, das begleitet dich ein Leben lang, ob du nun Autos verkaufst, Musik oder Häuser. Das, was wir in den neunziger Jahren im Prenzlauer Berg erlebt haben, passiert jetzt in Neukölln. Man sagt ja auch Kreuzkölln, das ist die Ecke da oben am Landwehrkanal, Paul-Lincke-Ufer, gegenüber das Maybachufer. Da entwickelt sich die Stadt hervorragend. Das ist natürlich ein Verdrängungswettbewerb, die Altmieter werden verdrängt, weil die Mieten steigen … Gott sei Dank bin ich schuld daran, dass Berlin teurer wird, ganz ehrlich. Bei dieser ganzen Diskussion um Mieterhöhungen und Verdrängung vergessen die Leute eins: Berlin ist zwanzig Jahre jung. Nehmen wir doch mal bitte andere Hauptstädte in Europa, Amsterdam, Kopenhagen, Brüssel – ich rede nicht mal von London oder Paris –, das sind alles Städte, wo die Mieten in den Zentren unheimlich teuer sind. Die Berliner haben es noch nicht kapiert: Berlin passt sich gerade an. Das ist nicht gut oder schlecht, das ist normal. Außerdem ist es ein Prozess, den keiner aufhalten kann. In zwanzig Jahren wird Berlin genauso teuer sein wie London oder Paris. Welcome to Europe. Da müssen wir alle durch. Die Preisentwicklung betrifft auch mich,

ich zahle jetzt netto kalt 12,50 für den Quadratmeter, mit einer schönen Dachterrasse in Mitte. Wenn der Eigentümer jetzt neu vermieten würde, würde der Quadratmeter vierzehn Euro kosten, deshalb bleibe ich. Ich wohne direkt auf dem Grenzstreifen, da wird viel gebaut, Wahnsinn. Wir haben auch einige Grundstücke dort in der Vermarktung. Das letzte freie Stück Grenzstreifen wurde gerade von der Bundesanstalt für Immobilien verkauft, zweitausendachthundert Quadratmeter, ich weiß gar nicht, für wie viel das weggegangen ist. Die Lage ist absolut entscheidend, ein Plattenbau in der Leipziger Straße ist supersexy, das ist *cosmopolitan*, das kann man gar nicht als Plattenbau bezeichnen, das ist *unique*, mitten in der Innenstadt, sensationell. Das wird immer Abnehmer finden. Aber wenn das Ding am Rand der Stadt steht, in Marzahn irgendwo, das ist Ghetto, das ist furchtbar, das wirst du auch nicht los.

Rudolf, mach mal Prost hier (schwenkt sein Weißweinglas nach rechts). Sonst trinke ich ja immer Champagner. Der Jacquart ist guter Durchschnitt, kein Top-Champagner, aber das Preis-Leistungs-Verhältnis ist okay. Gut gekühlt schmeckt der ... Ich sage mal so: Wenn ich eine große Gesellschaft auf meine Dachterrasse in Mitte einlade, ist der Jacquart genau das Richtige. Wenn ich aber meiner Frau erzähle, wie lieb ich sie habe, dann mache ich definitiv einen Pol Roger auf oder einen Krug oder einen Dom Pérignon.

(IST FRANZÖSIN)

Anaïs

Sie ist eine von denen, das erkennt man sofort. Sie ist eine Frau, für die der schmalste Schwächling auf den Türsteher losgehen würde. In ihrer Nähe werden Männer zu Vollidioten. Da ist sie, lehnt so was von einfach so an der blau gestrichenen Sperrholzwand und redet mit dem Rastalocken-Mann, den sie hier nie erwartet hätte. Der aus dem besetzten Haus in Paris, in dem sie mal gelebt hat. Eigentlich wollte er gerade aufs Klo, deshalb steht er ja hier in der Warteschlange, wo nur noch die Bässe ankommen. Jetzt hat er es vergessen, kurz, dann schreit hinter ihm einer: Die Frau hält alles auf! Anaïs löst sich mit einem Lächeln von der Wand, ihr kann keiner was.

Ich bin zum ersten Mal in Berlin, aber ich träume schon sehr lange von dieser Stadt. Bei Berlin habe ich immer an ganz viel Raum gedacht und an viele Menschen, überfüllte Leere, Widerspruch. Ich bin Freitagnacht angekommen, mit dem Flugzeug, Paris–Tegel. Ich habe das Ticket schon vor drei Monaten gekauft, damit es billiger ist. Weil ich trotzdem kein Geld mehr habe, musste ich mich hier im Hostel verstecken.

Anaïs hat ein winziges Piercing oberhalb des linken Wangenknochens. Sie trägt ein enges Kleid mit daumengroßen Marilyn Monroes drauf und schwarze Stiefel, in deren Hacken Silbernieten stecken. Ihre Zähne sind spitz, ihre Fingernägel blaumetallic, ihr Haar viel zu blond für die dunklen Augenbrauen. Ein wenig sieht sie aus wie Madonna, als sie »Like a Virgin« sang; eigentlich sieht sie ziemlich genauso aus, nur der Schönheitsfleck sitzt an der falschen Stelle, mitten auf der Wange. Lächelt sie, rutscht er nach oben.

Wenn mich einer fragt, wie alt ich bin, sage ich siebenunddreißig. Ich glaube, ich bin siebenunddreißig, weil ich schon so viel erlebt habe, aber in Wirklichkeit bin ich fünfundzwanzig. Ich bin mit falschen Papieren in einer Hippiekommune im

Südwesten Frankreichs geboren. Mitten in einem Naturparadies, Bordeaux ist vielleicht drei Stunden mit dem Auto entfernt.

Ich bin wie ein Samen, ich wachse, indem ich meine Seele mit Erfahrungen und magischen Momenten fülle, die ich mit lieben Menschen erlebe. Ich bin immer in Verbindung mit den anderen, wir machen Sachen zusammen, ich lasse niemanden allein. Ich drücke mich aus, sage, was ich von der scheiß Politik halte und der beschissenen Heuchelei. Die sagen uns nicht die Wahrheit. Ich denke, Fernsehen und Radio und Internet kontrollieren uns wie Marionetten. Und das ist keine Paranoia, sondern einfach meine Wahrnehmung. Politisch gesehen bin ich links, natürlich. Aber eigentlich bin ich vor allem menschlich. Ich mag den … *existentialisme* (gibt sich große Mühe, bekommt das Wort aber nur in ihrer Muttersprache hin), also Sartre, weißt du, nach dem Motto: Wenn du was wirklich willst, kannst du es bekommen. Aber es bedeutet Aufwand und nicht allein zu kämpfen. Du wirst allein geboren, und du stirbst allein … Ich war immer allein, ich bin sehr oft umgezogen.

Alles hier vibriert ein bisschen, weil die Bässe ein Stockwerk tiefer mit Gewalt gegen die Wände drücken. Der Club war mal irgendeine Fabrik, und wenn man davorsteht, kann man die Minuten zählen, bis die nächste beleuchtete S-Bahn hinter den blätterlosen Bäumen vorbeijagt. Es ist kurz vor zwei. Wer am Eingang »Feuerzangenbowle« sagt, kommt für fünf Euro weniger rein. Drinnen gibt es Techno und Club-Mate-Wodka, was eher ein Ritual ist als ein Drink: Ungeöffnete Flasche bekommen, abtrinken, Flasche zurückgeben, mit Wodka auffüllen lassen, bezahlen, trinken. Im Kellergeschoss liegt Glitzerkonfetti auf dem Betonboden. Der DJ trägt Vollbart und Brusthaar, seine beiden Unterarme sind tätowiert: links die drei Buchstaben ARS, rechts ein Symbol, das man nicht erkennt, weil sich dieser Arm zu schnell bewegt. Die Plattenspieler stehen auf einem Tisch, der aus zwei alten Kühlschränken besteht, links ein Siemens, rechts ein Liebherr.

Ich habe in Bordeaux gelebt, ich habe in La Rochelle gelebt, ich habe in Nantes gelebt, ich habe in Toulouse gelebt, ich habe in Paris gelebt … Das war's für den französischen Teil. Dann hat mich mein Vater nach Französisch-Polynesien entführt, weißt du, im Pazifischen Ozean. Mein Vater kommt nicht von dort, er ist total abgefuckt, er wollte einfach so dorthin. Es war so eine Hippiesache … Wo sind eigentlich meine Zigaretten …

Anaïs findet die Schachtel, zieht eine Zigarette heraus und fragt den Nächstbesten nach Feuer.

Anaïs: Hallo? (lauter) Haalloo?? Hast du mal Feuer, bitte?
Typ: Nein, tut mir leid.
Anaïs: Kein Problem, danke. (dreht sich wieder um) Der Nächste wird Feuer haben … Das ist der Sinn im Leben: Wenn es ein Problem gibt, gibt es auch eine Lösung, immer, man muss nur jeden Tag dafür kämpfen.

Anaïs muss nicht kämpfen, Sekunden später hält ihr jemand eine kleine Flamme vor die Nase. Vor ein paar Minuten ist sie noch durch den Club gehüpft und hat alle möglichen Leute nach Drogen gefragt. Welche das sein sollten, wusste sie selbst nicht. Jetzt müssen es erst mal ein Gin Tonic und eine Light-Zigarette tun.

Um Geld zu verdienen, verkaufe ich Vintage-Klamotten, ich war auch mal Hostess. Bei Konferenzen von scheiß Firmen – Ölkonzerne oder Stromanbieter – habe ich für Unterhaltung gesorgt. Ich sah gut aus, habe mit den Leuten geredet und blöde Spiele gespielt, zum Beispiel Poker. Es war nur, um Geld zu verdienen. Der Vintage-Laden funktioniert auch nicht mehr, also habe ich in letzter Zeit öfter gekellnert. Aber mein Ziel ist das Kino, ich spiele schon kleine Nebenrollen.

Irgendein Typ will irgendetwas von Anaïs, er redet und redet, sie hat gerade keine Lust und sagt: »Ick spriche nisch kein Dutsch.« Kurz darauf traut sich auch der betrunkene Franzose, der schon eine ganze Weile in ihrer Nähe steht. Er stößt sich von der Wand ab und ist auf einmal ganz nah bei Anaïs. »You are very beautiful«, sagt er. Und weil er, schon während er es ausspricht, merkt, dass Englisch blöd war, weil sie ja Französin ist und er auch, rettet er

die Situation mit dem Satz: »This is a compliment from a french guy.« Anaïs bedankt sich.

Ist mir egal. Jeder sagt mir das: Du bist so schön, du bist so lustig, ich liebe dich, wirklich. Das ist meine Persönlichkeit, ich liebe die Leute, und die Leute lieben mich. Jeder Tag in meinem verdammten Leben ist so. Aber ich bin verdammt noch mal Single, seit vier Jahren. Immer wenn ich einen treffe, der perfekt ist, und ihn frage, ob er für den Rest meines Lebens bei mir bleiben will, sagt der: Nein. (lacht laut)

Anaïs muss sich die Frisur richten. Dazu stellt sie den Gin Tonic beiseite, klemmt die Haarklammer zwischen ihre spitzen Zähne und schüttelt ihre Locken auf. Dann greift sie die Klammer, spreizt sie und heftet sie mit einer tausendmal ausgeführten Bewegung so in ihre Haare, dass das Ergebnis als Hochsteckfrisur durchgeht.

Ich nehme jetzt Schauspielunterricht in Paris. Wir lernen Theater, Tanz, japanischen Tanz und so weiter. Es ist eine Schule ohne den ganzen Theorie-Scheiß, kein: Der Schauspieler muss das und das und blablabla. Der Schauspieler bist du, so einfach ist das. Es geht darum zu spielen. Ich habe schon gespielt, ich habe eigene Videoclips und so Zeug gemacht. Aber ich muss mich ein bisschen konzentrieren, ich muss früh aufstehen und mit meiner Verrücktheit Schluss machen. Ich habe Probleme, mich zu fokussieren, wenn da ein Punkt ist, umkreise ich diesen Punkt. Ich muss immer aufpassen, ihn nicht aus den Augen zu verlieren. Wenn ich mir etwas wünschen könnte, würde ich morgens aufwachen und zur Arbeit gehen, Kino machen, aber keinen Bullshit, ich will auch kein internationaler Star sein. Ich will eine Schauspielerin sein, die eine Message verkündet, eine Message von Frieden und von Schwäche, die Stärke sein kann, von … mmh … davon, dass man nicht abgefuckt ist, wenn man abgefuckt ist. Ich will einfach … der Welt Frieden bringen.

Anaïs ist eine, die ihre E-Mail-Adresse so akzentuiert buchstabiert, als hinge ein Leben davon ab, dass sie richtig verstanden wird. So sagt sie, ohne es zu

sagen: Ihr werdet noch von mir hören. Sie will das ganz Große im Leben, nicht die halben Sachen, nicht die Typen, die sich Mut antrinken. Die Welt wartet auf sie, das ist doch offensichtlich.

Ich habe ein Bild aus meiner Kindheit im Kopf, es ist ein großer Baum, in dem alle meine Freunde sitzen. Dieser Baum existiert wirklich, mit vielen Blättern und vielen anderen Menschen und der Natur. Ich glaube nicht, dass man eine Seele hat, die dem Körper hinzugefügt wird. Als ich ein Kind war und in die Kirche gegangen bin, habe ich wirklich geweint, ich habe mich wirklich lebendig gefühlt und den Zusammenhalt der Menschen wirklich gespürt. (Wenn Anaïs gestikuliert, zirpen ihre dünnen Armreifen.) Es war Religion, aber ich hatte nicht das Gefühl, dass es merkwürdig war. Ich glaube, jeder Mensch hat etwas Besonderes, und wenn du tief hineingehst, findest du echte Energie. Es ist etwas Absolutes. Ich glaube an das menschliche Dasein mit seinen Widersprüchen, nicht so sehr an eine übergeordnete Instanz. Warum zum Teufel sind wir auf dieser Erde? Es ist absurd, manchmal schwierig, aber auch so spannend. Ich glaube daran, jeden Tag einen neuen Stern zu entdecken. Ich finde es total aufregend zu leben. Ich liebe es wirklich zu leben. Yeah, ich liebe dieses Leben wirklich.

DAS IST KEIN WOHNWAGEN

Linda & Jakob

Linda und Jakob haben ihr Zuhause zwischen Schrebergärten und Friedhof abgestellt, einen silbernen Mercedes-Bus mit blauen Streifen. Seit neun Monaten parken sie hier, hier haben sie den langen Winter überstanden. Jetzt ist Mai, die Fenster stehen offen, Linda und Jakob halten ihre Zigaretten raus und blasen den Rauch hinterher. Ein Gewitter liegt in der Luft, der Abend ist schwül.

Jakob: Das ist ein Wohnbus, Wohnwagen höre ich nicht so gerne. Es ist eine Wohnung in einem Auto, wir campen ja nicht. Gemeldet bin ich bei einem Kumpel, der in der Nähe lebt. Man kann sich in Deutschland auch OFW melden, also ohne festen Wohnsitz, aber so ist es mit der Post einfacher, gerade mit dem ganzen Behördenzeug. Und es sieht eben kacke aus, wenn man den Perso vorzeigt und da OFW drinsteht. Den Professoren an der Uni erzähle ich auch nicht, wie ich lebe, da ist die Gefahr zu groß, dass man gleich abgestempelt wird. Freunde wissen das natürlich, die meisten finden es auch gut. Ich habe aber auch Kommilitonen, die sagen: Such dir mal eine richtige Wohnung. Aber man kann auch hier Leute einladen. Wir haben gerade erst meinen fünfundzwanzigsten Geburtstag gefeiert, draußen, mit zehn Leuten.

Jakob hat mittellange braune Haare und einen leicht nasalen Tonfall. Er trägt ein grünes T-Shirt und eine beige Cordhose, seine Wanderschuhe hat er am Eingang ausgezogen. Beim Reden fährt sich Jakob mit der Hand über die Stirn, er hat gesunden Dreck unter den Fingernägeln. Bis zum Wasserhahn muss man ein Stück über den Friedhof laufen.

Linda: Ich wusste ja schon bevor ich mit Jakob zusammen war, dass er im Bus wohnt. Als ich eingezogen bin, dachte ich, das wäre für ein paar Wochen und dann finde ich irgendwas in Berlin, ich habe aber nichts gefunden. Außerdem wollte ich meinen Führerschein machen, da war es total praktisch, dass ich keine Miete zahlen musste. Ich habe lange nicht begriffen, dass ich jetzt wirklich hier wohne. Meinen Eltern habe ich das auch erst nach ein paar Monaten gesagt, als mir klar war, dass mir der Bus gefällt und dass es längerfristig ist. Meine Mutter war zwar noch nie hier, aber die findet es ganz schrecklich. Mein jüngerer Bruder war mal da, aber nur ganz kurz, der wollte hier nicht schlafen. Aus der Familie kommen oft Sätze wie: Du musst dir was Richtiges suchen. Oder: Hör mal auf mit dem Pennerleben. Man muss dazusagen, dass meine Familie aus Lettland kommt, aus einem Dorf im Norden. Die wollen hier alles ganz schick haben, Deutschland ist ja ein reiches Land. Inzwischen haben sie aber gemerkt, dass sie mich da nicht beeinflussen können.

Linda und Jakob sitzen hinten im Bus auf der Eckbank mit Schaffell. Linda – dreiundzwanzig, runde Augen, breite Wangenknochen – trägt ein schwarzes Sommerkleid mit großen weißen Punkten, sie ist barfuß, die Beine hat sie angezogen. Auf dem kleinen Wohnzimmertisch liegt eine karierte Decke, das Blechdach ist mit einem Tuch abgehängt. Die zwei Heckfenster stammen aus einem alten Käfer, gerade laufen zwei Nordic Walker mit Stirnlampen draußen vorbei.

Jakob: Richtig eingezogen bin ich, nachdem mich meine Exfreundin rausgeworfen hat. Als Erstes habe ich diesen Ofen reingestellt, eine Küchenhexe, mit der man auch kochen und backen kann. Später kamen die anderen Möbel und die Holzverkleidung dazu. Ich wollte schon immer im Wagen wohnen, als Kind war ich oft auf dem Wagenplatz, der bei uns in der Nähe war. Einerseits mag ich alte Autos, und andererseits ist man eben schön frei, rumfahren, wohnen, wo es gerade schön ist. Mir war Komfort schon immer egal, ich bin im Grunde auch so aufgewachsen. Wir haben in einem alten Haus gewohnt, da gab es das halt nicht, gut, fließend Wasser hatten wir, aber das Klo war ein Plumpsklo auf dem Hof. Eine richtige Toilette, ein richtiges Bad, das waren alles Sachen, die die anderen hatten. Jetzt waschen wir uns mit Wasser aus einer Emaillewanne, das muss man schon üben. Es gab aber noch nie einen Moment, wo mich das hier genervt hat.

Über dem Wohnzimmertisch hängt ein rundes Ding, das anzeigt, wie viel Solarstrom reinkommt. Die Sonne ist untergegangen, weshalb der Zeiger ganz links klebt. Das Licht im Bus kommt von einer Öllampe auf dem Schrank und einer Gaslampe an der Decke, vom Nachbarbus leuchtet kaltes Bildschirmlicht herüber. Eine Uhr tickt laut.

Jakob: Im Sommer haben wir so viel Solarstrom, dass wir den gar nicht verbrauchen können. Im Winter kommt halt vier, fünf Monate gar nichts rein. Deswegen haben wir jetzt einen kleinen Benzingenerator. Sonst habe ich im Winter immer Autobatterien durch die Gegend geschleppt für Handy, Computer und Musik – der Plattenspieler läuft auf zwölf Volt, das ist fast nichts. Einen Kühlschrank haben wir nicht.

Es gibt Bier, Sternburger, so warm wie dieser Sommerabend.

Linda: Manchmal ist es unheimlich, weil ja jeder Idiot hier vorbeigehen kann. Nachts kommen zum Glück nur Radfahrer lang und Jogger, die sehr motiviert sind. Wir schlafen ja fast immer zusammen im Wagen. Ich bin höchstens vier Mal nachts alleine gewesen. Wenn ich alleine bin, mache ich mir über jedes Geräusch Gedanken, wenn Jakob da ist, höre ich das gar nicht. Einmal, da standen wir ganz abgelegen an der Spree, hat ein Lkw neben dem Bus geparkt, es war schon sehr spät, Jakob war noch nicht da. Der Lkw-Fahrer ist ausgestiegen und ins Gebüsch geschlichen, das direkt am Bus war. Ich dachte, der kommt gleich rein. Ich hatte total Angst, habe mir ein Messer geholt und bin rausgerannt. Ich hatte das Gefühl, der kommt auf mich zu. Dabei war der nur pinkeln und hat sich selbst erschreckt.

Ein Fahrradfahrer kommt angerollt. Es ist Jan, ein Typ mit Bart und Nickelbrille in Shorts und bunter Strickjacke. Er lächelt sanft, steckt seine Hand zur Begrüßung durchs Fenster und verschwindet hinterm Bus. Dort hievt er einen großen runden Grill auf den Fahrradanhänger, es scheppert. Jan sagt, okay, cool, bis bald. Dann steigt er wieder auf und fährt los.

Linda: Jan war mal unser Mitbewohner, der hat den Winter über drüben im Wohnwagen geschlafen. Mit dem Grill hat er auf dem Weihnachtsmarkt Maronis verkauft. Jetzt will er in Open-Air-Clubs Backkartoffeln verkaufen.

Jakob: Wir haben mal eine Weile auf einem richtigen Bauwagenplatz in Treptow gestanden. Eigentlich sind alle Stellplätze in Berlin voll, aber die hatten noch einen Gästeplatz. Da mussten wir natürlich vorher fragen. Einer ist der Chef, weil ... der ist einfach der Chef. Mit dem habe ich verhandelt, wo ich stehen darf und wie das mit dem Strom und so ist. Der Platz hat hundert Euro im Monat gekostet. Toilette und Containerdusche gab es auch, das ist natürlich alles ein bisschen runtergerockt, aber das war nicht das Problem. Die richtigen Wagenplatz-Leute sind zum Teil krass schräg, nach drei Monaten haben wir das nicht mehr ausgehalten. Auf der einen Seite sind die voll alternativ, auf der anderen Seite haben die so ein totales Revierdenken – wie alle anderen. Wir hatten da nur Ärger. Bevor wir uns auf den Gästeplatz stellen konnten, mussten wir so ein Bäumchen umsägen, also einen Strauch ...

Linda: Das war höchstens ein Ast ...

Jakob: ... da sind die ausgetickt, wir sollten gleich wieder gehen. Und dann habe ich mich mal versehentlich an die Steckdose vom Nachbarn angeschlossen – was eigentlich egal ist, weil der Strom mit drin ist –, da kam der rüber, ganz wütend, und hat mir auf die Fresse gehauen.

Linda: Die haben dort alle so eine Angst, weil die nur ihr Fahrzeug haben. Die sind immer sehr vorsichtig, weil sie mal beklaut wurden oder jemand ihren Wagen anzünden wollte, solche Geschichten. Die haben echt ihr Vertrauen in andere Menschen verloren.

Jakob: Danach haben wir erst mal drei Monate in der Sackgasse an der Spree gestanden, hübsch, ruhig, aber eben sehr einsam. Deswegen sind wir hierhergefahren, ein Freund hatte uns erzählt, dass da ein paar Busse rumstehen. Hier bezahlen wir gar nichts, das ist ja ein normaler Parkplatz. Dass wir hier stehen, ist im Grunde gar nicht erlaubt. Erst habe ich gestaunt, dass die aus den Schrebergärten gegenüber keinen Stress machen. Jetzt habe ich aber gehört, dass bei denen weniger eingebrochen wird, seit hier Leute stehen. Es ist schön, dass es in Berlin Straßen wie diese gibt, wo man mit anderen Leuten zusammen steht, ohne dass es gleich eine Gemeinschaft sein muss. Insgesamt leben hier vielleicht zehn Leute, vom Architekten bis zum Flaschensammler. Unser Nachbar ist auch ein ganz netter Mensch, man kennt sich, unterhält sich, trifft sich mal. Das Zuhause-Gefühl ist eben nicht nur von den vier Wänden abhängig.

Im Sommer heizt sich der Bus so auf, dass man kaum darin schlafen kann, manchmal bis auf fünfzig Grad. Der Mercedes ist Baujahr 1969, eine Zeit, in der Armaturenbretter noch aus Holz waren. Jakob hat ihn bei eBay gefunden, für ein paar hundert Euro gekauft und von Süddeutschland nach Berlin gefahren, mit siebzig, schneller wäre zu riskant gewesen.

Jakob: In fünf Minuten ist das Ding fahrbereit, wir müssen nur die Sachen von den Schränken auf den Boden stellen und den Plattenspieler sichern. So ein Bus ist Wohnung, Ferienhaus und Auto in einem, und er kostet nichts. Aber ich lebe nicht wegen des Geldes so, sondern weil es mein Eigenheim ist, kein Vermieter, kein Stress. Ich habe einfach das Gefühl, mein Leben selber zu gestalten. Das Einzige, was ich gerne hätte, wenn mehr Platz da wäre, ist eine Bibliothek, viele Bücher …
Linda: Ich wäre für ein Bad, mit einer richtigen Dusche, so dass das Wasser über den Kopf läuft.

SO, FAHRRADFAHRER

LEBEN LASSEN UND

GAS GEBEN

Stephan

Ronja schaltet die Scheinwerfer ab, lehnt sich zurück und atmet hörbar aus. Das Restlicht des Tages scheint durch die Frontscheibe, alle paar Sekunden blinkt das rote Lämpchen am Autoradio. Nachbesprechung.

Stephan: Und was fehlt noch … Feststellbremse, genau.
Ronja: (nickt)
Stephan: Was sagst du, Ronja? Wie war es heute?
Ronja: Ich fand es gut … also, na ja, das Schalten vielleicht nicht, aber …
Stephan: Ja, aber ansonsten eine deutliche Steigerung, muss ich wirklich sagen, das war richtig gut teilweise. Schön weit nach vorne geguckt, nicht zu schnell, und du hast deinen Fahrstreifen eindeutig gewählt. Dein Gucken insgesamt hat mir gut gefallen, die Reihenfolge mit den Spiegeln hast du jetzt, und auch das nötige Selbstbewusstsein. Wenn da frei ist und einer lässt dich, dann fährst du auch rüber, nicht immer dieses Rumgehampel. Nur eins: Wenn grün ist, fahren wir gleich los, das dauert bei dir manchmal gefühlte zwei Minuten, ehe du aufs Gas drückst … Wir sollten zusehen, dass wir bald wieder einen Termin kriegen, damit wir dich bald mal loswerden. Du sollst ja nicht zum Inventar werden. Noch Fragen?
Ronja: …
Stephan: Prima, tschüs!

Fünfundvierzig Minuten zuvor: Ronja und Stephan steigen in den blauen Mercedes-Kombi, den mit dem roten Fahrschule-Schild auf der Kofferraumklappe. Von der Rückbank sieht das Wageninnere vollkommen normal aus, die Fußpedalen auf der Beifahrerseite sieht man nicht, nur die doppelten Rückspiegel. Die Sitzpolster sind mittelblau und haben ein Muster wie glatt gebügelte Regenbögen, die Heizung ist auf subtropische dreiundzwanzig Grad eingestellt. Es geht los, rückwärts aus der Ausfahrt raus.

Stephan: Immer schön zu beiden Seiten gucken. Schön langsam und noch nicht lenken ... Guck mal in deinen Spiegel ... Aalles guut. Lass ihn langsam rollen, hier geht es leicht bergab, das hilft dir ja, ne ... Das sieht knapp aus, aber das haut hin ... Jetzt lenken. Genau, richtig, wir wollen nach rechts fahren, also blinken wir auch rechts ... Stopp mal, da drängelt sich noch einer dazwischen.

Ronja: Hab ich gesehen.

Stephan: Passt, der wartet, der Blaue.

Ronja: Oder auch nicht.

Stephan: Oder auch nicht ... Irgendwann warten sie nicht mehr ... Guck noch mal zur anderen Seite ... nicht so lange den Fuß auf die Bremse ... so, Fahrradfahrer leben lassen und denn geht's weiter. Ein kleines bisschen mehr Gas geben ... erster Gang ... na siehst du. Jetzt bist du warm geworden ... dann biegen wir an der Ampel mal links ab, das machst du doch so gerne ... (Blinker klickert) ... bis zur Mitte, leicht einlenken und dann wie immer, schon mal den Schleifpunkt suchen ... noch mal gucken, ob die auch wirklich alle warten ... Kupplung.

Stephan ist ein relaxter Typ, achtundvierzig, Zopf und Koteletten, einer, der sich die Zigarette mit dem Zippo anzündet. Er hat sanfte blaue Augen, ein schmales Gesicht und eine Bassstimme. Er sitzt angelehnt auf dem Beifahrersitz, die Hände liegen verschränkt im Schoß, sein Fingerkneten wirkt meditativ. Stephans Lachen ist nicht laut, es ist ein subtiles »Hm, hm, hm«, manchmal pfeift er ganz leise. Alles Gründe, warum man ihm geraten hat, Fahrlehrer zu werden, er hat die Ruhe weg.

Stephan: Wer hier in Charlottenburg fahren lernt, der kann eigentlich ziemlich überall fahren. Bei dem Verkehrsaufkommen hier, dann kommt der Lieferverkehr erschwerend hinzu und die ganzen Autos, die in der zweiten Reihe parken. Unten in Rudow sieht die Sache schon wieder ganz anders aus, viel ruhiger. In der allerersten Stunde soll der Fahrschüler nur lenken, den Rest mache ich, schalten, kuppeln, Gas geben, bremsen. Dann fahren wir hier den Kaiserdamm hoch, Richtung Olympiastadion, wo der große Parkplatz ist. Da fahren wir dann immer im Kreis, ist ja Einbahnstraße. Je nachdem, wie gut die sind, fahren die dann selbständig über den Theodor-Heuss-Platz zurück zur Fahrschule.

Ronja, eine Neunzehnjährige in engen Jeans, hat die Hände fest ums Lenkrad geklammert. Ihre Haare sind zu einem Zopf gebunden, an der Schläfe stehen ein paar dunkelblonde Strähnen ab, die im Gegenlicht durchsichtig werden. Weil sie erkältet ist, behält Ronja den Wollschal um, trotz der dreiundzwanzig Grad. Am linken Handgelenk trägt sie eine dicke hellblaue Plastikuhr, mit der man fast überall bis zum Meeresgrund tauchen könnte. Sie hat noch nicht mal eine Viertelstunde geschafft.

Stephan: Da ist das Schloss Charlottenburg, geradeaus ist die Schlossbrücke. Wir biegen an der Ampel mal bitte rechts ab, Richtung Ernst-Reuter-Platz, wir fahren durchs Regierungsviertel und dann am Hauptbahnhof vorbei. Beim letzten Mal haben wir ja festgestellt, dass du die Schilder nicht so gut erkennen konntest. Wir gucken uns heute mal an, ob das besser geworden ist. Irgendwie ist das ja nicht ganz unwichtig.

Heute läuft es gut, Ronja hat eine neue Brille, randlos und rosa, mit der sie die Verkehrsschilder nicht mehr erraten muss. Zweimal ist sie schon durch die Prüfung gefallen, dann hat sie die Fahrschule gewechselt und ist zu Stephan gekommen.

Stephan: Du musst schon entspannt sein, wenn du als Fahrlehrer anfängst, hektisch zu werden, überträgt sich das sofort auf den Schüler. Wenn einer sehr aufgeregt ist, rede ich beruhigend auf den ein: Bleib mal ruhig. Hol erst mal tief Luft. Atme mal wieder. Bonbons helfen auch, Tic Tacs oder Traubenzucker, dann kann man denen sagen, dass das gut fürs Gehirn ist. Für die ganz harten Fälle habe ich Bachblüten-Bonbons. Direkt vor der Prüfung sage ich: Du kannst das, du weißt, worum es geht. Manchen zeige ich noch mal, wie man das Nebelschlusslicht einschaltet, einige Prüfer fragen nämlich nach solchen technischen Sachen. Eine Fahrlehrer-Weisheit geht so: Dein Fahrschüler ist nicht dein Prüfling. Das heißt, dass du nie weißt, wie sich jemand in der Prüfung verhält. Manche wollen das dann ganz besonders toll machen und erfinden auf einmal alles neu. Und du hängst daneben und denkst: Was macht denn der jetzt?

Und das Schalten nicht vergessen, … Nicht langsamer werden, Ronja, ist doch alles frei … Hier drüben ist übrigens die Scientologyzentrale … Wir fahren jetzt weiter Richtung Mitte und Tiergarten … Fällt dir was auf?

Ronja: Falsche Spur?!

Stephan: Richtig, aber du hast es wenigstens gesehen.

Ronja: Ja, gerade.

Stephan: Jetzt guckst du schön weit nach vorne, schalt mal in den Zweiten und orientiere dich. Siehst du das gelbe Schild? Du weißt, die gelben helfen dir immer. Und wie sieht's aus?

Ronja: Hhm?!

Stephan: Sieht gut aus: Richtung Mitte und Tiergarten. Jetzt fahren wir an der TU vorbei. Rechts runter kommt man zum Zoo und zum Ku'damm … Und wenn du rausfährst, blinkst du wieder, ne. Wir machen das jetzt mal alles richtig, weil die Polizei hinter uns ist. Und lächeln.

Geradeaus, Straße des 17. Juni, dann links ab, durch den Tiergarten, vorbei am Bundestag, am Paul-Löbe-Haus, direkt auf den Hauptbahnhof zu, vorbei an der Schweizer Botschaft, vorbei am Kanzleramt. Ampel, Halt auf einer Spreebrücke, die von steinernen Drachenfiguren mit langen Zungen bewacht wird. Die grüne Welle ist nichts für Ronja, sie braucht die Rotphasen zur Regeneration. Ihre Hände bleiben am Lenkrad, sie atmet tief durch.

Stephan: Wenn die kurz vor der Prüfung sind, muss man die Schüler schon richtig ärgern, dann fährt man auch ganz schön böse Strecken ab. Man will ja, dass seine Schüler bestehen. Dann gibt es auch mal Phasen, wo drei an einem Tag durchfallen, da grübelst du schon, auch abends zu Hause, woran das lag. Aber meistens klappt ja alles.

Du bist aber nicht nett, guck mal, da wollte noch einer raus. Fahr bitte bis zur Haltelinie vor, damit der sich richtig einordnen kann. Wir sind nicht alleine … Jetzt fahren wir auf die Siegessäule zu, die schicke. Wie du das Wasser hier vorne wegmachen kannst, weißt du noch? Nur so, als Frage.

Ronja: Hhm, na ja …

Stephan: Der Hebel hier. Weißt ja, bei dem Wetter geht das ganz schnell, dass man nicht mehr richtig sehen kann … Wir fahren die zweite rechts raus … achte auf die Linie … Und ruhig ein bisschen eher schalten.

Plötzlich springt die Ampel auf Rot, Ronja streckt sich und tritt die Bremse, die Jacken rutschen von der Rückbank in den Fußraum.

Stephan: Was machst du zuerst, wenn du so eine Bremsung machst?

Ronja: Spiegel?

Stephan: Auf jeden Fall. Nicht, dass da formatfüllend vierzig Tonnen im Spiegel sind … Aber gut, dass du die Ampel gesehen hast, ist ja nicht ganz unwichtig … Dann machen wir mal einen Fahrstreifenwechsel nach links, bitte, wenn es geht … ja … nicht langsamer werden, und schalt ruhig in den vierten Gang, wenn es so lange geradeaus geht. Sprit ist mir zu teuer … (schüttelt eine Bonbon-Packung) Tic Tac? Manchmal wünsche ich mir das schon ein bisschen ruhiger. Vor allem im Winter, wenn es so früh dunkel ist, du siehst nichts mehr in den Spiegeln, und dann kommen die suizidgefährdeten Fahrradfahrer ohne Licht und dunkel gekleidet. Fiese Stellen gibt es in Berlin überall, wo wir gerade lang sind zum Beispiel, an der Schlossbrücke, dieses doppelstreifige Abbiegen. Abbiegen ist überhaupt schwierig, wenn eine Busspur dabei ist, die muss ja immer frei gehalten werden. Da wird das schon interessant, wenn von hinten ein Taxi mit siebzig angeflogen kommt. Oder Autobahnauffahrten. Auf der Stadtautobahn Richtung Süden gibt es eine, da fährt man um einen Pfeiler rum, und die Auffahrt ist plötzlich zu Ende. Die fahren wir aber nicht, die fährt auch kein Prüfer. Ich hatte aber mal eine Schülerin, die hat darauf bestanden, weil die da gewohnt hat. Das war spannend, beim ersten Mal musste ich ins Lenkrad greifen.

Und wieder links an der nächsten Ampel, Richtung Turmstraße. Komm, blinken, die anderen müssen doch Bescheid wissen, was wir vorhaben … Wenn der grüne Pfeil an ist, weißt du ja, müssen wir weg von der Kreuzung, die andern piksen uns sonst gleich in den Hintern … Und wieder Schilder gucken, hier abknickende Vorfahrt, wir folgen der Vorfahrtsstraße, links blinken, dahin gucken, wo du hinwillst, weg von der Bremse. Und vergiss mir die Spiegel nicht … Schilder suchen, welches ist jetzt interessant für dich?

Ronja: Das blaue?

Stephan: Das blaue? Ach das, das interessiert uns jetzt nicht. Aber guck doch schon mal über die Kreuzung rüber.

Ronja: Dreißig?

Stephan: Genau, du kannst es sogar erkennen, herrlich.

Der blaue Mercedes rollt durch Moabit, es wird langsam dunkel, tiefe Spurrillen stehen voll Wasser und reflektieren Rücklichter. Ronja hält an einer Kreuzung gegenüber der Haftanstalt Moabit.

Stephan: Da kommen die hin (nickt in Richtung Gefängnis), die nicht auf die Verkehrsschilder geachtet haben (Ronja versucht ein Lachen) … Wenn es so nass ist wie jetzt, dann sieht man immer Linien auf der Straße, die schon lange nicht mehr da sind, die glänzen so schwarz … Schalten ist umsonst in dem Auto, das weißt du … Was musst du jetzt gleich machen? Genau, prima. Der erste Gedanke ist meistens der richtige beim Autofahren … So, und wo fahren wir für gewöhnlich? … Genau, Rechtsfahrgebot …

Ronja: Okay.

Stephan: Lenken, lenken und rechts fahren, weil wenn sich da einer links neben dich drängelt, dann hast du ein Problem. Dann fliegen die Spiegel hier durch die Gegend, und dann lernt man sich da kennen … möchte ich alles nicht bei dem Wetter, draußen rumrennen.

Ein Kleinbus überholt Ronja, um direkt vor ihr wieder zu bremsen und rechts abzubiegen.

Stephan: Aha, sehr sinnvoll von ihm. Ist ja auch ein Schulbus, jedenfalls ist er als solcher gekennzeichnet, vielleicht will der seinen Schülern was bieten. Heute fahren die Leute recht spannend … Wenn hier nichts gesagt wird, geht's geradeaus … Gut … Und Kupplung loslassen … Hier rechts ist übrigens gleich der TÜV, da steigt der Prüfer ein, und dann geht's los … Dann gibt es ja noch die Dekra. Berlin hat den Sonderstatus, dass beide Prüforganisationen zugelassen sind. Sonst ist das ja aufgeteilt, die neuen Bundesländer haben Dekra und die alten haben TÜV … Alles gut noch bei dir?

Ronja: (nickt)

In manchen Charlottenburger Nebenstraßen brennen jetzt die Gaslaternen, man erkennt sie am warmen Licht und den spitzen Hütchen. Dann ist das Schloss Charlottenburg wieder da, dieses Mal auf der anderen Seite.

Stephan: Schalte mal ein bisschen eher … du ziehst die Gänge ganz schön. Sonst tankst du das nächste Mal … zweiter Gang … die interessieren uns nicht, nicht dass du mir noch auf die Idee kommst, bei Grün zu bremsen … Komm, schlaf nicht ein, wir dürfen fünfzig fahren … Und dann die erste Möglichkeit wieder links … Du weißt ja, erste Möglichkeit heißt nicht unbedingt erste Straße, da ist bestimmt noch ein Haken, Schilder, Fahrbahnmarkierungen … Hast du das lesen können? Ich bin begeistert. Das hat ja wirklich was gebracht mit der Brille … Gleich kommt deine Lieblingsecke, die fahr ich so oft mit dir, bis du die im Schlaf kannst … Und noch mal rechtsrum. Spiegel, Schulterblick, frei? Nicht einfach durchziehen, manchmal kommen da noch Fahrradfahrer … So, da wären wir.

Rechts taucht die Fahrschule auf, sie heißt *Racing Rabbit*. Drinnen hängen mehr als zweitausend Sofortbild-Fotos an den Wänden, eins für jeden, der hier seine Fahrprüfung bestanden hat. Der dazugehörige Fahrlehrer ist auch mit drauf. Stephan ist oft zu sehen, immer mit anderen T-Shirts, mal steht Motörhead drauf, mal Johnny Cash, mal Rolling Stones, mal Budweiser. Ein anderes trägt den Spruch: »Was mache ich hier eigentlich?« Auf den meisten Bildern hat Stephan seinem Fahrschüler einen Arm auf die Schulter gelegt, manchmal hebt er auch den Daumen, oder ihm klemmt eine Selbstgedrehte zwischen den Fingern. In seinem neuesten T-Shirt ist Stephan noch nicht fotografiert worden, es ist wieder ein Spruch: »'n Scheiß muss ich!«

Stephan: Dann gucken wir mal, wo wir uns hier hinstellen können, vielleicht haben wir ja Glück … Nein, natürlich nicht, dann stellen wir uns wieder in die Einfahrt. Ja, da lernt man gleich fürs Leben, man stellt sich natürlich in die Feuerwehreinfahrt.

Auf den letzten Metern säuft der Wagen noch mal ab. Dann hat sie es geschafft. Ronja schaltet die Scheinwerfer ab, lehnt sich zurück und atmet hörbar aus.

Stephan: Und was fehlt noch … Feststellbremse, genau.

Stephan

Der Trainingsraum liegt auf einem Neuköllner Hinterhof und ist komplett mit Matten ausgelegt, die Klinkerdecke ist weiß getüncht und wird von zwei Säulen getragen. Am Rand liegen Holzschwerter, in der Ecke hockt ein Buddha, an der Fensterseite sitzen zehn Leute auf dem Boden, barfuß, in einer Reihe. Der Dritte von rechts ist Stephan – dreiunddreißig, dunkelblond –, seit drei Jahren macht er Aikido, eine japanische Kampfkunst, die keinen Angriff kennt. Ihm gegenüber an der Wand hängt ein Bild des Aikido-Erfinders. Stephan kann ihn nicht sehen, er hat ihn noch nie gesehen, diesen sehr alten Mann mit dem sehr weißen Bart und buschigen Augenbrauen. Gleich beginnt das Training. Stille.

Meine Vorstellung dieses Raums kommt nur vom Hören und Fühlen. Aikido bietet sich für mich an, weil nicht so viel mit Schlägen und Tritten gearbeitet wird, sondern viel über Kontakt mit dem Partner. Ich spüre den Partner die ganze Zeit über, so kann ich die ganzen Bewegungen und Techniken viel besser ausführen.

Die Schüler sitzen in weißen Anzügen im Schneidersitz, die Hände liegen auf den Oberschenkeln. Alle außer Stephan haben die Augen geschlossen. Stille. Die Trainerin klatscht und lässt die Handflächen noch für ein paar Sekunden aneinander, dann sagt sie: Fangen wir an. Alle verteilen sich im Raum, um sich aufzuwärmen, Arme schwenken, die Trainerin macht es vor. Für Stephan sagt sie: »Wir beschreiben ein Dreieck.« Später wird es einfacher, jede Aikido-Übung hat einen Namen, jeder Schritt, jeder Hebel, jeder Wurf. Wenn die Trainerin »Ikkyo« ansagt, »Nykio« oder »Irimi nage«, weiß Stephan sofort, was gemeint ist.

Es fing 1991 an, damals ist meine Sehkraft auf zehn Prozent zurückgegangen. Das Gesichtsfeld war noch fast normal, aber die Schärfe war nicht mehr da, ich konnte nur noch mit einer Lupe lesen. Bis dahin habe ich auch noch am Computer gearbeitet und gespielt, ich bin auch ohne Blindenstock gelaufen, da war alles noch relativ normal. 1993 bin ich ins Internat nach Königswusterhausen gegangen, an die Brandenburgische Schule für Blinde und Sehbehinderte, dort habe ich später auch das Abitur gemacht. Wir sind damals oft mit der S-Bahn in die Stadt gefahren, ich kenne Berlin deshalb auch als Sehender. Ich habe eine Vorstellung von den Orten, vom Alexanderplatz, vom Ku'damm, von den Farben, den Gebäuden. Ich denke schon, dass mir diese Erinnerung auch heute noch hilft. Die Bilder, die ich im Kopf habe, verlieren sich schon langsam, aber wie die S-Bahn aussieht, weiß ich noch. Die alten, die man Cola-Dosen nennt, waren um die Fenster grau, oben und unten war dieses Orangerot. Das Türen-schließen-Geräusch, dieses »Nü-nä-nü«, ist das absolute Berlin-Geräusch für mich ... Typisch ist vielleicht auch das Gefühl, wenn man in die U-Bahn eintaucht, dieser Geruch da unten, ein bisschen muffig, ölig oder so, das kann man schlecht beschreiben. In meiner Zeit am Internat wurde ich oft operiert, rechtes Auge, linkes Auge, die Ärzte haben die Netzhaut mit Öl oder Gas wieder angelegt und mit Laser verschweißt. Zwanzig Operationen in drei Jahren. Meine letzten konkreten Bilder sind aus dem Krankenhaus in Dresden, das war vor meiner letzten OP. Seitdem erkenne ich nur noch hell und dunkel, und das auch eher unbewusst, ich könnte nicht sagen, ob es bedeckt ist oder dämmert. Ich habe immer verdrängt, dass ich komplett blind werden könnte. Es war klar, dass das passieren kann, aber dass es so plötzlich geht, damit hätte ich nicht gerechnet. Ich ging immer davon aus, dass es zehn, fünfzehn Jahre stabil bleibt. Die Zeit hast du, dachte ich. Das hat zwar kein Arzt so gesagt, aber das war meine Meinung und wahrscheinlich auch meine Hoffnung.

Eigentlich kommt Stephan aus Löbau, das ist ein kleiner Ort in Sachsen, was man bei manchen Wörtern, die er sagt, noch hören kann. Nach dem Abitur hat er Kommunikationswissenschaften studiert, heute ist es sein Job, Webseiten so zu gestalten, dass sie auch für Blinde funktionieren. Stephan ist Borussia-Dortmund-Fan, er mag *Star Trek*, achtet darauf, schlank zu bleiben, und ist wahnsinnig gut rasiert. An Freitagabenden trinkt er lieber einen Mai-Tai als ein Bier, und er geht gerne ins Kino – wegen des bombastischen Sounds.

Wenn ich einen Tag lang sehen könnte, würde ich … ich hoffe ja immer noch, dass das irgendwann wieder passiert. Also eigentlich bin ich mir ziemlich sicher, dass ich die Welt nicht blind verlassen werde. Aber wenn das jetzt bald wäre … Auto fahren. Ich wollte immer den Führerschein machen, aber es war schon mit dreizehn klar, dass das nichts wird. Zu meinem fünfundzwanzigsten Geburtstag hat meine Mutter mir ein Geschenk gemacht, ich durfte mit einem Fahrlehrer Auto fahren, über ein paar Dorfstraßen. Ich habe auch mal einen Kurs gemacht, Autofahren für Blinde, auch mit Fahrschulautos, auf einem ehemaligen Militärflughafen. Am Anfang ging es immer auf der Startbahn hin und her, später sind wir auf einen Testparcours, richtig mit Kurven. Ich habe den Tagesrekord gebrochen, hundertachtzig und ein paar Zerquetschte.

Die Aikido-Schüler sollen jetzt durch den Raum rollen, von der einen zur anderen Seite, ohne dabei die Spur zu verlieren. Nach jeder Vorwärtsrolle ertastet Stephan die Ritze zur Nachbarmatte, um zu erkennen, ob er noch auf Kurs ist. Anschließend machen die Schüler Partnerübungen. Sie sollen flexibel bleiben, sagt die Trainerin, wie frischer Bambus.

Ich stelle mir die Leute schon vor, mit denen ich spreche oder trainiere, aber ich weiß natürlich nicht, ob das so stimmt. Bei denen, die ich von früher her kenne, weiß ich ja ungefähr, wie sie aussehen oder ausgesehen haben … Meine Klamotten kaufe ich zusammen mit meiner Mutter. Was den Geschmack betrifft, kann ich ihr vertrauen. Das weiß ich auch noch von früher. Mir ist schon wichtig, dass ich nicht rumlaufe wie ein gescheckter Hund. Blau ist meine Lieblingsfarbe, aber bei Klamotten ist mir das eigentlich egal, wenn es jetzt nicht unbedingt knalliges Gelb ist.

Beim Training muss Stephan ohne Blindenstock auskommen. Wenn er über die Matten läuft, hält er den Unterarm schützend vor seinen Kopf. Er kennt den Raum gut, das hilft.

Seit einem Jahr wohne ich in der Nähe vom S-Bahnhof Neukölln, die Gegend kenne ich gar nicht von früher. Ich stelle sie mir trotzdem bildlich vor. Die Häuser sind höher, das hört man, das ist alles gedrängter, nicht so luftig wie auf dem Dorf. Dann ist da die Friedhofsmauer in meiner Straße, die Kirche und der Kindergarten. Und ein Park mit einem Haufen Vögel, Grün hört sich schön an. Dann hört man noch den Schall der Karl-Marx-Straße und die verschiedenen Sprachen der ganzen Ausländer. Wenn ich die Fenster aufmache, höre ich in Sommernächten manchmal irgendwelche Waschbären oder Marder oder so was, die machen den übelsten Krach. Na ja, die Kirchenglocken hört man auch ... ziemlich laut, leider. Ich bin zwar evangelisch erzogen worden, würde mich inzwischen aber als Atheist bezeichnen. Das wissenschaftliche Interesse in mir war immer zu groß, als dass ein Gottglaube hätte entstehen können.

Stephan hat Dinge im Kopf, die andere nicht im Kopf haben, weil es ihnen reicht, sie vor sich zu haben. Er weiß, wie viele Schritte er von der Straßenecke bis zum Asia-Imbiss machen muss. Er merkt sich die Plätze, an denen Fahrräder und Blumenkästen komisch in der Gegend rumstehen. Er weiß, wo Fußgängerampeln sind, die ihm sagen, ob er über die Straße gehen kann. In welchem S-Bahn-Modell er sitzt, erkennt er an der Stimme, die die Stationen ansagt.

Wenn die Straßen leer sind, ist es stressfreier für mich. Mir ist es schon ein paarmal passiert, dass mir irgendwelche Hanseln über den Stock geflogen sind, weil sie auf ihr dummes Smartphone gestarrt haben. Gut ist immer, wenn dem Stock nichts passiert, mit einem krummen Stock nach Hause zu gehen ist echt blöd. Bei den Leuten gibt es so verschiedene Extremfälle, manche springen völlig übervorsichtig zur Seite, wenn sie mich sehen, andere packen mich so richtig und denken, sie tun mir damit was Gutes.

Vor ein paar Wochen bin ich auf dem S-Bahnhof Schönhauser Allee ins Gleisbett gefallen. Der Bahnsteig war voll, und der Fußboden ist so schrecklich uneben, dass man die Bahnsteigkante gar nicht erkennt. Als ich gefallen bin, war ich mit dem Stock gerade auf der falschen Seite, also innen, da half auch das Rufen der Leute nichts mehr, das war einfach ein Schritt zu viel. Es war ganz schön tief, ich hatte nicht damit gerechnet, dass es so weit runtergeht. Die Leute haben mir schnell wieder hochgeholfen, ich habe mir zum Glück auch nichts gebrochen.

Am Ende der Aikido-Stunde setzen sich die Trainingspartner einander gegenüber und verbeugen sich zum Zeichen des Danks. Ein Teilnehmer greift nach Stephans Händen, um ihm die exakte Handhaltung bei diesem Ritual zu zeigen. Stephan wird es sich merken.

Am nervigsten ist es, wenn es richtig regnet, dann sind die ganzen Geräusche von der Straße so was von laut. Vor allem, wenn die Autos durch die Pfützen fahren. Deshalb mag ich geteerte Straßen auch lieber als Kopfsteinpflaster, die sind leiser. Ich mag auch den Schnee, ja, viele Blinde können den nicht leiden, weil sich der Schall dann so verringert. Ich finde es aber immer ganz angenehm, weil die Stadt im Schnee mal nicht so laut ist.

Stephan zieht sich um, setzt sich den Rucksack auf und greift nach seinem Blindenstock, der wie immer im Schirmständer steckt. Er verlässt die Stille der Trainingsstätte, weicht den Blumenkästen auf dem Hinterhof aus und tritt auf die laute Straße.

Es gab zwischendurch einen Schauer, oder? Die Autos hören sich anders an.

Max

Als das Seminar um 12.15 Uhr beginnt, gibt es mehr Männer als Frauen, mehr Club-Mate-Flaschen als Kaffeebecher und mehr Studenten als Stühle. Die, die zuletzt gekommen sind, lehnen an der Wand oder hocken auf dem Boden. Freie Universität Berlin, Otto-Suhr-Institut für Politikwissenschaften – das OSI, die Kaderschmiede der Achtundsechziger. Und dann noch ein Karl-Marx-Seminar. Wenn noch jemand politisch ist, dann hier ... Wenn sich noch jemand traut, »Revolution« zu rufen, dann hier ... Der immer schlecht gelaunte Langhaarige ist jedenfalls da, mit ständigem Naserümpfen bewahrt er seine Brille vor dem Abrutschen. Und Max, der ist auch da. Er ist nicht schlecht gelaunt, was ein Wunder ist, weil Max Kommunist ist.

Nach dem Seminar wird Max sagen: Ich würde mich als Kommunist bezeichnen. Sich so zu nennen ist natürlich ein Problem, wenn man sieht, zu was die kommunistische Idee pervertiert ist. Ich würde deswegen immer noch dazu sagen, dass ich ein wertkritischer Kommunist bin oder so was. Ich hatte schon immer eine Abneigung gegen autoritäre Kommunisten. Manche schreiben Communism auch mit C, um sich von den Alten abzugrenzen. Kommunismus ist für mich ... es ist zwar blöd, wenn ich immerzu sage, Marx sagt das und das, aber das bisschen, was er über den Kommunismus sagt, ist halt total vernünftig. Es ist der Gesellschaftszustand, an dem die Geschichte der Menschheit eigentlich erst beginnt. An dem die Menschen bewusst ihre eigene Geschichte schreiben, ihr Leben selbst bestimmen und versuchen, das Beste für alle daraus zu machen. Und das muss logischerweise eine klassen- und staatenlose Weltgesellschaft sein. Adorno hat ja gesagt, es gibt kein richtiges Leben im falschen. Und so ist es halt einfach mal. Das Leben, das wir führen, ist falsch, es ist eine falsche Gesellschaft, die wird sich auch nicht ändern ... Ich bin da absolut pessimistisch. Man kann das gute Leben als Minderheit nicht vorwegnehmen. Das haben die Achtundsechziger vollkommen falsch gemacht, in sexueller Hinsicht zum Beispiel, von heute auf morgen in ihrem kleinen Kollektiv alles über den Haufen geworfen und das nicht als Lernprozess begriffen. Die Kritik war ja teilweise richtig, aber was sie daraus gemacht haben, das war falsch.

Die Professorin steht jetzt vorne, eine kompakte Frau mit schwarzem Rollkragenpullover und dunkelblondem Pferdeschwanz. Ohne etwas zu sagen, schreibt sie an die Tafel, was heute auf dem Programm steht:

1. Einführung
2. Seminarplan
3. Arbeitsgruppen
4. Murmeln (Textbesprechung mit dem Sitznachbarn)
5. Plenum (Textbesprechung mit allen)

Dann dreht sie sich ohne ein Lächeln um, schließt die Tür und beginnt viel freundlicher, als ihr Blick es erahnen ließ.

Professorin: Gut, fangen wir an. Das Seminar beschäftigt sich mit dem dreiundzwanzigsten Band von Karl Marx, *Das Kapital*. Ihre Aufgabe besteht darin, in jeder Woche einen Teil des *Kapitals* zu lesen, den wir dann gemeinsam diskutieren werden. Das *Kapital* ist ein Klassiker für die politische Ökonomie, aber auch ein wichtiges Werk für die politische Theorie. Zudem hat ein *Kapital*-Lektürekurs am OSI eine lange Tradition. Ich selbst habe Anfang der neunziger Jahre einen solchen Kurs belegt, sehr viele Studierende, Hörsaal A proppenvoll. Um ein Uhr mittags hörten wir die Fanfare der amerikanischen Soldaten zum Appell, damals war Berlin also noch durch die Präsenz der Alliierten gekennzeichnet.

Die Tür geht auf.

Wir machen kurz Pause, suchen Sie sich erst mal einen Platz …

Die Professorin wartet, bis sich die Zuspätkommer untergebracht haben. Der Seminarraum UG-2 liegt im Kellergeschoss, von der niedrigen, mit Kunststofffliesen beklebten Decke leuchten Neonröhren. Studenten, die einen Stuhl abbekommen haben, sind auf Augenhöhe mit dem regennassen Parkplatz vor der Tür, auf dem das *Rote Café* steht, ein feuerwehrrot gestrichenes Häuschen, in dem Studenten Getränke verkaufen. Das »A« in »Café« ist ein eingekreistes Anarchie-»A«.

... das *Kapital* kurz nach der Wende zu lesen war etwas Besonderes, zu einer Zeit, wo alle Margaret Thatchers Ausspruch »There is no alternative« in den Ohren hatten, »TINA«. Wo Francis Fukuyama vom Ende der Geschichte schrieb, weil er der Meinung war, die Demokratie gepaart mit freier Marktwirtschaft werde sich bald auf der ganzen Welt als Gesellschaftsform durchsetzen. Und auch ich fand es damals schwierig, mich durch die Auseinandersetzung mit Marx in die sozialistische Tradition zu stellen und gleichzeitig das Scheitern des real existierenden Sozialismus hier in Berlin zu erleben. Es war auch nicht leicht, meiner ostdeutschen Verwandtschaft meine kapitalismuskritischen Gedanken zu erklären. Das ist heute wieder ganz anders, wo sich selbst Konservative für eine Finanztransaktionssteuer aussprechen.

Max sitzt zurückgelehnt da, er hört zu, hin und wieder wischt er sich die Haare aus der Stirn. Bei Tageslicht sieht man, dass sie noch vor kurzem gefärbt waren, vielleicht blau. Max ist zweiundzwanzig, er trägt einen schwarzen Kapuzenpulli mit dem Logo einer Punkband, ein roter Stern aus zerbrochenen Kalaschnikows. Auf seine Converse-Schuhe hat er Sterne gemalt, ums rechte Handgelenk ist ein Festivalbändchen geknotet. Max ist groß und dünn, er hat eine tiefe Stimme und grüne, ein wenig traurige Augen.

Nach dem Seminar wird Max sagen: Der Kapitalismus verschleiert seine Strukturen und kann nicht mal eben so durchschaut werden. Marx beschreibt ja auch, warum es eben keine Revolution gibt, warum der Kapitalismus eben nicht abgeschafft wird. Weil die Menschen in dieser Verblendung gefangen sind. Das Ganze hat ja heutzutage Dimensionen angenommen, die hat sich Marx wahrscheinlich nicht mal in seinen Albträumen vorgestellt. Die Leute können immer weniger verstehen, was überhaupt passiert. Mir persönlich bringt die Lektüre des *Kapitals* viel, weil ich denke, die Welt besser zu verstehen. Ich glaube aber nicht, dass sich die Gesellschaft so einfach ändern lässt, im Zweifel ist das heute viel schwieriger als zu Marx' Zeiten. Eigentlich ist doch an materiellen Gütern und Produktivität alles da, um die ganze Menschheit zu beglücken und allen ein … ja, ein gutes Leben zu ermöglichen, auch wenn das jetzt platt gesagt ist. Marx würde vielleicht sagen, die Gesellschaft würde in einen menschlichen Zustand eintreten. Und trotzdem entscheiden sich die Menschen bewusst dagegen … Nein, depressiv macht mich das nicht, das tun andere Sachen.

Auf einer Bank vor dem *Roten Café* sitzen vier Studentinnen. Eine von ihnen feiert Geburtstag, sie hat eine Papierkrone mit Glitzerschmetterlingen auf dem Kopf, es gibt Sekt und Haribo und unkritisches Lachen.

Nach dem Seminar wird Max sagen: 2006 gab es einen großen Berliner Schulstreik, da war ich in der achten oder neunten Klasse, das hat mich fasziniert. Ich bin so erzogen worden, dass ich nicht blind irgendwo mitlaufe, ich muss das erst mal reflektieren. Ich habe mir dann die Homepage angeguckt und gesehen, dass es für mich kein Argument gab, da nicht mitzumachen. Die Demo – wir sind zum Alexanderplatz gelaufen, glaube ich – hat dann weitere Sachen ausgelöst: Ich habe dort gleich die Flyer für die nächsten Veranstaltungen bekommen, und dann wurde da eine linke Zeitung verteilt. Das hat so eine Kettenreaktion in Gang gesetzt. Den Schulstreik gab es dann öfter, da sind die Leute aus verschiedenen Kiezen in Sternmärschen zu einem Treffpunkt gelaufen, das waren Tausende. Das hat mich auf jeden Fall stark beeinflusst. Aus meiner Klasse waren immer nur wenige dabei, lustigerweise waren es eher die Lehrer, die das supportet haben. Die fanden es gut, dass sich überhaupt einer dafür interessiert, dass einer die Diskussion in die Klasse trägt und zur Landesschülerversammlung geht. Es ist ja normal, dass sich die Hälfte der Schüler für gar nichts interessiert, das gilt sogar für die aus dem Politikkurs. Aber ein paar wenige gibt es meistens, die das große Ganze so scheiße finden, dass sie auch demonstrieren gehen.
Ich komme nicht aus einer Akademikerfamilie, mein Vater arbeitet in einem

großen Industrieunternehmen und ist schon ganz lange Gewerkschaftsmitglied, meine Mutter ist Beamtin, und ich habe noch einen jüngeren Bruder. Eine ganz normale – ich meine das jetzt nicht negativ – Familie aus Steglitz, evangelisch, Mittelstand. Es gab immer eine Tageszeitung bei uns, was ja auch nicht selbstverständlich ist, und die Tagesschau. Also keine wirkliche Politisierung, eher der Nährboden dafür.

Die Professorin gibt das erste Handout rum, Überschrift: Die dialektische Herangehensweise. Der nächste Zuspätkommer tritt ein und macht erst mal das Licht aus. Weil nirgendwo sonst Platz ist, setzt er sich hinter den OH-Projektor.

Professorin: Kann jeder auf ein Handout gucken?
Nach dem Seminar wird Max sagen: Man kriegt natürlich Stress mit der Polizei, es gab einige Verfahren, die dann aber immer wieder eingestellt wurden. Das sind dann immer so Bezeichnungen wie »Sachbeschädigung« oder »Verstoß gegen das Versammlungsgesetz«, das kann alles Mögliche heißen. Einmal musste ich mir einen Anwalt nehmen, das Geld dafür kriegt man natürlich auch nicht wieder. Das ist dann ja ein Schaden, der da angerichtet wurde, in dem Fall vierhundert Euro, die Hälfte wurde von solidarischen linken Gruppen getragen. Die Sache selbst ist so banal, das kann ich gerne erzählen. Der Vorwurf hieß Sachbeschädigung, ich hatte rassistische Parolen an einer Bushaltestelle mit einem Edding unkenntlich gemacht. Auf den Plastiksitzen stand: NPD wählen, Islam raus, Türken raus und so was. Das war in Südtempelhof, eine Gegend, wo es das immer wieder gibt. Festgesetzt hat mich ein Cop außer Dienst (Max sagt nicht Bulle, wirklich nicht). Der kam zufällig mit dem Auto vorbeigefahren, hat angehalten, sich zu erkennen gegeben und mich dort festgehalten. Dann hat er den Edding beschlagnahmt (lacht) und Verstärkung geholt. Die Personalien wurden aufgenommen, und dann kriegt man irgendwann Post. Ich habe dem Beamten nicht gesagt, was ich da mit dem Edding gemacht habe. Ich rede grundsätzlich nicht mit Polizisten. Nicht weil ich finde, das sind böse Menschen, sondern weil ich glaube, dass es mir nichts bringt. Da kann man nicht gewinnen … bin ich von überzeugt (lacht ein wenig).

Fünfundvierzig Minuten sind um, als das erste Fenster geöffnet wird. Man sieht viele rote Wangen. Menschen, durch deren Gehirne Marx'sche Begriffe laufen, produzieren Wärme.

Nach dem Seminar wird Max sagen: Für viele kritische Leute ist Berlin ein Sehnsuchtsort, die wollen unbedingt hier studieren. Gerade die Einsamkeit für kritische Menschen ist ja in der Provinz schlimm. Dann kommen die nach Berlin und wollen eine coole WG und rauschende Untergrundpartys, dafür steht die Stadt ja. Und ich, als jemand, der hier geboren ist, kann das kaum nachvollziehen. Gerade durch meine Stadtrandperspektive wurde mir von dieser Illusion eine ganze Menge genommen. Kulturell läuft am Stadtrand nichts. Ich kenne das ja selber, und das ist kein Spaß. Trotzdem könnte ich mir nie vorstellen, in der Provinz zu wohnen. In diesen alten, patriarchalen Strukturen könnte ich wirklich nicht leben. Berlin ist ja allein dadurch, dass hier irre viele türkische Mitmenschen … ein furchtbares Wort, also türkische Menschen wohnen, eine richtige Metropole. Die Großstadt zivilisiert die Leute ein Stück weit, glaube ich. Und Berlin ist sicher die Großstadt, in der man noch am besten mit wenig Geld klarkommt. Aber man lebt ja auch hier nicht im Paradies.

Ein zweites Fenster wird geöffnet, dann geht der Seminarplan rum. Bis zur nächsten Woche sollen alle das *Kommunistische Manifest* gelesen haben. Das kann man sich als PDF runterladen.

Professorin: Wir werden noch sehen, und auch diskutieren, dass Marx eines unterschätzt hat, nämlich die Fähigkeiten kapitalistischer Systeme, zu lernen und zu regulieren. So dass die proletarische Revolution, die Marx erwartet hat, bisher nicht eingetreten ist. Marx, so scheint es heute, hat eine falsche Prognose getroffen … Gibt es dazu noch Fragen?

Nach dem Seminar wird Max sagen: Das OSI ist ganz schön. Für mich ist dieser Satz symptomatisch, der neben dem Schild Otto-Suhr-Institut steht. Der ist noch von ganz früher, das geht angeblich nicht weg: »Johannes-Agnoli-Institut. Für die Kritik der Politik«. Das stammt aus den Siebzigern oder so. Agnoli war ein italienischstämmiger Professor hier, dem ging es nicht um Politikberatung und nicht darum, nur Daten zu sammeln wie in der empirischen Sozialwissenschaft. Agnoli stand für eine linksradikale, antiautoritäre Haltung. Der wollte Kritik an der Politik an sich, Kritik an der Staatlichkeit. Die offiziellen FU-Fotos werden immer so gemacht, dass man das Graffito nicht sieht ... total geil (lacht). Im ersten Semester haben wir einen Text von Agnoli gelesen. Aber nur im Tutorium. Hätten die Studis das nicht selbst ausgesucht, hätten wir das nicht gelesen. Die Profs drängen ja nicht darauf, uns mit linksradikalen Inhalten zu füttern.

Johannes Agnoli hat gesagt: »Der Kommunismus kann nur dann erledigt sein, wenn man ihn verwirklicht hat.«

Das durch und durch linke OSI ist nur noch ein Mythos. Ich habe einige Leute sagen hören, dass sie ein bisschen Angst vor den ganzen Linken hatten. Die dachten, die würden hier alles beherrschen, dass hier Meinungsdiktatur herrscht. Das ist so ein Unsinn. Die linke Studentenschaft ist nicht radikal. Die gehen zwar in die Gremien und geben den Profs Kontra, aber von der Weltrevolution redet hier kein Mensch mehr. Und diese ganzen Seminare, die so einen affirmativen Politologensprech schon im Titel tragen ... Modewörter wie »Global Governance«. Da wird das Systemkritische schon von Anfang an ignoriert. Ich tue mir das nicht an, mich da reinzusetzen und als Einziger für eine kritische Perspektive zu kämpfen. Das ist mir zu anstrengend.

Die Professorin verteilt das dritte Handout, ein kurzer Text zur Kritik der politischen Ökonomie. Alle lesen, dann fragt die Professorin, ob es Fragen gibt. Eine Hand geht hoch: Wie viele Studienpunkte bringt der Kurs? Kurze Diskussion ohne valides Ergebnis. Die nächste Frage kommt von dem, der hinterm OH-Projektor sitzt: Gibt es die Möglichkeit, beim nächsten Mal in einen größeren Raum umzuziehen?

Nach dem Seminar wird Max sagen: Ich wünsche mir gar nicht viel. Wenn ich jetzt mal ganz bescheiden bin, wäre ich ja schon glücklich, wenn hier am OSI die Vision von Habermas hergestellt werden könnte, ein herrschaftsfreier Diskurs. Das kann es natürlich nicht geben, weil wir alle hier materiell unterschiedlich ausgestattet sind und unterschiedlich sozialisiert wurden. Manche genießen Privilegien, andere nicht. Ich muss zum Beispiel neben dem Studium nicht arbeiten, weil ich ein Stipendium bekomme und meine Eltern mich unterstützen. Andere haben gar nicht die Zeit, sich mit Texten zu beschäftigen, die sie nicht unbedingt fürs Seminar brauchen … Ich bin eigentlich nicht der Mensch, der es so mit der Moral hat, ich finde auch diese ganzen grünen Ansätze furchtbar: Du als Einzelner kannst die Welt verändern, dein Verhalten, dein Konsum bestimmt alles. Das heißt ja im Umkehrschluss, man ist selbst verantwortlich für die ganze Scheiße, weil man keinen Ökostrom hat … wobei das jetzt wirklich jeder theoretisch machen könnte. Klassische grüne Gedanken sind ja im Prinzip Common Sense in Deutschland, also Umweltschutz, Fair Trade, Atomausstieg und was weiß ich. Fast jeder Deutsche würde zu den einzelnen Punkten wahrscheinlich ja sagen. Dass das aber alles miteinander zu tun hat, sehen die nicht. Nichts davon lässt sich verwirklichen, ohne die ganze Gesellschaft umzukrempeln.

Professorin: Ein bisschen ist es mit dem *Kapital* so wie mit dem Fußballspiel. Eine Freundin hat mal zu mir gesagt, dass Fußball so populär ist, weil es so viele unterschiedliche Ebenen gibt, auf denen man Fußball gucken kann. Man kann sich hauptsächlich auf die Tore und Torchancen fokussieren oder schon frühzeitig erkennen, dass eine Abseitssituation entsteht, oder sagen, der oder der Spieler spielt besonders gut oder schlecht. Genauso ist es mit dem *Kapital*, ich kann es erst mal ganz banal als kapitalismuskritisches Werk lesen, ich kann aber auch versuchen zu verstehen, welche Traditionen Marx aufgreift, sowohl aus der Hegel'schen Logik als auch aus der politischen Ökonomie, hier insbesondere der Arbeitswertlehre … Ja? Ist das ein bisschen klar geworden?

DAS ist DER BAYERISCHE VERDIENSTORDEN

Herbert

Die Hälfte des Jahres lebt Herbert, ein Bayer, in Berlin und damit in der Diaspora. Herbert ist Bundestagsabgeordneter einer Partei, die es hier oben gar nicht gibt, sie heißt CSU. Sein Wahlkreis ist München-Ost. In diesem Moment sitzt er in seinem Berliner Lieblingslokal, einer Charlottenburger Kneipe mit Holzpaneelen, Miniaturgaslaternen und Zille-Zeichnungen. Er ist, das sollte man noch wissen, Präsident des Deutschen Instituts für reines Bier. Gerade hat er ein Weizenbier bestellt.

Das Deutsche Institut für reines Bier ist, sag ich mal, die Prätorianergarde des deutschen Reinheitsgebotes. Wir sind keine Massenbewegung, wir haben circa hundertdreißig Mitglieder, Ministerpräsidenten, Bundestagsabgeordnete, Landtagsabgeordnete. Wir sind überparteilich, jeder, dem dieses älteste Lebensmittelgesetz der Welt wichtig ist, kann dabei sein.

Da kommt es auch schon. Die Kellnerin stellt das trübe Bier auf den Tisch, guckt Herbert an, guckt das Bierglas an und nimmt es wieder mit.

Noch in den siebziger Jahren gab es in Berlin kein Weizenbier, aber nirgendwo, selbst Anfang der Neunziger war das noch selten. Wissen Sie, wie das Weizen hierherkam? Es kamen so viele Urlauber aus Bayern zurück und haben in den Gaststätten nach Weizenbier gefragt. Und Nachfrage reguliert bekanntlich den Markt.

Die Kellnerin steht wieder am Tisch, dieses Mal mit dem richtigen Bierglas. Goldrand, Schwarz-Rot-Gold-Bordüre, Widmung: *Herzlichen Dank. Herbert Frankenhauser. Bundestagswahl 2. Dezember 1990.*

Meinen treuesten Unterstützern und Helfern habe ich damals so ein Weizenbierglas geschenkt. Sechs Stück habe ich hierhergebracht, ich glaube aber, davon lebt nur noch eins. Seit 1990 sitze ich im Bundestag, 1999 habe ich den Umzug von Bonn mitgemacht. Ich muss ja der Wahrheit die Ehre geben und sagen, ich habe gegen Berlin gestimmt. Weil ich der Meinung war, dass Bonn als die Stätte, in der die Westbindung und der Neuaufbau der Bundesrepublik erfolgt ist, Hauptstadt bleiben sollte. Wiewohl man in Bonn Schwierigkeiten hatte, wenn man mal nach Mitternacht noch einen Absacker nehmen wollte – was ja auch nicht die Regel ist. Natürlich ist hier »mehr los«, aber für einen Abgeordneten ist »mehr los« schwer zu realisieren. Ich kann das vielfältige Kulturangebot gar nicht in dem Maße nutzen, weil ich leider die meiste Zeit im Büro oder in Besprechungsräumen zubringe.

Herbert Frankenhauser ist achtundsechzig, das Sakko dunkel, die Krawatte blau, die Brille randlos mit dicken Gläsern. In die Brusttasche des Hemds, es ist weiß, sind seine Initialen gestickt: BF, »Berti« Frankenhauser. Der Mann ist gut genährt und trägt Schnauzer, er ist altes Establishment. Berti Frankenhauser kommt aus einer Welt, in der Körperfülle Macht bedeutet, wo die Dinge mit Schwung geregelt werden, wie auf der Bowlingbahn. Letztens hat er Berlins regierenden Bürgermeister Klaus Wowereit und Brandenburgs Ministerpräsidenten Matthias Platzeck »Pfeifen« genannt. Es ging um den elenden Flughafen in Schönefeld, der nicht fertig werden will, aber das ist ein bisschen egal. Berti Frankenhauser freut sich immer noch über die Welle, die sein Pfeifen-Zitat gemacht hat.

Das ist mir ganz spontan eingefallen, da rief mich ein Journalist an und fragte: Was sagen Sie eigentlich dazu, dass jetzt der Platzeck den Wowereit ablöst und der Wowereit praktisch den Platzeck. Nachdem ich die beiden im Haushaltsausschuss nicht nur erleben, sondern ertragen musste, kam mir das halt so. Ich hatte ja auch nicht die Zeit, einen halbstündigen Dialog abzuliefern.

Also hat er gesagt: Dass eine Pfeife durch eine stellvertretende Pfeife im Aufsichtsrat ersetzt werden soll, erscheint in Anbetracht der prekären Lage wenig sinnvoll.

Es gibt ja nach meiner langjährigen Erfahrung eine ausgesprochene Hassliebe zwischen Bayern und Berlinern. Ich kenne keine Bundesbürger, die so gerne nach Bayern fahren und so viel von Bayern schwärmen, wie Berliner. Und die Bayern sind begeistert von Berlins Größe, ich meine, Straßen wie Unter den Linden und Ku'damm haben wir nicht. Der Unterschied ist sicherlich, dass München eine heimelige Stadt mit Dorfcharakter und weltstädtischem Flair ist und Berlin eine Weltstadt.

Mein Büro ist im Paul-Löbe-Haus, ich habe einen wunderbaren Ausblick – auf einen Paravent. Den habe ich da hingestellt, weil direkt vor meinem Fenster diese schmale Fußgängerbrücke vorbeigeht, das sind höchstens fünf, sechs Meter. Und manche lustigen Touristen schmeißen dann Steinchen an mein Fenster und rufen »Huhu«. Der Paravent steht da, damit das nicht überhandnimmt mit den Steinchen, das findet ja Nachahmer.

Die Kellnerin ist wieder da, dieses Mal mit ein paar Bouletten und Senf. Sie sagt: So, damit dit Bier besser runterrutscht (stellt den Teller ab), hausgemacht. In Bayern heißen die Fleischpflanzerl, oder? Bei uns sagt man auch Zuchthauspraline.

Diese wunderbare Kneipe hier habe ich vor zwanzig Jahren kennen- und lieben gelernt, die hat mir ein Kollege empfohlen, der hier Abgeordneter war. In den neunziger Jahren gab es ja nicht mehr an jeder Ecke eine echte Berliner Kneipe. Ich fand es wunderbar hier, es gab schönes Eisbein, und außerdem durften wir hier Karten spielen. Die Bayern spielen ja gerne Schafkopf, das ist so was Ähnliches wie Doppelkopf und … Wollen Sie eine wahre Geschichte hören? Wir waren mal, da war der Reichstag noch in Bonn, für eine Sitzung in Berlin und hier im Hotel untergebracht, im Hilton. Da haben die Kollegen der CSU-Landesgruppe gefragt: Können wir in Berlin nicht irgendwo Karten spielen? Einer hat dann vom Reichstag aus im Hilton angerufen und gesagt, wir würden heute Abend gerne schafkopfen. Die Dame an der Rezeption sagte, sie könne die Anfrage selber nicht beantworten, sie wolle sich aber bemühen und zurückrufen, sehr freundlich. Nach einer Stunde kam der Rückruf, und die charmante Dame sagte, sie müsse leider mitteilen, die Haltung und das Köpfen von Schafen sei in ihrem Haus verboten (lacht).

Herbert Frankenhauser ist Mitglied des Truderinger Trachtenvereins, der Gebirgsschützenkompanie Waakirchen und der Bergwacht Bayern. Am Revers seines Sakkos pinnt sein Bayerischer Verdienstorden (fast hätte er Bundesverdienstkreuz gesagt). Nächstes Jahr ist Herbert fünfzig Jahre bei der CSU.

1961, im zarten Alter von sechzehn, wurde ich Chefredakteur der Schülerzeitung am Maria-Theresia-Gymnasium in München. Da habe ich in einem Leitartikel den Satz geschrieben: »Lehrer, Komma, Gedankenstrich, die angeblich auch eine pädagogische Ausbildung erhalten haben, Gedankenstrich …« – die Zeitung wurde eingezogen, und die Lehrer wollten mich von der Schule schmeißen. Da habe ich gedacht, das kann eigentlich nicht sein. Ich habe überlegt, was man da machen könnte, und bin darauf gekommen, dass das Schulgesetz das Problem ist. Und wer kann am Schulgesetz was ändern? Die Politik. Also bin ich in eine Partei gegangen. Das ist jetzt natürlich ein bisschen verkürzt. Später wurde ich Stadtrat in München, das habe ich insgesamt zwanzig Jahre gemacht. Ich war lange fürs Oktoberfest zuständig, für den Christkindlmarkt und die Auer Dult. Der sogenannte »Wiesenstadtrat« in München zu sein ist, ich will mich jetzt nicht überhöhen, aber das ist schon was Besonderes.

Herbert hat seine Hände in die Hüften gestützt, zwischen den Sätzen macht er Redepausen, die nur einer macht, der sie sich leisten kann. Er führt sein Hefeweizen langsam zum Mund, nimmt einen Schluck und setzt es langsam wieder ab.

Es gibt ja Berliner, die zu mir sagen, leider können wir die CSU hier nicht wählen. Wir würden hier schon einen anderen, wie man in Bayerisch sagt, »Drive« reinbringen. Also, Herrschaften, Berlin ist die Bundeshauptstadt, da reicht es doch nicht zu sagen, wir sind sexy, da hat ja keiner was davon. Was mich in Berlin stört, ist, dass die Stadt immer voll von Baustellen ist und es nicht wenige gibt, auf denen nie einer arbeitet. Was ich auch unmöglich finde, ist diese offensichtliche Interesselosigkeit, die Bürgermeister und Senat an den Tag legen. Wenn ich den Flughafen Tegel sehe, schäme ich mich, weil es ja der Hauptstadtflughafen ist. Ich verstehe nicht, wie man etwas so runterwirtschaften kann, in München sieht das anders aus, Gott sei's gedankt. Sie merken ja, das interessiert hier überhaupt keinen. Ich habe das Gefühl, dass hier in großem Maße Gleichgültigkeit herrscht. Wenn Sie an den Winter denken, da ist nichts geräumt, nicht mal der Weg zwischen Paul-Löbe-Haus und Reichstag. Dann beginnt die Hilflosigkeit, Sie können hier anrufen, wen Sie wollen, derjenige ist mit Sicherheit nicht zuständig.

Berliner essen nicht alle mit dem goldenen Löffel

Georgios

Es ist Montag, was in Berlin-Mitte bedeutet, dass die Regierungssprecher im Haus der Bundespressekonferenz an der Spree zusammenkommen. Dort erzählen sie den Journalisten, was das Kabinett so vorhat. Georgios ist auch da, er sitzt im hinteren Drittel des Saals, in dem die vielen Mikrofone wie Schilfrohre in die Luft ragen. Georgios ist immer da, es ist sein Job, da zu sein, er ist Korrespondent des staatlichen griechischen Fernsehens ERT. An diesem Montag im Dezember ist Griechenland Punkt drei der Tagesordnung, gleich nach dem israelischen Siedlungsbau und den deutschen Panzerverkäufen an Saudi-Arabien. Georgios beugt sich zum nächstbesten Mikrofon und fragt, warum die Kanzlerin gestern im Interview einen Schuldenschnitt für Griechenland nicht mehr ausschließt. Die Frage geht an den rotwangigen Regierungssprecher Steffen Seibert. Bei allem Respekt, antwortet Seibert, er müsse die Kanzlerin wohl falsch verstanden haben. Niemand habe von einem Schuldenschnitt gesprochen. Dann sind andere Themen dran.

Ich höre von Kollegen und Freunden immer, wie schwierig die Situation in Griechenland ist, von den vielen Bettlern in Athen und so weiter. Aber wenn man in Berlin lebt, kennt man solche Szenen auch. Bettlern begegne ich jeden Tag, wenn ich mit der S-Bahn fahre. Und das sage ich auch zu den Leuten in Griechenland. Ich sage, passt mal auf, es ist nicht so, dass Griechenland allein arm ist und hier in Berlin alle mit dem goldenen Löffel essen. Es ist schwierig, den Griechen zu vermitteln, Berlin ist zwar die Hauptstadt, aber auch eine arme Stadt. Für einen Griechen ist Berlin *das* Zentrum Deutschlands, das Zentrum der Macht, nicht nur politisch, auch wirtschaftlich. Sie kennen das so, weil der griechische Staat sehr zentralistisch organisiert ist, es läuft alles über Athen, alles. Für einen Deutschen ist Berlin nur eins von sechzehn Bundesländern, die Hauptstadt, okay, aber es gibt noch andere wichtige Städte, München, Frankfurt, Hamburg.

Georgios kommt aus einem kleinen Dorf mit etwas mehr als hundert Einwohner, irgendwo im Norden Griechenlands, da, wo es bergig ist und im Winter kalt. Bei ihm zu Hause leben die Leute von dem, was sie anbauen, seine Eltern halten Hühner und pflanzen Gemüse an. Georgios lebt ein anderes Leben in einem anderen Land, und doch ist er immer präsent; man muss nur den Fernseher einschalten oder die größte Zeitung des Landes aufschlagen, für die er auch schreibt. Seit der Euro-Krise schaut Griechenland ständig nach Berlin, denn hier wird die Zukunft des Landes verhandelt. In heißen Phasen ist Georgios dreimal täglich im Fernsehen. Dann hören die Zuschauer seine Stimme am Telefon und sehen sein Foto: ein Mann Anfang fünfzig mit schmaler Nase und nach hinten gekämmten grauen Locken.

Berlin hat mir meinen größten journalistischen Erfolg gebracht. Ich bin der einzige griechische Journalist, der je ein Interview mit dem amtierenden deutschen Bundeskanzler fürs griechische Fernsehen bekommen hat. Am 27. September 2011 habe ich mit Bundeskanzlerin Angela Merkel gesprochen, Anlass war der Berlin-Besuch des damaligen Ministerpräsidenten Giorgos Papandreou. Nachdem das Interview ausgestrahlt worden war, hat mir eine griechische Kollegin geschrieben: »Danke, dass du dieser Frau auch menschliche Züge gegeben hast.« So eine Reaktion zeigt, wie vergiftet das Klima zwischen Deutschland und Griechenland schon damals war.

Georgios' Büro liegt hinter einer hellen Holztür, zu der ein Flur mit weichem rotem Teppich führt, im Raum nebenan sitzen die Kollegen vom koreanischen Fernsehen. An der Wand steht ein Billy-Regal mit ein paar Büchern, ein Habermas zum Beispiel: *Zur Verfassung Europas*. Das Buch daneben ist fast doppelt so dick, es heißt *Hellas verstehen*. Der Bürokomplex liegt mitten im Regierungsviertel, wenn Georgios sich an die Fenster stellt, die bis auf den Boden reichen, schaut er auf die Zentren einer Macht, die bis in seine Heimat reicht: Kanzleramt, Paul-Löbe-Haus und, wenn er sich ganz rechts in die Ecke drückt, die Kuppel des Bundestages.

Bis vor kurzem dachte man vielleicht, dass die deutsche Politik eher uninteressant ist. Aber durch die Krise ist Berlin in eine ganz andere Klasse katapultiert worden. Und damit auch die politische Elite des Landes. Viele von denen haben das noch nicht kapiert, das merkt man an der Kommunikation nach außen. Die Politiker denken und reden in Schemata, die früher einmal gegolten haben, aber nicht mehr der aktuellen Situation ihres Landes entsprechen. Früher waren Städte wie Washington, London oder Brüssel *das* Ziel für einen Korrespondenten. Vor der Krise war in Berlin eigentlich nicht viel los, aber jetzt ist so eine Situation entstanden … Ich kann mir einfach keinen interessanteren Ort für einen griechischen Korrespondenten vorstellen.

Georgios ist jemand, der sich Jahreszahlen merken kann. Die Daten der jüngeren griechischen Geschichte kommen, ohne dass er lange überlegen muss. Der Bürgerkrieg von 1946 bis 1949, die Militärdiktatur von 1967 bis 1974. Genauso gut kennt Georgios die Wendepunkte seiner eigenen Geschichte, und wenn man mitschreibt, hat man plötzlich einen exakten Lebenslauf dieses Mannes auf dem Blatt. Seit September 2010 ist er Korrespondent in Berlin, vorher war er beim Radio der Deutschen Welle in Bonn, davor beim Bayerischen Rundfunk in München.

Ich bin 2003 aus München nach Bonn gekommen, Bonn war ein kleines Dorf, will ich fast sagen. Der Kontrast war so groß, dass es am Anfang wirklich ein Problem war. Ich habe Bonn nicht als Regierungssitz erlebt, nur als verlassenen Ort, das war auch tragisch. Meine Redaktion war ganz in der Nähe des alten Bundestags, ich bin also jeden Tag an der Stadtbahn-Haltestelle ausgestiegen, wo früher alle Abgeordneten und Politiker ausgestiegen sind. Und jeden zweiten Tag war dort die Rolltreppe kaputt. Ich kann mir nicht vorstellen, dass das auch so war, als die Regierung noch da war (lacht). Hier in Berlin haben die Politiker einen anderen Habitus (setzt sich gerade auf und streckt die Brust raus). Berlin ist eine Weltstadt, das überträgt sich auch auf die Aura eines Politikers.

Bis 1983 hat Georgios Politikwissenschaften in Athen studiert, dann kam er nach Deutschland, lernte die Sprache und studierte an der Ludwig-Maximi-

lians-Universität in München zu Ende. Das »ch« in Milch spricht Georgios noch immer mit einem leichten Kratzen aus, wie es auch die Russen tun. Auf seinem Schreibtisch liegt ein deutsch-griechisches Wörterbuch, es hat 1333 Seiten und die Ausmaße eines Schuhkartons. Eigentlich ist es für Juristen gedacht, es stehen aber auch all die Finanzbegriffe drin, die Georgios seit der Euro-Krise kennen muss.

Die meisten meiner Kommilitonen sind damals nach Frankreich gegangen, für Politikwissenschaftler war Paris attraktiver, bekannte griechische Intellektuelle hatten dort Karriere gemacht. Besonders die linke Szene in Frankreich war populär. Aber für den Anfang in einem anderen Land brauchte man schon etwas Geld, und dieses Geld hat mir gefehlt. In Deutschland konnte ich erst mal bei meiner Tante wohnen, in einem Münchner Vorort. Sie war wie viele Gastarbeiter Mitte der Sechziger gekommen, gearbeitet hat sie beim Triebwerke-Hersteller MTU. Meine Tante hat mir sehr geholfen, weil ich anfangs nichts alleine tun konnte, ich wusste nicht, wie man ein Ticket kauft, wie man zur Uni kommt und so weiter. 1987 hatte ich die Gelegenheit, zum Bayerischen Rundfunk zu gehen. Es gab dort bis 2003 eine tägliche Radiosendung auf Griechisch, für die Gastarbeiter in Deutschland. Dreißig Minuten Informationen und Nachrichten aus dem Heimatland, aber auch ganz praktische Tipps zu Versicherungen und Renten in Deutschland. Für diese Sendung haben die einen Nachrichtensprecher gesucht, und ich habe mich beworben, das Geld fehlte ja immer noch. Später wurde ich Redakteur. Bis dahin hatte ich mein Geld verdient, indem ich in Tavernas griechische Lieder gesungen habe (lacht). Gelernt habe ich das nicht, aber ich habe ein gutes Ohr, wenn ich eine Musik einmal höre, dann kann ich das wiedergeben. Nur mit den Texten hatte ich manchmal Probleme. Mein Opa war auch Sänger, nicht von Beruf, sondern in der Kirche, er hat immer die Psalmen gesungen. Nur zum Spaß jetzt (greift sein iPhone), letzten Samstag waren wir mit etlichen Freunden in einer Taverne. Wir haben gegessen und geplaudert und gesungen – bis vier Uhr früh (er spielt die Aufnahme vor, man hört heftig gezupfte Saiten). Das Lied ist von Mikis Theodorakis, es handelt von Migration (die Melodie klingt fröhlich und traurig zugleich). Es geht um einen Migranten, der zu einem Vogel sagt: Flieg in meine Heimat zurück und grüße meine Mutter. Und grüße auch die Kleine, in die ich so verliebt war … (aus dem iPhone kommt eine laute Männerstimme). Das bin ich (lacht)!

Theodorakis' Lieder waren während der Diktatur 1967 bis 1974 verboten, deshalb haben sie immer noch einen politischen Touch. An die letzten zwei Jahre der Diktatur erinnere ich mich noch, mein Onkel war politisch sehr engagiert, aber nicht in Athen, wo die Studentenbewegung war, sondern in unserem abgelegenen Dorf im Norden. Er hatte damals kein Radio, aber wir. Deshalb kam er fast jeden Abend um acht Uhr zu uns. Ich konnte das Radio bedienen, so dass wir die Sendung der Deutschen Welle empfangen konnten. Ich war damals zu klein, um daraus eine politische Position abzuleiten, aber ich habe der Sendung zusammen mit meinem Onkel gelauscht. Jahrzehnte später bin ich ja selber zur Deutschen Welle gekommen. Das konnte ich ja niemals wissen, als ich als kleiner Junge an diesem Radio rumgefummelt habe.

Zweiter Besuch bei Georgios ein paar Wochen später. Griechenland hat Geld bekommen, und die Lage hat sich erst mal beruhigt. Georgios ist nicht mehr jeden Tag im griechischen Fernsehen, aber er ist immer noch auf den Pressekonferenzen. Heute geht es um die Energiewende. Die Grünen sind da, um zu erklären, dass sie das auch können, besser natürlich. Georgios betritt den Saal mit den vielen Mikrofonen, er begrüßt einen Mann mit Fernsehkamera auf der Schulter und sucht sich einen Platz. Der Obergrüne Jürgen Trittin hängt vornübergebeugt auf seinem Stuhl, unter seinem Jackett guckt ein neongrüner Krawattenknoten heraus. Vorne in der ersten Reihe sitzen sechs Fotografen, die auf den Auslöser drücken, sobald Trittin die Stellung seiner Finger ändert oder auch nur die des Daumens, auf dem sein Kinn liegt. Als Trittin endlich mit Reden dran ist, hört er sich an wie eine Kugel, in der sich ein Gewicht befindet: Sie rollt ein Stück, bleibt fast liegen, rollt wieder ein Stück und so weiter. Georgios schreibt ein wenig lustlos mit – was er da hört, wird die Griechen nicht sonderlich interessieren.

Die Zeitung will fast jeden Tag einen Bericht aus Berlin. Gestern habe ich etwas über Gysi geschrieben, die Vorwürfe, er habe für die Stasi gearbeitet. Die Nachricht hatten sie schon am Montag, gestern wollten sie eine längere Geschichte.

Momentan ist fast alles wichtig, was in Berlin passiert. Aber ich finde kaum Zeit, andere Geschichten zu machen als die über die Krise.

Georgios' Handschrift merkt man nicht an, dass er in der Schule andere Buchstaben gelernt hat. Als er eine drei viertel Seite vollgeschrieben hat, klingelt sein Handy, und er rennt aus dem Saal. Das zypriotische Fernsehen ist dran, und Georgios gibt mal eben ein Liveinterview. Das macht er öfter in letzter Zeit, Zypern ist das neue Griechenland. Es fehlt viel Geld.

Diesen Job hier möchte ich so lange machen, wie es geht. Wenn ich mit Kollegen in Griechenland spreche, merke ich schon, dass ich hier privilegiert bin. Ich erlebe erstens nicht dieses Katastrophenklima in Griechenland, denn egal, mit wem du sprichst, er ist depressiv. Und wenn man dazu denkt, dass ich in Berlin bin, eine Stadt, die ich fast lieben kann ... Das habe ich erst im Nachhinein realisiert: Das einzige Eigentum, das ich in meinem Leben gekauft habe, ist in Berlin. Es ist eine Zweizimmerwohnung, siebenundfünfzig Quadratmeter, ganz lieblich, obwohl ich erst seit zwei Jahren hier bin. Und man sagt ja, wo man ein Haus hat, ist man auch zu Hause.

Sancho Manfred

In der S-Bahn belegt Sancho Manfred ein ganzes Viererabteil. Auf einem Sitz stehen seine diversen Plastiktüten, auf dem anderen liegt seine schwarze Gitarrentasche, auf dem dritten sitzt er selbst, Sancho Manfred, der vierte Sitz bleibt frei. Niemand wird sich dort hinsetzen, denn der Obdachlose – von dem ja keiner weiß, dass er Sancho Manfred heißt und sich einen kleinen Bernhardiner als Freund wünscht – könnte schreien oder stinken oder mit den Armen rudern. Außerdem führt er die ganze Zeit Selbstgespräche und lacht vor sich hin wie ein Entrückter.

Sind wir schon Friedrichstraße?

Nein, die nächste Station ist Friedrichstraße. Sancho Manfred steht auf, er braucht eine Weile, um seine Hände durch all die Schlaufen seiner Tüten zu fädeln, dann tritt er, die Türen der S-Bahn haben sich längst geöffnet, auf den Bahnsteig. Dort steht er einen Moment, als ob er vergessen hätte, wie man sich bewegt, in seinen riesigen Jogginghosen, mit seiner Gitarre. Wie ein kleiner Junge, der darauf wartet, dass ihn jemand zum Musikunterricht bringt.

Ich bin der Sancho Manfred, geboren 1959. Sancho ist ein Spitzname, weil so viele Manfred heißen. Ich bin nicht aus Berlin, ich bin wie alle aus dem Himmel gefallen (lacht ein kratziges Lachen) ... Zurzeit lebe ich im Obdachlosenheim in Pankow. Es musste nicht so weit kommen, dass es so weit kommt, aber es kam so weit.

Auf Sancho Manfreds Stirn haben sich tiefe v-förmige Falten eingegraben, seine Augen sind glasig und grau, die Narbe über der rechten Braue ist bestimmt vier Zentimeter lang. Auf seinem Kopf sitzt eine hellblaue Mütze mit Brandloch, er hat sie nicht über die Ohren gezogen, sie liegt ganz locker obenauf und lässt viele graue Haarsträhnen hervorgucken.

Ich bin noch nicht lange in der Situation, keine Wohnung zu haben. Ich wurde unerwarteterweise aus einem Therapiezentrum rausgeschmissen, weil ich auf meinem Patientenzimmer geraucht habe, das darf man nicht. Ich habe meinen Kopf aus dem offenen Fenster getan und habe eine Zigarette geraucht, und das ist dem Herrn Therapeuten von der Putzfrau berichtet worden, die hat Spuren gefunden. Daraufhin bin ich dann ganz hart rausgeschmissen worden … Im Obdachlosenheim ist es nicht okay, das wollte ich nicht, das ist nur eine Über-gangslösung. Ich teile mir mein Zimmer mit einem anderen. Zwei Betten, in der Mitte steht ein Tisch. Ein Sozialarbeiter hat mich da hingebracht, der wurde mir zugeteilt vom Amtsgericht, aus Gründen der Zusammenfallung meiner Per-sönlichkeit.

Sancho Manfred hat die Gitarre und die Tüten auf die unterste Stufe der Treppe gestellt, die hoch auf die Straße führt. Es ist Dienstagnacht, kurz vor zwölf, der Bahnhof ist ziemlich leer. Wenige Menschen fahren reglos die Roll-treppe rauf, öfter, als man denken würde, kommt die Reinigungsmaschine vor-bei. Jedes Mal zieht sie einen nassen Streifen hinter sich her. Sancho Manfred guckt auf die Anzeige, er darf die letzte Bahn nach Pankow nicht verpassen, das ist die Hauptsache.

Ich sehe, dass mein Leben, so wie es jetzt ist, nicht gewollt war. Das ist so, als hätte mir ein Huhn auf den Kopf geschissen, und das Ei fällt runter, und ich muss es abwaschen, und ob ich es abwasche oder nicht abwasche, ist meine Entschei-dung, ich wasche es ab, aber … ähm, aber ich wollte dem Huhn nicht das Ei auf den Kopf schmeißen. Das ist eben das harte Leben. Plötzlich war die Miete weg, der Strom war abgestellt … meine Frau und der Staat, die haben mir alles weg-genommen. Die hat hinter meinem Rücken acht Monatsmieten durchgebracht. Ich habe ihr jeden Monat das Geld hingegeben.
Plötzlich war meine Frau nicht mehr da, widererwartenderweise hat sie erklärt, dass sie mich verlassen wird. Die Scheidung ist vor ungefähr sieben Jahren auf dem Treptower Amtsgericht vonstattengegangen. Sie kam nicht. Vorher haben wir noch drüber gequatscht, dass sie mit mir noch ein kleines Kind haben will. Die Beziehung war so intensiv, dass es sich wie zwanzig Jahre anfühlte. Wir lern-

ten uns immer tiefer kennen, sie hat auch gesagt, unsere Ehe ist nicht auf der Erde gegründet worden, wir haben uns einander im Himmel versprochen, so drauf war die. Das war nicht nur so eine oberflächliche Fucknacht, und danach gehen wir einfach heiraten, weil wir ein Kind kriegen. Das war alles gewollt … Mein Kind ist jetzt dreiundzwanzig Jahre alt.

Sancho Manfred zündet sich eine selbst gedrehte Zigarette an, sie ist krumm, er zieht den Rauch in seine Brust und hustet ein Husten, das aus der Seele zu kommen scheint. Weil die Zigarette keinen Filter hat, muss er ständig kleine Tabakfitzelchen auf den Boden spucken, die ihm an der Zunge kleben. Sancho Manfred raucht, bis er sich fast die nikotingelben Finger verbrennt, dann steckt er seine Hände so tief in die Jackentaschen, wie es nur geht.

Nach der Trennung von meiner Frau hat man mir alles weggenommen, auch meine Freunde. Ich war selbständig, Maler und Lackierer, Renovierungen, ich war sehr erfolgreich, habe viele Fliesen verlegt. Fünftausend D-Mark hatte ich schon im Monat, habe immer viel in die Haushaltskasse getan für Frau, Kind und Schule und Katze und Urlaub und alles, was eben so anfällt. Ich war der glücklichste Familienvater, den man sich im Traum vorstellen kann. Du weeßt ja: Haste wat, biste wat. Haste wat, haste ooch Freunde. Ich habe viel geweint, um meine Frau, mein Kind, meine Katze, meine Wohnung … um alles. Mein Leben zerbrach wie eine Seifenblase. Von einem Moment auf den anderen bist du der idiotischste Mann, der in Berlin rumrennt.
Ich war alkoholisch sehr dumm, habe sehr viel davon konsumiert, ich habe nicht gemerkt, dass ich mich damit zerstöre, ich aß nicht, ich hatte aufgegeben. Jetzt habe ich eine Entziehungstherapie hinter mir, die mich aus der tiefen Kellerwelt rausgeholt hat. Ich habe meine Endstation mit dem Alkohol erreicht … jetzt stehe ich wieder auf sozusagen. Mein Sozialhelfer, mein Doktor, meine Schutzgeister haben mir da rausgeholfen. Ich trinke nicht mehr, seit … (hustet) mittlerweile zweieinhalb Monaten. Das kommt mir vor wie zwanzigtausend Jahre. Jeder Tag ist neu. Früher habe ich morgens getrunken, was an Bier noch da war, am Tag zwischen fünf und zehn Flaschen, je nachdem, wie viel Geld ich hatte. Das war ja auch eine finanzielle Sache, weil ich ja nicht klaue. Wenn es ging, noch

eine Flasche Wodka, Korn oder Feigling oder so. Ich hatte mich so weit von der Welt abgesetzt, dass ich vollkommen den Überblick verlor.

Sancho Manfred hat einen Silberblick, nicht den typischen, nach innen gerichteten. Seine Augen sehen leicht nach außen, so, dass er genau das nicht sieht, was vor ihm liegt. Wenn er wissen will, mit wem er spricht, kommt er ganz nah an einen ran – er hat wirklich nicht getrunken. Er mag jetzt Cola, Coke genauer gesagt. Sein Atem ist klar, aber seine Sprache ist alkoholisiert, Zunge und Lippen sind noch ungelenk. Sancho Manfred bildet die Worte wie ein Betrunkener, weil er es in den letzten Jahren immerzu war. Es dauert, bis die Seele ausnüchtert.

Ich habe nichts mehr gebacken gekriegt, der Alkohol hat mich zerfressen wie Rattengift eine Maus … oder eben eine Ratte. Ich habe gar nicht mehr emotional oder lebensfroh reagieren können. Jetzt will ich durchhalten, und das werde ich, für kein Geld der Welt werde ich Alkohol anrühren, weil ich weiß, das ist eine Droge, die macht einem was vor. (Den folgenden Satz, nur diesen einen, schreit Sancho Manfred über den Bahnsteig) Alkohol, da wird allet jut von! … trinkt doch jeder hier, die Alkoholikerrate ist viel zu hoch. Das wird trotzdem verfüttert an Hartz-IV-Empfänger zum Beispiel, irgendwann sind sie alle dran und sterben an Frust oder Magenblutungen oder wachen einfach nicht mehr auf. Ich habe epileptische Anfälle erlitten, da habe ich es oben schon läuten gehört, ich war schon tot. Aber ich weiß, dass man mich auf der Erde noch zeitweilig braucht. Ich bin auch künstlerisch nicht unbegabt, ich will mich jetzt nicht zu wichtig nehmen, aber ich spiele Gitarre und dichte dabei manchmal. Dinge, die ich so erlebe, wenn ich durch die Natur gehe, das fällt mir alles so spontan ein … wie ich an einem Baum sitze zum Beispiel und mit dem Baum rede, und ich fühle mich so tot, aber der Baum tröstet mich, der zeigt mir, wie stabil man sein kann als einfacher Baum. Manchmal bezeichne ich mich auch als einen toten Baum … Vielleicht kann ich daraus mal einen Reibach machen? Ich kenne die Geschichte von Richard Bach, der hat *Die Möwe Jonathan* geschrieben, dieses Kinderbuch, das ist verfilmt worden, der ist ganz groß rausgekommen damit.

Sancho Manfred hat ein Schlüsselband um den Hals, es ist das Werbegeschenk eines Mobilfunkanbieters, es ist blau. Zwei Schlüssel hängen daran, der große ist für unten, der kleine für sein Zimmer, in dem er rauchen darf. Er muss dazu nicht mal den Kopf aus dem Fenster stecken.

Seit der Scheidung hatte ich keine Frau mehr. Zurzeit will ich auch lieber im Zölibat leben und mein Leben regeln, und wenn mir in ein, zwei Jahren eine Frau über den Weg laufen sollte, dann … ähm … ich bete sehr viel. Ein verbranntes Kind scheut das Feuer, ich will mein Leben nicht mehr auf eine Frau aufbauen, das ist vorbei. Ich denke sehr viel an Tiere, und ich will mir auch wieder einen kleinen Bernhardiner holen, den ich im Geiste schon vor mir sehe und meinen Freund nenne. Aber erst will ich eine Wohnung haben und mein Suchtproblem für alle Zeiten abgeschlossen haben. Ich weiß, dass ich diese Möglichkeit in der Bundesrepublik Deutschland habe.
Ich freue mich über die Leute, die hier rumlaufen, die alles haben, ich bin nicht böse auf die Welt, die in der S-Bahn fährt. Aber auf die Welt, die im Fernsehen erscheint, auf die, die sich als Bundeskanzler und so was ausgeben und einen Lohn dafür bekommen, den kein Arbeitnehmer bekommt. Keine Rente ist so hoch wie die von Johannes Rau, der hatte achtzehntausend Rente, für ein bisschen Lebensweisheiten rumquatschen im Bundestag. Das ist doch ungerecht. Eine Legislaturperiode bringt, das ist mir bekannt, eine Rente von siebentausend Euro, dafür, dass man sich einen Volksvertreter nennt und ein paar Plakate drucken lässt.

Heute saß Sancho Manfred vor Reichelt in der Schlossstraße. Er hatte keine Kraft, seine Gitarre auszupacken, er weiß nicht mal, ob sie noch alle Saiten hat. Er hat die schwarze Tasche vor sich hingelegt und nichts getan, außer einfach so dazusitzen. Soll doch die Welt damit zufrieden sein.

Heute habe ich nur dagesessen, habe nichts gemacht, habe auch kein großes Geld eingesammelt. Manchmal frage ich auch, ob mir jemand Geld gibt, aber heute war das nicht so. Ich war ja das erste Mal vorm Reichelt, ohne Alkohol zu trinken, das ist nicht erniedrigend oder so, aber das ist neu … Ähm, die Menschen, die mir was geben, die vergesse ich auch nicht, die sehe ich immer vor mir. Die sind ... ähm, in göttlichem Sinne herzvoll und nicht geizig ... nicht vergleichbar mit einem Helmut Kohl oder Gerhard Schröder. Ich würde mich nicht mit dem Arsch auf mein Geld setzen, wenn ich reich wäre, ich würde nicht sagen, das ist alles meins. Es ist ja auch nicht mein Wunsch, das Betteln als Finanzierung anzusehen, das ist mehr so ein göttlicher Windfang. Manchmal bete ich. Dann sage ich: Halte mich fern vom Bösen, befreie mich von dämonischen Einflüssen, die mein Leben zerstören, von dem Reiz, eine Flasche Whisky zu trinken, weil das glücklich macht ... Meine Bahn kommt gleich ... Wenn du mal einen Maler und Lackierer brauchst, ich habe auch eine Telefonnummer.

★

Für dich
lass ich
die sterne
funkeln

Mark

Samstag, kurz nach elf, eine Hausecke, eine Bar, die Discokugel im Fenster schickt Lichtpunkte über den Gehweg. Gegenüber ein Hotel und ein schicker Japaner, die Straße runter liegt der Rosenthaler Platz. Drinnen auf dem langen Holztresen stehen sechs rote Tischlampen und schwere Glasaschenbecher. Hinter dem Tresen steht Mark, Barkeeper, fünfunddreißig Jahre, kurze hellblonde Haare, Khaki-Shirt, Adidas-Schuhe. 2001 ist er vom Bodensee nach Berlin gezogen.

Ich bin einer von den Schwaben, die die Berliner hassen. Aber einer von denen, die sich trotzdem akklimatisiert haben. Als ich nach Berlin kam, habe ich die Freiheit genossen. Ich war erwachsen, und ich durfte auch wie ein Erwachsener entscheiden. In Konstanz war um ein Uhr Sperrstunde, danach hatte nur noch der Puff offen, weil der eine Sondergenehmigung hatte. In Berlin ging alles, und zwar immer.
Ungefähr zwei Jahre nachdem ich hier angekommen war, lag ich ein halbes Jahr lang nur im Bett, ich bin nicht mehr vor die Tür gegangen. Mir war alles zu viel, zu viel Freiheit. Da, wo ich herkomme, war mein Leben mehr oder weniger vorgegeben, ich hatte meinen Realschulabschluss, hatte die Lehre gemacht, hätte die Elektronikfirma meines Vaters übernehmen sollen. Es war klar: Wenn ich nicht totalen Scheiß mache, kriege ich mein Leben gebacken. In Berlin war gar nichts klar, hier musste ich mich erst mal selber finden. Das Leben neu lernen, die Härte der Stadt aushalten. Unten in Konstanz gab es immer die Familie, da wurdest du aufgefangen, wenn du Bockmist gebaut hattest, hier interessiert das kein Schwein.
Ich lebte zu der Zeit alleine im Prenzlberg, mir ging's nicht wirklich dreckig, aber ich war ausgetankt, lustlos, müde. Alles war möglich, ich wusste aber nicht, warum ich rausgehen sollte. Ich hab Tiefkühlpizza in den Ofen geschoben und Tortellini in die Mikrowelle, mehr nicht. Ich hatte keine Freunde hier, die mal

geklingelt hätten, um mich da rauszuholen. Ich konnte auch nicht arbeiten, ich hab's noch nicht mal geschafft, die Briefe vom Arbeitsamt zu beantworten. Ich hab nur Fernsehen geguckt.

Mark wirkt relax. Die ruhige Stimme, die kleinen Schlucke, mit denen er seinen Birnensaft trinkt, die Art, wie er sich eine Zigarette anzündet. Es sind die sparsamen Bewegungen von jemandem, der weiß, dass es eine lange Nacht wird. Vielleicht noch eine Stunde, und Mark wird nur noch hin und her rennen: Tisch, Bestellung, Tresen, Mixen. Nicht müde werden, nett sein.

Irgendwann hat mir das Arbeitsamt das Geld gestrichen, ich hatte Mietschulden und musste raus, mir einen Job suchen. Sonst wäre das so weitergegangen. Ich bin dann losgelatscht und hab gleich zwei Straßen weiter was gefunden, einen Job als Barkeeper. Die Frau, die den Laden geschmissen hat, ist später meine Freundin geworden. An einem der ersten Tage dort haben wir beide bis morgens gearbeitet und sind dann zusammen zum Fruchthof am Westhafen gefahren. Sie hatte da einen Bekannten, bei dem konnten wir alle Früchte einzeln holen. Normalerweise ist das nur für Großabnehmer, da bekommst du alles nur stiegenweise. Mit den Früchten haben wir dann neue Cocktails ausprobiert, Bowlen gemacht, das Zeug püriert und Dekorationen geschnitzt. Wir hatten explosionsartig viel Spaß. Erst mit diesem Job bin ich wirklich in Berlin angekommen.
Inzwischen bin ich so verbandelt mit der Stadt, dass es für mich keine Alternative gibt. Gut, Bodensee, Berge, Weitblick: Da unten hat man halt immer noch das Gefühl, alles ist sehr schön. Ich war auch schon mit meiner Freundin unten. Aber die nächsten zwanzig Jahre kriegt mich hier keiner weg. Jahr für Jahr tauche ich tiefer in die Stadt ein. Und ich habe mich mittlerweile davon befreit, alles kennen zu müssen. Das geht gar nicht.

Ein paar Jungs kommen rein, drehen sich einmal um sich selbst und überlegen. Der Laden ist leer. Mark begrüßt sie mit einem »Hallihallo« und verspricht, dass es bald richtig voll sein wird. Spätestens ab vier wird es richtig eng, dann läuft nur noch elektronische Musik. Die Jungs setzen sich in eine Ecke.

Das erste Mal war ich mit sechzehn in Berlin, mit der Schule, neunte Klasse. Wir sind von Konstanz mit dem Bus hochgefahren. Ich fand's ganz schlimm: grau, dreckig, laut, hässlich, überall Baustellen. Dabei war Frühling. Keine Ahnung, wo genau wir waren, irgendein Bezirk, irgendeine Herberge. So ein komischer Siebziger-Jahre-Flachbau, modern und möchtegernspacig. Ich fühlte mich da nicht wohl. Ich sah nur komische Leute und komische Häuser. Ich war vorher noch nie in der Großstadt gewesen, ich konnte nichts zuordnen. Es war egal, ob man nach links, rechts oder geradeaus ging, es schien, als mache das keinen Unterschied. Berlin: Bloß nie wieder. Mit den Lehrern haben wir das klassische Touri-Programm abgerissen, Zoo, Ku'damm und so was, da ist nichts hängen geblieben. Aber eine Jacke habe ich mir gekauft, in einem riesigen Secondhandshop. So ein Wildledersakko, hellbraun. Das hab ich wirklich jahrelang angehabt.

Auf dem Papier bin ich katholisch, aber nicht getauft, Religion interessiert mich nicht. In der Schule in Konstanz musste jeder in den Religionsunterricht. Das ist so ein Beispiel für die Bevormundung, und ich hab als Jugendlicher gesagt, da mach ich nicht mit. Das hat mir das Genick gebrochen, ich bin gleich zweimal sitzen geblieben. Da war mir klar, ich muss da weg. Berlin, das war eine Entscheidung von fünf Minuten, es gab einfach keine Alternative. Durch Zufall habe ich dann einen alten Schulkameraden wieder getroffen, der auch nach Berlin wollte. Zusammen sind wir zwei Tage vor Silvester mit einem 7,5-Tonner hochgefahren und in eine WG nach Friedrichshain gezogen. Am 31. Dezember saßen wir in einem Café in der Kastanienallee, da haben wir Silvester gefeiert und dann noch drei, vier Stunden im Hostel gepennt. Am nächsten Tag konnten wir in die neue Wohnung. Der Lkw mit all unseren Sachen hatte die ganze Silvesternacht auf der Straße gestanden.

Mark zündet sich noch eine Zigarette an, das Schaf auf seinem Feuerzeug sagt: Für dich lass ich die Sterne funkeln. Er macht sich noch eine Miniflasche Birnensaft auf, dann geht er rüber zum Tisch, an den sich gerade fünf Touristen gesetzt haben, Männer in Hemden, Frauen mit hohen Absätzen und hohen Stimmen. Mark hockt sich hin, er nimmt die Bestellung auf Augenhöhe entgegen, aus seiner Jeanstasche hängt ein Spültuch. Zwei Mojitos, Delicious Delight, Gin Fizz, Whiskey Sour. Beim Mixen hält er den silbernen Cocktailshaker neben seinem rechten Ohr.

Ich stehe seit fünfzehn Jahren hinterm Tresen, bis jetzt habe ich in fünf oder sechs Bars gearbeitet. Zwei Jahre, dann ist ein Laden durch, dann kennst du alle und alles. Es gibt kaum Läden, wo es dich länger hält. Wer meine Kunden sind, ist mir eigentlich egal, nur entspannt sollten sie sein. Touristengruppen nerven manchmal, die haben so eine Erwartungshaltung, was Berlin betrifft: höher, schneller, besser, lauter. Und natürlich sofort.

Stefanie

Stefanie hat nicht immer in Berlin gelebt. Sie kommt aus einer Stadt mit zwölf-
tausend Einwohnern in der Nähe von Stuttgart, kein Ort, an dem man auf die
Idee kommen würde, Dildos und Vibratoren herzustellen. Eher ein Ort, an
dem man heiratet, ein Haus baut, ein Auto kauft und Kinder bekommt, wo
man den Friseurladen der Eltern übernimmt und noch ein Auto kauft. Von
Berlin aus gesehen ist dieser Ort weit weg. Als Stefanie anfing, Dildos herzustellen, hat sie trotzdem lieber gesagt, sie arbeite im Wellnessbereich. Heute
sagt sie jedem, der fragt, was sie wirklich macht.

Sextoys. Ich sage auch gern Liebesspielzeug, denn es geht auch um Selbstliebe.
Bei meinen Produkten steht die von Frauen gelebte Sexualität im Mittelpunkt.
Das hat auch mit Feminismus zu tun. Die Kreation von Dildos und Vibratoren
ist meine Form von Kunst. Berlins Anteil an meinem Beruf ist hundert Prozent,
würde ich mal sagen. Ich stehe zu dem, was ich mache. Wenn ich das nicht tue,
leidet meine Lebensqualität. Wenn ich mich nicht traue, weil meine Scham zu
groß ist oder weil andere über mich reden könnten, dann geht es mir nicht gut.
Berlin ist der Möglichkeitsraum, in dem ich mich entfalten kann. Es gibt hier
viele Menschen, die nicht nur in Normen denken. Vielleicht kann man es so
ausdrücken: In Berlin gibt es das Wissen, dass Vielfalt Lebensqualität bedeutet.

Die Straße, in der Stefanies Laden liegt, führt genau auf die Passionskirche
zu, ein quadratischer Bau aus rotem Backstein. Die Straße hat Kopfstein-
pflaster und ist so abschüssig, dass Berliner von einem Berg sprechen würden.
Ungefähr in der Mitte kommt man an diesem Schaufenster mit den bunten
Vibratoren vorbei. Das Hinterzimmer ist die Werkstatt. Die Regale mit den
Dildoformen und Farbtöpfchen reichen bis unter die Stuckdecke. Auf der
Werkbank liegen Spatel rum, wie sie auch Konditoren benutzen, auf der Ar-
beitsfläche kleben Silikontropfen. Stefanie sitzt auf einem Küchenstuhl, flie-

derfarbener Wollpullover, lila Baumwollschal, kurze Haare, Thermoskanne, Kräutertee.

Das erste Mal war ich mit einer Mitstudentin in Berlin, Mitte der Achtziger. Wir sind mit der Mitfahrzentrale gefahren, das Warten an der Grenze war beklemmend, obwohl es keine Probleme gab, wir mussten nicht den Kofferraum ausräumen oder so was. Wir wohnten dann in einer WG am Schlesischen Tor, alles war dunkel und grau, echt gruftimäßig. Das Haus lag direkt an der Mauer, man konnte zwar nicht rübergucken, aber mir war das unheimlich. Heute sind das sanierte Fabriketagen, glaube ich. Ich habe damals gesehen, wie viel Kunst es in Berlin gab und wie viele Leute, die ... (überlegt) Leute, die einfach machten, was sie wollten. Ich war nur eine knappe Woche da, für ein Kunstsymposium. Es gab unheimlich viele Ausstellungen der Offszene, in Fabriken, Kellern, Hinterhöfen, Wohnungen, einfach was Eigenes.

Spricht Stefanie, blickt sie konzentriert, sie verhakt die Finger ineinander, wenn sie nach dem richtigen Wort fahndet. Ab und an verschwindet ihre Ernsthaftigkeit hinter einem hellen »Hihi«-Lachen. Stefanie ist achtundvierzig, nach ihrer Ausbildung zur Schriftsetzerin hat sie ein Jahr lang in einer Behindertenwerkstatt gearbeitet, dann studierte sie Bildhauerei in der Nähe von Bonn. Inzwischen ist sie seit sechzehn Jahren Unternehmerin, sie beschäftigt zwei Mitarbeiterinnen.

Durch den Friseurladen meiner Eltern habe ich schon früh miterlebt, was es heißt, selbständig zu sein. Sie hatten ein großes Geschäft mit Auszubildenden und Angestellten. Der Laden war im Ortszentrum, das heißt, dass fast jeder mich kannte. Es war immer wichtig, die Leute zu grüßen, ich war eine öffentliche Person, das fand ich nicht so toll. Das ist ja eine Kleinstadt in Schwaben, da war es schon so, dass man versucht hat, möglichst gut angezogen zu sein, möglichst viel Geld zu verdienen, ein eigenes Haus zu haben und zwei Autos. Und verheiratet sollte man auch am besten sein. Sich scheiden zu lassen ist natürlich auch ein Drama. Die meisten wollten die perfekte Bürgerin oder der perfekte Bürger sein. In der Nähe, wo ich wohnte, waren die Amerikaner mit ihren Cruise-Missiles stationiert. Einmal war ich – gerade achtzehn und mit der Schule fertig – auf einem Foto in der Zeitung. Mit Army-Parka, in so einer kleinen Stadt war das natürlich … na ja, danach wusste jeder, dass ich in der Friedensbewegung aktiv bin. Mir ging es darum, eine Lebensform zu finden, die nicht unbedingt der Norm entspricht, kein Leistungsprinzip und keine gespritzten Lebensmittel. Mich hat interessiert, wie man mit unserer Erde umgeht, wie man keinen Schaden anrichtet, an sich selbst und an der Natur. Damals hat das kaum jemanden interessiert, Umweltschutztoilettenpapier war eine absolute Neuheit – dann kamen die Grünen.

Der Abnabelungsprozess fing eigentlich mit meinem Kunststudium an. Meine Eltern hätten lieber gehabt, dass ich den Laden übernehme. Ich war als Kind auch recht begeistert davon, habe meinen Puppen immer die Haare geschnitten. Aber später war klar, dass ich meinen eigenen Weg gehen will. Gucken muss, was mir im Leben gefällt. So war es auch nach dem Studium. Ich hatte das Gefühl, ich brauche eine Steigerung, eine Stadt, die nicht Bonn ist. Wenn die Mauer nicht gefallen wäre, wäre ich wahrscheinlich nicht nach Berlin gezogen, vielleicht wäre ich ins Ausland gegangen. So habe ich ab 1991 in einer Zweier-WG in Neukölln gewohnt, ohne Dusche, ohne Bad, mit Kohleofen und Einfachfenstern. Das war spannend, weil es der absolute Kontrast zu Süddeutschland war. Damals hatte ich ein Atelier in einem Künstlerhaus im Prenzlauer Berg, später in einer ehemaligen Schutzbekleidungsfabrik in Mitte, wo der Abteilungsleiter immer noch rumgelaufen ist, obwohl es die Firma gar nicht mehr gab.

Irgendwann hat der Reiz am freien künstlerischen Schaffen nachgelassen. Ich dachte, ich komme nicht weiter. Ich brauchte etwas, wo gebraucht wird. Vielleicht hatte es auch damit zu tun, dass ich nur ab und zu was verkauft habe. Zu der Zeit habe ich bei meiner Mitbewohnerin im Zimmer einen Vibrator entdeckt. Die Tür stand offen, wir waren ja auch gut befreundet, da habe ich irgendwie so was gesehen. Dachte: Ups, was ist denn das? Das hat mich neugierig gemacht, das war wie mit Berlin: etwas Unbekanntes, das ich entdecken konnte. Ich habe mich aber nicht getraut, meine Mitbewohnerin darauf anzusprechen. Ich dachte: O Gott, wenn sie erfährt, dass ich das Ding gesehen habe. Aber das waren meine eigenen Ängste, meine Scham – sie war ganz locker damit.

Ich hatte eigentlich nie mit Freundinnen über Selbstbefriedigung oder Sextoys gesprochen. Nur einmal mit meiner besten Freundin in der Disco, im Schutz der lauten Musik. Ich hatte nicht gelernt, darüber zu reden, das wollte ich ändern. Aber es war schwierig, damals hörte man Sprüche wie: Wenn man einen Vibrator benutzt, ist man frigide. Sexualität war eher auf den Mann und auf die Ehe ausgerichtet. Erotikspielzeug fiel unter das Stichwort »Ehehygiene«, das war das alte Denken.

Im Branchenbuch suchte Stefanie einen Erotikshop, natürlich fand sie Beate Uhse am Ku'damm. Bis sie den Laden wirklich betrat, vergingen Wochen, es war eine Mutprobe. Die Bedienung, eine Frau um die sechzig, sagte kein Wort, die Männer auch nicht, die gingen an Stefanie vorbei ins Sexkino.

Ich fühlte mich wie ein Eindringling in dieser Welt hinterm schwarzen Vorhang, die nicht für mich gedacht war. Ich habe mich angeguckt gefühlt, ich kam mir vor wie das leibhaftige Sexobjekt. Als wäre ich eine Frau auf einem Filmcover, als ob ich verwechselt werden könnte. Die Dildos, die es gab, waren nicht schön, hautfarben, schwarz oder schrilles Pink. Alles aus hartem Plastik, alles verpackt, man konnte nichts anfassen. Ich habe mir für zwanzig Mark einen goldenen Vibrator gekauft.

Durch Frauengespräche in meinem Umfeld habe ich festgestellt, dass es in Europa kaum Sexspielzeug gab, das Frauen gefiel. Den Herstellern war das anscheinend egal. Aber die Frauen fingen an, sich um ihre eigene Sexualität zu kümmern. Es ging nicht mehr darum, was die Männer wollten, sondern darum, was sie selbst wollten. Feminismus und Frauenbewegung haben viel dazu beigetragen. In den USA gab es zu der Zeit schon kleine Manufakturen, die Dildos ohne Weichmacher herstellten. Aber die Industrie war einfach noch nicht an dem Punkt, das waren überwiegend Männer, die billig produzieren wollten. Damals kamen in Deutschland die ersten Frauen-Erotikshops auf, die händeringend nach Produkten gesucht haben, die deren Qualitätsansprüchen entsprachen. Da kam mir die Idee: Ich will erotische Spielzeuge herstellen, die gesund sind und schön aussehen. Das war meine innere Stimme, da brannte ein Feuer, eine Neugier. Es gab damals niemanden, der so was gemacht hat, also habe ich erst mal Materialforschung betrieben, Sisyphosarbeit im Atelier. Zwei, drei Jahre hat es gedauert, das richtige Material zu finden, gesund und ohne Weichmacher. Meine Spielzeuge riechen nach gar nichts, das ist wie ein Siegel. Was nicht gesund ist, stinkt nach Chemie.

Stefanies Dildo-Manufaktur heißt *Playstixx*, die zwei x stehen für das weibliche Chromosomenpaar. Es gibt Vibratoren mit eingearbeiteten Herzchen oder Federn, ein anderer sieht aus wie ein Delfin.

Ich habe eine Firma gefunden, die antiallergisches Silikon herstellt. Das ist natürlich nicht dasselbe wie das aus dem Baumarkt, womit man Fliesen verfugt. Es kommt aus dem medizinischen Bereich, aus ähnlichem Material werden auch Kinderschnuller gemacht. Meistens arbeite ich mit Konzepten. Ich empfinde mich als spirituelle Frau, ich versuche, ganzheitlich zu denken. Der Vibrator *Shelly* zum Beispiel beruht auf den vier Elementen, er ist spiralförmig, wie das Wasser und auch Muscheln. Die Spirale taucht ja überall auf, auch in uns selbst. Unsere DNS ist auch eine Spirale, es ist die Verbindung zu allem Leben auf der Welt.

Kiefer
an jebrochen
in Pole

Jörg

Ick hab allet vom Papierjewicht bis zum Halbschwer jeboxt. Feder, Bantam, Halbwelter, Welter. Die meisten Kämpfe hab ick im Halbmittel jemacht, bis einundsiebzig Kilo, dit ham se ja nachher abjeschafft. Aber solange ick jeboxt hab, gab es diese zehn Jewichtsklassen. Da jab's noch keen Halbfliegen- und keen Superschwerjewicht.

Jörg sitzt in einem Raum, der nach Turnhalle riecht, an einem Tisch, auf dem gelbe Pratzen liegen, unter einem Bord mit zwanzig Pokalen: Kelche und vergoldete Männchen mit erhobenen Fäusten. Draußen an der Tür steht »Hallenwart«, ein Wort, das mindestens so alt ist wie Jörg selbst, also siebzig Jahre. Seit es den SV Stahl Schöneweide gibt, ist Jörg dabei, also sechsundfünfzig Jahre. Wahrscheinlich hat er die meiste Zeit seines Lebens einen Trainingsanzug getragen, auch heute natürlich, die Jacke hängt über dem Stuhl. Sein T-Shirt ist schwarz und hat ein Logo, zwei Boxhandschuhe, genau über dem Herzen. Beim Atmen rasseln Jörgs Bronchien.

Ein Boxerherz haben heißt, dass de keene Angst hast. Also, wenn de jetzt 'n Feigling bist, is Boxen nichts. Du musst Siegeswillen haben, überzeugt sein, dass de jewinnst. Musst aber real einschätzen, dass es ooch Bessere jibt wie dich. Du musst also ooch verlieren können. Ja. Es is 'n Sport und da jibt's 'n Jewinner und 'n Verlierer. So musste da ranjehen! Vielleicht haste 'n schlechten Tach erwischt. Hast jut trainiert und allet, extra Urlaub jenommen vor der Meisterschaft, trotzdem biste nich vom Fleck jekommen. »Bleibeene« ham wir immer jesagt. (lacht)

Drüben in der Halle trainiert der Juniortrainer ein paar Boxer, durch die halboffene Tür hört man die Springseile rauschen, erst langsam, der Trainer pfeift, jetzt schnell, der Trainer pfeift, wieder langsam.

Ick bin von Anfang an beim Stahl Schöneweide dabei, dit hat sich so erjeben. Die Tochter vom Fleeschermeester bei uns inne Straße in Johannisthal, die hatte 'n Freund, und der hat kurz vor mir mit Boxen anjefangen. Der war schon achtzehn, ick war dreizehn. Ick hab mir immer Freunde jesucht, die älter waren, wo ick wat lernen konnte. Ick war nie der Bestimmer. Beim Boxen hab ick mich wohljefühlt, meen Trainer hat mich ooch sehr unterstützt, dit kannte ick von zu Hause aus nich so. Der war denn wie meen väterlicher Freund, kannste sagen. Der is ja viel zu früh jestorben, mit sechsundvierzig, leider Jottes. Ick achte den noch sehr. Der hat mir denn, wo ick aus der Schule jekommen bin, jeholfen, 'ne Lehrstelle zu kriegen. In unserer Generation – ick bin 1949 zur Schule jekommen –, da jab's andere Probleme als Sport. Da war jede Familie zufrieden, wenn se die Kinder sattjekriegt hat.

Sein Geld hat Jörg nie mit den Fäusten verdient, sondern an der Drehbank im VEB Berliner Metallhütten und Halbzeugwerke, aus dessen Betriebssportgemeinschaft der SV Stahl Schöneweide hervorging – und dem er seinen coolen Namen verdankt.

Mit fünfzehn Jahren hab ick meinen ersten Wettkampf jehabt, in Blankenburg, Thüringen. Dreimal zwei Minuten … ick hab verloren. Der andere war ooch nich besser wie ick, wenn wa hier in Berlin jeboxt hätten, hätt ick jewonnen. Von uns Berlinern war ick der einzije Kleene, die andern waren alle Männer. Ick war so eine Art Maskottchen, ick hatte ooch immer den Berliner Bär, der saß bei mir in der Ringecke drinne. Ein brauner Teddy mit 'nem Aufnäher auf der Brust, unser Vereinswappen. In Blankenburg warn bestimmt zwee-, dreihundert Zuschauer, außerhalb is ja immer mehr los. In Berlin haste ja so viele Vereine und wat weeß icke. Und auswärts haben die nur einen Boxverein oder einen Judoverein, da is jeder Kampf 'n Höhepunkt.

Jörg hat eine Glatze, dichte Augenbrauen und einen Schnurrbart, der sich bis weit unter die Mundwinkel zieht. An seinem Handgelenk schlackert eine Golduhr. Halskette, Ohrring und Lesebrille sind ebenfalls aus Gold. Seine Augen sind hellbraun. 1960 war Jörg DDR-Juniorenmeister, 1970 und 1974

Berliner Meister. Drüben in der Halle ruft der Trainer: »Die Ellenbogen sind am Körper! Aber nicht irgendwie, sondern so!«

Dit jab 'n paar wichtije Kämpfe für mich. Zum Beispiel 1969, da hab ick im Halbfinale jegen Kafka jekämpft, der war bei Dynamo Berlin. Der Kafka war 'n bekannter juter Boxer. Der war Meisterklasse, hat allet in Berlin wegjehauen. Aber dass ick Angst hatte, kann ick nich sagen, hat ick nich. Der Kafka lebt noch, der is heute ooch Kampfrichter, wie ick. Wenn wir beede zusammenkommen, denn freuen wa uns immer, dit is wie eene Familie in Berlin.

Jetzt rennen die Boxer durch die Halle, das alte Parkett knarrt.

Einmal die Woche machen wir Krafttraining mit Hanteln, aber mit wenig Jewicht und mehr Wiederholungen. Wir trainieren ja nich uff Maximalkraft, sondern uff Schnellkraft. Unsere Muskeln sind ja anders als bei Bodybuildern, wir haben keene verkürzten Riesenmuckis. Ick hab immer jerne jegen solche jeboxt, die so aussahen. Ähh! (spannt die Muskeln an und verzerrt das Gesicht) Zum Fürchten. Und ick kam als janz normaler Athlet mit janz normaler Figur und hab die jeschlagen. Die Breiten sind keene Distanzboxer, die kämpfen nur uff Krawall und haben nich dit richtije Timing. Da jeht viel in die Luft. Ein Techniker kann die prima ausboxen, wenn der immer wegtänzelt, denn sehen die schlecht aus. Und so eener, so 'n Tänzelnder, war ick ooch vom Typ her.
Ein Boxkampf muss ooch wat fürs Auge sein, so, dass de Beifall kriegst uff 'ne schöne Kombination. Dit muss wirklich intellijent aussehen. Ick liebe dit auch bei den Profis nich so, wenn die nur dit Nötigste tun. Aber es jibt ja ooch solche, wie den Rocky Rocchigiani, der hat attraktiv jeboxt. Dit war immer 'ne richtije Ringschlacht.

Während Jörg redet, rutscht er auf seinem Stuhl herum. Die Hände sind oben, er reckt den Hals vor, duckt den Kopf weg. Dabei rollt er sitzend ein paar Zentimeter hin und her. Dann klingelt sein Handy, nein, es schreit: »Jörg! Telefon! … Jörg! Telefon!« Ein Ton, der bei jedem Anruf die Reflexe trainiert, weil man ihn schnell abschalten will. Das letzte Mal, dass Jörg sich die zehn

Unzen schweren Handschuhe übergezogen hat, um jemand damit ins Gesicht zu schlagen, ist fast vierzig Jahre her. Die Spuren sind geblieben.

Ick hab hier an der Linken 'n Überbein, guck ma (ballt die Faust und knickt sie nach unten ab, so dass man die Erhebung auf dem Handrücken besser sieht). Dit springt immer raus, damals hat man dit noch nich operiert. Jebrochen war die Hand ooch mal, und sonst … (überlegt) Kiefer anjebrochen, in Polen. Da bin ick gerade Vater jeworden, hab meene Frau vom Krankenhaus abjeholt, und am nächsten Tach bin ick denn los, eene Woche, zwee Kämpfe. Der erste Kampf war eener meener besten, weil ick 'n juten polnischen Gegner hatte. Der hatte schon hundertachtzig Kämpfe, und ick hatte erst siebzig oder achtzig zu der Zeit. Dit war der Sportlehrer in dem Ort, dit Aushängeschild. Und den hab ick denn jeschlagen. Der hatte vielleicht 'n schlechten Tach. Bleibeene! Bei der zweiten Bejegnung, dit war in Posen, hab ick mir denn den Kiefer anjebrochen. In der Mitte vom Kampf, ick hab dit gleich jemerkt, als ick den Schlag abbekommen hab. Den Mundschutz hab ick denn drinjelassen. Hätt ick den in der Pause raus jenommen, hätt ick den nicht mehr rinnjekriegt. Ick hab den Kampf durchjestanden, aber verloren. Jedenfalls musste ick die zwee Tage, die ick noch in Polen war, Suppe essen.

Die Stahlschränke im »Hallenwart«-Raum sind beige und mit allerlei Stickern beklebt: »Sport ist gut« oder »Nehmt keine Drogen« oder lustige Comicfiguren. In den Schränken hängen rote Adidas-Anzüge mit Polyesterglanz und weißen Streifen. Ansonsten ist das Zimmer mit Wimpeln anderer Boxvereine geschmückt. An der Wand über dem Tisch kleben drei überdimensionale Schecks: zweihundertfünfzig Euro, fünfhundert Euro, tausend Euro, Sportförderung. Daneben ein paar Fotos: Jörg mit freiem Oberkörper und Weihnachtsmannmütze. Jörg mit T-Shirt und Wladimir Klitschko, der ihn um einen ganzen Kopf überragt.

Ick hatte ooch laufend wat mit den Ohren, beim Boxer sind ja die Trommelfelle immer kaputt. Heute setzen se dir 'n neuet Stück Membran ein, dit heilt denn wieder zu. Aber dit gab es ja früher nich. Denn durfteste sechs Wochen keen

Sparring machen, Trainieren jing aber. Wir ham ooch unsern Schabernack je-
trieben, ick hab 'ne Zijarette jeroocht, die Nase zujehalten (hält die Nase zu) und
jepustet (bläst die Backen auf) – denn kam der Rauch ausm Ohr raus (lacht).

**In der Halle stehen elf Jugendliche mehr oder weniger an der blauen Hand-
ball-Außenlinie. Mit ausgestreckten Armen gehen sie langsam in die Hocke,
bleiben so stehen, bis es schmerzt, und richten sich wieder auf. Nach fünfundvierzig Minuten Konditionstraining ziehen sie sich die Boxhandschuhe über
und bauen sich vor den Sandsäcken auf, deren bloßes Gewicht sie zu Gegnern
macht. Die Sandsäcke hängen einer neben dem anderen von Metallgalgen an
der rechten Seite. Hinten in der Ecke steht der Ring, bei Wettkämpfen wird
er auf Rollen in die Hallenmitte geschoben.**

In den achtziger Jahren haben wir uns die Turnhalle mit der Armee-Sport-Ge-
meinschaft von den Grenztruppen geteilt. Montach, Mittwoch und Freitach
warn wir drinne, Dienstach und Donnerstach warn die Soldaten drinne. 1,30
Mark hat der Monatsbeitrag in der DDR jekostet, für Schüler dreißig Pfennije.

**Jörg steht am Rand, seine Hand umschließt den linken Pfosten des Handball-
tors. Er blickt auf die Jungen und Mädchen, die mit ihren kleinen Fäusten
Sandsäcke in Schwingung versetzen.**

Sparring mach ick nich mehr. Damit sollte man denn ooch uffhören. Da kommt
immer mal jemand von den jungen Leuten und fragt … da blamierst du dich
doch (versucht ein Lachen). Sollte man nich tun. Viel wichtiger is, dass du als
Trainer allet siehst … (ruft) Carlos, Hand hoch! Schlachhand! Und Ellenbogen
an Körper!

**Der Satz kommt einfach aus ihm raus, selbst wenn er wollte, könnte er das
wohl nicht abstellen. Es ist wie das Kopfeinziehen, wenn ein roter Handschuh
auf ihn zufliegt, ein Reflex.**

Immer dienstags ist Schnuppertraining, wenn ein Neuer da ist, guckst du erst mal uff die Beene. Wie bewegt der sich? Wie sind die Reflexe? Janz perfekt is natürlich keener am Anfang. Wir hatten mal eenen, Justin, der hat mit sieben hier anjefangen. Als der kam, konnte der nich mal jeradeaus laufen, der is über seine eigenen Beene jeflogen. Den ham wa ooch gar nich so als Boxer jesehen, der hat aber jahrelang mittrainiert. Und uff eenmal: Bumm, konnte der boxen. Jut, der wird keen Meister, aber boxen kann er.

Jörg zeigt auf drei Kids, die noch nicht lange dabei sind. Sie gehen auf einer imaginären Linie vor und zurück, wenn der Juniortrainer »Box! Box!« ruft, lassen sie ihre Hände nach vorne schnellen, links, rechts.

Siehste, die Kleene hat schon die richtige Beinstellung, der daneben steht viel zu breit. Da funktioniert dit nich, der kommt nich vom Fleck.

Vor dem Training stand diese Kleene, ein Mädchen mit dunkelblondem Pferdeschwanz und Stupsnase, vor Jörgs Schreibtisch. Jörg hielt ihr zwei Boxhandschuhe hin.

Jörg: Haste schon welche?
Mädchen: Nee!
Jörg: Na dann, hier! Du bist noch nich so lange dabei, aber bei dir rechne ick mir
    wat aus! Enttäusch mich nich!

Vorne am Eingang hat Jörg Fotos seiner Boxer festgemacht. Typen wie Nick oder Tyron, die sich rote oder blaue Handschuhe vors Gesicht halten. Manche boxen noch, manche haben schon lange aufgehört.

BERGE
SIND EINFACH
— nicht —
MEIN
DING

Axel

Sobald Axel stehen bleibt, erkennt man, was er ist: diese verschränkten Arme, diese breitbeinige Ich-sehe-alles-Pose, dieses joviale Lächeln, das sagt: Komm, lass es, Junge. Axel ist Bademeister, das würde man sogar im Gegenlicht der untergehenden Sonne noch sehen, wenn sie heute schiene. Seit dreiundvierzig Jahren arbeitet er im Strandbad Wannsee, er ist der Chef. Axel steht auf seiner kleinen Insel mitten im See, hinter ihm schwankt der Beobachtungsturm, der Nachmittag ist windig, der Himmel schwimmt in Regenwolken. Er blickt in Richtung Strand, auf zweihundert Strandkörbe, die alle in Richtung Ufer zeigen, weil heute keiner da war, der sie zur Sonne hätte drehen können.

Hier unterm Turm ist mein Lieblingsplatz. Drüben am Strand kennt einen ja jeder, da will der was von dir und die, und dann steht man da wie ein Hampelmann, jeder zieht in eine andere Richtung. Die Leute wollen quatschen oder sich beschweren oder sagen, was sie gut finden oder dass der Wasserhahn tropft … Schätzen Sie mal, wie lang der Steg ist. Das müssen die Azubis auch immer schätzen … Es sind jenau achtundneunzig Meter bis zum Strand. Hier sitze ick immer, kurz bevor mein Dienst zu Ende ist, wenn die Sonne untergeht, und denke über den Sinn und Unsinn des Lebens nach. Ick gucke auf den Strand und denke mir: Du hast allet richtig jemacht, Axel.

Auf der Insel steht auch ein Container mit Fenstern, die in alle vier Himmelsrichtungen zeigen. Drinnen summt ein Kühlschrank, Hanteln und Fitnessmagazine liegen rum, an einem Stück Schnur hängt ein rahmenloser Spiegel mit blinden Flecken. Bei diesem Westwind fühlt sich der Wannsee an wie die Ostsee, es riecht nach Meer. Im Motorboot, das am Steg festgemacht ist, schwappt grünliches Regenwasser.

Einer ist immer hier, um den Überblick zu haben. Jeder Badegast ist ja ein potenzieller Ertrinkender. Auch bei so einem Wetter wie heute, wo man meint, da ist keener im Wasser. Wir haben 1,2 Kilometer Strandlinie, wenn einer am Südende oder am Nordende reingeht, sehen das die Kollegen nur vom Turm aus. Solange ick hier bin, ist im Prinzip noch keener ertrunken. Wir hatten natürlich schon Kreislaufversagen und so was, die sogenannten Badeunfälle. Dass man mal jemanden aus dem Wasser holen muss, passiert auch, wenn einer viel Wasser geschluckt hat oder einen Krampf kriegt. Manche überschätzen sich einfach, die wollen bis zur Boje schwimmen, und auf der halben Strecke rufen sie um Hilfe.

Axel bückt sich und hebt eine der Hanteln auf, die am Boden liegen. Mit ihren Kugelgewichten sehen sie aus wie von einem alten Jahrmarktplakat.

Müssten fünf Kilo sein (legt die Hantel wieder ab). Wenn nichts los ist, sieht man vom Strand aus immer solche Bewegungen (streckt beide Arme seitlich vom Körper weg wie ein Bodybuilder). Früher dachte ick, die Kollegen putzen hier die Fenster …
Als Bademeister hat man bestimmte Leute im Blick, schon bevor die ins Wasser gehen. Schwergewichtige Menschen zum Beispiel, wenn die dann ooch noch stundenlang in der Sonne jelegen haben … Wenn so eene rote Krabbe reingeht, hast du ein besonderes Augenmerk auf die. Dann haben die vorher vielleicht noch sechs Portionen Pommes jegessen oder acht Bouletten. Jefährdet sind auch die Migranten, von denen können einige nicht richtig schwimmen, die machen nur so Hundepaddeln. Und dann wollen die mit ihren Kindern zur Plattform mit der Rutsche schwimmen, das kann jefährlich werden. Uff kleene Kinder mit Luftmatratze oder Schwimmflügeln guckt man natürlich immer. Auch im Urlaub kann ick dit nicht sein lassen, man ist eben immer Bademeister. Wenn ick auf Mallorca am Strand liege zum Beispiel, wo meine Schwester ein Apartment hat, wenn da ein Kind alleine zum Wasser jeht … oder in der Dominikanischen Republik oder uff den Kanaren … An und für sich mache ick immer Strandurlaub. Berge sind einfach nicht mein Ding.

Axel ist zweiundsechzig, seine drahtigen Beine stecken in einer hellblauen Jeans, er trägt eine blaue Bademeister-Windjacke, weiße Turnschuhe und ein Basecap. Hinten am Gürtel ist sein Walkie-Talkie festgemacht. Axel ist braun gebrannt, obwohl der Sommer bis jetzt nur tageweise in Erscheinung trat. Wenn er redet, kneift er seine kleinen blauen Augen zusammen.

In die Sonne jeh ick schon gar nicht mehr, meine Farbe kommt von den janzen Jahren hier ... Dit Strandbad war immer wie mein zweites Zuhause jewesen. Ick war ja schon als Vierjähriger mit meenen Eltern hier. In den fünfziger Jahren waren Mallorca und die Kanaren noch sehr weit, ick habe meene Sommerferien hier verbracht. Ick bin denn natürlich ooch mal abjehauen und habe die Eltern nicht mehr jefunden. Denn hab ick irgendwo heulend jestanden, bis die Bademeister mich uffjegriffen haben. Und denn kam die Lautsprecherdurchsage, dit werde ick nie verjessen: Kleener blonder Axel abzuholen beim Bademeister. Denn hieß es immer: Willste 'n Bonbon? Oder 'ne Cola? Der Bademeister hatte allet, wat ick zu Hause nicht bekommen habe. Als ick dit spitzekriegt hatte, war ick fünfmal am Tach weg (lacht). Im Prinzip hab ick allet hier erlebt. Nur meene Frau hab ick hier nicht kennengelernt ... aber andere Frauen ... vorher. Hier kann man einen Buckel haben oder die dicksten Brillengläser, wenn man hier als Bademeister über den Steg jeht, sind da immer deine Flammen, die dir hinterherkieken. Hier kann man aussehen, wie man will, eene fällt immer irgendwo ab, wenn man es drauf anlegt.

Drüben am Strand sitzen ein paar gelangweilte Rettungsschwimmer auf der Bierbank vorm Imbiss. Die Preistafel steht zwar draußen, aber die Fenster sind runtergeschoben. Man muss wohl klopfen, wenn man einen Kaffee haben will. Heute ist so ein Tag, an dem nicht mal jemand die Wasser- und die Lufttemperatur auf die Tafel am Eingang geschrieben hat.

1971 habe ick hier anjefangen, das war eigentlich ... es war Zufall. Eigentlich bin ick zur See jefahren, ick war Offiziersanwärter, nicht bei der Marine, sondern bei der christlichen Seefahrt. Ick war auf der Seemannsschule in Hamburg und mit großen Frachtern in Südostasien und Westindien und so. Später habe ick für kleine Fahrt angemustert, also allet, wat Nord- und Ostsee ist, England, Irland, Finnland, Polen et cetera pp. Nach einer Havarie vor Südirland hatte ick aber die Schnauze voll, da sind wir bald abjesoffen. Unser Küstenmotorschiff hatte Baumstämme aus Turku jeladen, das janze Deck war voller Holz, von der Brücke konntest du gerade so drübergucken. Wir sind durch den Nord-Ostsee-Kanal gefahren, da war allet noch jut, aber vor Irland sind uns die Ketten jerissen, die die Last sichern. Mitten in der Nacht und ein Scheißwetter. Dann ist uns auch noch die Schwanzwelle jebrochen, so dass wir manövrierunfähig waren. Der Dampfer hatte eine Trimmlage von achtzehn Grad oder so jehabt, weil die janze Deckslast natürlich auf eine Seite jerutscht ist. Wir standen so in der Kabine (nimmt die Surferpose ein und biegt sich Richtung Strand). Der Himmel war schwarz wie die Nacht, und der Alte hat jefunkt: SOS, SOS. Ick dachte, dit war's jewesen, du bist zwar noch jung, dachte ick, aber dit kann's schon jewesen sein. Dann kamen ein paar Hochseeschlepper aus Waterford und haben uns in einer irren Aktion in den Hafen jeschleppt. Dort haben wir vierzehn Tage wirklich Jeburtstag jefeiert. Danach habe ick jesagt, dit is nich so dein Ding mit der Seefahrerei.

Als ick wieder in Berlin war, lag ick hier am Strand und dachte: Wat die da oben machen, kannste eigentlich ooch. Bademeister, dachte ick, schön, weiße Hosen, braun jebrannt. Die haben gerade Rettungsschwimmer für die Saison jesucht, und ick hatte einen frischen Rettungsschwimmer von der Seemannsschule. Da bin ick zum damaligen Chef und hab jesagt: Ick will Bademeister werden. Eine Woche später hab ick hier angefangen, 1971, das war ein Sommer jewesen vom Allerfeinsten. Am ersten Tag bin ick abends um acht vom Steg runter, bin zum Oberschwimmer, und habe jesagt: Tschüs, Maxe, ick jeh jetzt duschen! Da hat der mich anjekiekt, als wär ick verrückt. Jetzt jeht's erst mal in den Dreck, hat er jesagt. Jeden Tach mussten wir mindestens vierzig Kubikmeter Müll entsorgen. Nach drei Tagen dachte ick, ick bin Müllmann und keen Bademeister. Denn kam aber ooch mal schlechtet Wetter, weniger los, weniger Müll, und denn hab ick jedacht, dit kann dir doch jefallen.

1975 hab ick meine Ausbildung zum staatlich jeprüften Schwimmmeister abgeschlossen, wie das damals hieß, vorher war ick normaler Rettungsschwimmer ... Natürlich schwimm ick noch, ick muss mich ja fit halten. Ist Pflicht, auch wenn ick fast nur noch im Büro sitze und Dienstpläne schreibe. Wenn jemand ausfällt, muss ick bereitstehen. Alle zwei Jahre jibt es einen Test, das ist wie beim TÜV. Da gehen wir in eine Schwimmhalle und müssen schwimmen, abschleppen, streckentauchen, tieftauchen, erste Hilfe, allet, wat dazujehört. Wer dit nicht mehr schafft, muss an die Kasse.

Manche nennen den Wannsee die Ostsee Berlins, aber das ändert nichts daran, dass er einem Seefahrer sehr klein vorkommen muss. Manche nennen ihn auch die Badewanne Berlins.

Janz links hinter dem Sichtschutz ist der FKK-Strand, da darfst du als Gast keene Hose anhaben. Da haben wir kaum Ärger, das regeln die dort selber. Wenn da mal ein Spanner kommt, müssen nur drei solche Hünen uffstehen, die da liegen, und die Spanner sind janz schnell wieder weg. Der FKK-Bereich ist auch der sauberste Strandabschnitt. Ick unterteile den Strand ja immer: Janz links ist Dahlem und Zehlendorf, rechts daneben ist mehr so Wilmersdorf, Lichterfelde, denn wird es ein bisschen dreckiger, Kreuzberg, und janz rechts ist Friedrichshain oder so, janz schlimm. Dahinten liegt der Dreck manchmal bis zu den Knien.

Wenn keine Badegäste da sind, ist der Strand hell und sauber. Das Ufer fällt sanft ab, wie an einem richtigen Meer. Am anderen Ende des Stegs fischt jemand mit einer Harke Algen aus dem Wasser.

Wenn richtig wat los ist, kommen zwischen fünfzehn- und achtzehntausend Gäste an einem Tag. An einem schönen Sonntag stehen die Leute schon um sechs vor der Tür, um einen Strandkorb zu bekommen, um acht machen wir auf. Insgesamt überwachen wir vierzigtausend Quadratmeter Wasserfläche, bis zu den Bojen dort drüben, dahinter ist die Fahrrinne für die Schiffe. Man muss sich konzentrieren und viel Wasser trinken, immer alles im Auge behalten – und die ganzen Spinner erkennen, die nur zum Spaß um Hilfe schreien. Als ick anfing, hatten wir noch eine Trillerpfeife, heute wird nicht mehr jepfiffen, heute wird diskutiert und deeskaliert. Früher hat die Pfeife aber jeholfen, da haben die Kids strammjestanden.
In diesem Job gibt es keine Routine, hier passiert jeden Tag wat anderes, man

muss schnell handeln. Ick bin hier allet uff eenmal: Feuerwehrmann, Sanitäter, Polizist, Richter und Eheanbahner ... Der schönste Moment ist der Sonnen-untergang, dann ist hier karibisches Feeling. Die Sonne geht da drüben über Schwanenwerder unter, im Hochsommer so gegen 21.20 Uhr. Eigentlich haben wir ja nur bis einundzwanzig Uhr auf, aber sie brauchen hier um neun nicht durchjehen und sagen: Verlassen Sie jetzt bitte das Bad. Hat gar keinen Sinn. Bevor ick mir den Stress mache und jeden einzeln rausschmeiße, warte ick lieber bis die Sonne weg ist.

Ick halte keene Rede,
ick sage:

RuHe
in
Frieden

Ingo

Heute ist der kürzeste Tag des Jahres, sagt unser Kalender. Und außerdem so etwas wie Weltuntergang, sagt der Mayakalender. Wolkenbrei hängt formlos in der Straße, zu sagen, es sei neblig, wäre euphemistisch. Grün sind nur die Weihnachtsbäume, die an den Straßenecken verkauft werden, und die Motorhauben der Polizeiautos. Über der Halbinsel Stralau sticht ein spitzer Kirchturm in den Himmel, darunter liegt Ingos Arbeitsplatz. Zweihundert Meter lang, achtzig Meter breit, im Süden von der Spree begrenzt. Ingo ist Friedhofsarbeiter, vor gut einer Stunde hat er einen jungen Mann zu Grabe getragen. In den Tagen davor hat er die Gruft ausgehoben, zwei Kubikmeter bewegt, erst Erde, weiter unten rötlichen Sand. Für Ingo war es das letzte Begräbnis in diesem Jahr. Jetzt sitzt er in seinem Büro am Ende des Friedhofs.

Dit macht ja allet eine Person (schaut aus dem Fenster), also ick: Beerdigungen, Rasen mähen, Hecken schneiden, alte Gräber abräumen, Schutt wegbringen, Gräber ausheben, alte Steine entsorgen, Wasser verlegen. Man muss hier aus wenig viel machen. Dit is'n kleener Friedhof, aber der schönste für mich, durch die Spree. Früher war ick ja auf 'nem janz großen. Natürlich hab ick den Unterschied jemerkt: Hier is dit wie uffm Dorf, mitten inne Großstadt. Hier hilft jeder noch jedem. Da kommt eine alte Dame und sagt (hebt die Stimme künstlich an): »Ach, Lottchen hat nich jejossen, na, denn mach ich dit gleich mal für sie mit.« Dit jibt's uffm großen Friedhof nich, da isset denn wie in den großen Häusern – da kennt keener mehr seinen Nachbarn.

Ingos Büro ist ein wackeliges Häuschen mit Schrägdach, vor dem Fenster hängt eine Spitzengardine und eine bunte Lichterkette in Form eines Rentiers. An der Wand gegenüber ist ein Kreuz ohne Jesus festgemacht. Rechts in der Ecke heizt ein flacher Ofen, dessen Rohr unter der niedrigen Decke in der Wand verschwindet. Die Kohlen stapeln sich im winzigen Vorraum, in frostigen Nächten gefrieren sie zu einer schwarzen Masse. Einen Computer gibt es hier nicht.

Dit Schlimme is natürlich, dass man die Anjehörigen der Leute, die hier liejen, ooch kennenlernt über die Jahre. Die Stammkunden. Und uff eenmal sterben se. Dit is natürlich dit Blöde an dem Job, wat ick früher ooch nich begriffen hab, weil ick nie so lange uff einem Friedhof war. Aber hier hab ick jetz schon so'n Bezuch, dit sind denn richtije Bekannte. Und denn muss ick se irjendwann mal beerdigen.

Ingo ist sechsundvierzig, breite Schultern, breites Gesicht, freundliches Lächeln und Hände, mit denen sich arbeiten lässt. Er schaut durch die Spitzengardine auf den Sandweg, der parallel zur Spree und geradewegs auf sein Häuschen zuläuft. Eine alte Frau in schwarzer Winterjacke kommt näher, langsam setzt sie Fuß vor Fuß. Sie trägt mehrere Tüten, eine davon ist rot. Ingo steht auf, er will sich verabschieden. Die Frau kommt täglich, ihr Sohn ist hier beigesetzt. Er öffnet die Tür, sie quietscht, beim Rausgehen zieht er den Kopf ein. Die alte Frau überreicht Ingo einen Schokoladenweihnachtsmann. Er bedankt sich, wünscht frohe Weihnachten, wünscht schöne Feiertage, wünscht einen guten Rutsch. Dann kommt er wieder rein, wieder quietscht die Tür.

Viele, die hier liejen, sind ausm Kiez, aber prinzipiell sind nicht alle aus der Umgebung. Hier liejen ooch Leute, die man kennt, Bofinger, der war Karikaturist und Kinderbuchautor. Oder Tübicke, Schatztaucher und Gaststätteninhaber, auf seinem Sarkophag war mal 'n Schiff aus Metall, das lagert uff dem Kirchturm. Denn ham wa hier noch den Kracht, nach dem ist die Krachtstraße vorne benannt. Kennt man, wa? Weeß aber nich, wat der mal war.

Ingo steht auf, er will nachsehen, ob das Grab schon fertig ist. Die Arbeit übernehmen heute drei Lehrlinge. Ingo zieht sich seine gefütterte Arbeitsjacke über die grüne Latzhose und nimmt seinen Filzhut vom Haken.

Der is noch von Opa (setzt den Hut auf seine Bürstenfrisur, grinst). Sieht zwar nich schön aus, hält aber die Murmel warm (geht durch den winzigen Vorraum, in dem sich die Kohlen an der Wand stapeln). Wird wohl mal abjerissen dit Häuschen hier. Wie alt dit is? Da müsst ick lüjen. Die Kirche weeß ick, dit is dit älteste Jebäude Kreuzberg-Friedrichhains, 1457, gloob ick, hamse die jebaut. Steht ooch vorne 'n Schild.

Hinter einer Thujahecke liegt das Grab, die drei Lehrlinge schaufeln es gerade zu. Einer mit Zopf und Megadeth-Pullover, einer mit Irokesenschnitt, einer mit Kapuze und Piercings in der Unterlippe. Zwei werfen Erde auf das Grab, der dritte Lehrling tritt sie mit seinen schwarzen Arbeitsschuhen fest.

Die Gruft hab ick diese Woche jebuddelt, Bagger jibt's hier nicht, unser Bagger heißt Schippe, dit is allet noch wie vor hundert Jahren hier. Man braucht zwischen zwee Stunden und zwee Tagen, kommt druff an, ob Wurzeln drinne sind, Steine oder Schutt oder ob es direkt neben 'nem Baum ist. Ist jedenfalls 'ne extrem schwere körperliche Arbeit.
Zuschütten dauert in der Regel zwee Stunden, dit sind zwee Kubik Erde. (Ingo steht in Hörweite der drei Jungs, er spricht jetzt extra laut) Wenn danach Feierabend is, jeht's schneller, wenn nich, denn nich (lacht). Also, zumachen, glatt machen und denn … denn is Weihnachten.

Ingo ist gelernter Maler, als er nach dem Mauerfall seinen Job verlor, wurde er erst Kraftfahrer, dann Friedhofsgärtner. Manche würden Ingo einen Totengräber nennen. Aber das stimmt nicht, er gräbt für die Lebenden, für sie ist er da. Dieser Ingo mit dem kräftigen Kreuz sieht so aus, als könnte er einen Sarg schleppen. Er tut es natürlich nicht, ein Sarg wird immer von sechs bestellten Männern getragen, Ingo trägt nur die Urnen. Aber es ist ein gutes Gefühl zu wissen, dass er es könnte.

Eine Erdbeisetzung ist allerhand Arbeit, die Gruft muss einjerüstet werden, damit die nich einfallen kann. Oben wird dit Grab mit der Laufrüstung einjefasst (ein Metallrost mit Zacken, rutschfest), damit die Leute ruffjehen können. Die Sargträger stehen da ooch druff, wenn se den Sarg absenken. Dit is 'ne Firma, die bestellen wir, die kommen her, tragen und jehn wieder. Dit sind immer sechs, 'n Sarg wird immer zu sechst jetragen, falls ma wirklich eener umknickt oder ausrutscht, nich, dass die mit dem noch hinfallen.

Eijntlich wird der Sarg nur noch anjehoben, wenn er aus der Kapelle rausjetragen wird, und noch mal, wenn er in die Gruft jesenkt wird Für längere Strecken jibt's den hier (zeigt auf einen hüfthohen Rollwagen, über den ein schwarzes Tuch gedeckt ist). Damit wird der Sarg zur Grabstelle befördert. Dit is nur schwierig, wenn der Boden nass und pampig is.

Die Urnen trage ick ja alle selber, denn mit schwarzem Anzuch, weißem Hemd und Binder. Ick halte keene Rede, ick sage »Ruhe in Frieden« oder ooch mal 'nen Abschiedssatz. Man muss hier viel Alljemeinwissen mitbringen, die Leute sollen ja nu ooch nich jerade denken, dass das jemand macht, der keine Ahnung hat.

Gleich müsste der Steinmetz auftauchen, der sich für heute angekündigt hat.

Allet, wat Stein is, macht prinzipiell der Steinmetz. Der stellt die Grabsteine auf, und der muss ooch dit Fundament machen, weil der muss ja 'ne Standfestigkeit jewähren, fünf Jahre Garantie. Mir is noch keen Stein uffn Fuß jefallen, aber ick hab schon jehört von andern Friedhöfen, dass da mal welche umjekippt sind. Deswegen muss dit eenmal im Jahr jeprüft werden. Ick wackel da nich dran rum, da kommt so 'ne Firma, die das macht.

Da kommt er, ein schlanker Mann mit viel zu dünner Lederjacke, der aussieht wie Dave Gahan mit etwas mehr Tränensäcken. Er trägt einen länglichen Himalayagranit vor dem Bauch, kein Grabstein, ein Stück Grabumrandung.

Ingo: Halt, schlepp den nich zu weit, der muss gleich da vorne hin. Hier links.
Steinmetz: (legt den Zwölf-Kilo Stein ab) Passt ja …
Ingo: Na, sach ma, hab ick doch ooch ausjemessen!
Steinmetz: Ick werd mir mal 'n Spaten holen …
Ingo: Sach ma, is heute nich dein erster Urlaubstach?
Steinmetz: Ja.

282

Ingo: Du bist also ooch so eener, der Urlaub hat und trotzdem kommt. Die Beerdigung is doch erst nach Neujahr …

Steinmetz: Ja, aber es soll wieder frostig werden, und denn schaff ick dit nachher nich rechtzeitig … Ham die Jungs dahinten 'n Spaten bei?

Ingo: Schippe.

Steinmetz: Schippe …

Ingo: Ne Schippe reicht, viel buddeln brauchste sowieso nich.

Steinmetz (stochert mit der Hand in der Erde): Da is schon wieder Frost drin.

Einige Gräber liegen direkt am Ufer, ein schmaler Rasenstreifen trennt sie von der Spree, kein Zaun. Ein paar Meter vom Ufer entfernt, ragen Stahlträger vertikal aus der Spree, meist haben dort Frachtkähne festgemacht.

Hier liecht der Bofinger, der Karikaturist (Ingo deutet auf ein Grab am Wasser, an dem ein steinernes Mädchen sitzt, den Kopf gesenkt, sie liest. Um ihren Hals hat jemand einen roten Schal gelegt). Bei der Beisetzung war'n vierhundert Leute da, die standen hier in eener Reihe, um sich von Bofinger (Manfred Bofinger, deutscher Grafiker und Karikaturist, 1941 bis 2006) zu verabschieden. Dit wurde ooch live übertragen im Fernsehen. Der rote Schal hat irgendwie mit einem seiner Bücher zu tun.

Auf dem Grab hinter der Thujahecke liegt jetzt ein Kranz bunter Rosen. Die Zinken der Harke haben ein Wellenmuster im Boden hinterlassen.

Dit muss vernünftich aussehen, kleener Grabhügel, sauber jeharkt ringsrum, die Blumen müssen druff sein, ordentlich allet … Jo, dit is okay.

In der Mitte des Kranzes steht ein Foto, es zeigt einen Mann mit dunklen Haaren, er war dreiunddreißig. Ungefähr vierzig Menschen waren heute Morgen hier, als der Körper dieses Mannes in einer Holzkiste in ein zwei Meter tiefes Erdloch hinabgelassen wurde.

Ick hab jesagt, die sollen lieber Tannenkränze nehmen. Sonst kommt eenmal Frost, denn wird's wieder warm und allet is Matsch. Ick saje: Pflanzen Sie lieber wat im Frühjahr. Als junger Mensch hat man ja ooch noch nich solche finanziellen Mittel, und 'n kleenet Mädel hat er ja ooch, 'ne dreijährige Tochter.

Wenn da 'ne junge Dame mit hundertdrei stirbt, denn hat se ihr Leben jelebt, denn is dit okay. Aber so wie hier, so jung, dit is nur schlimm. Wenn man 'nen jeliebten Menschen verlieren tut, is dit einfach immer wat extrem Schlimmet. Ick hab ooch meene Eltern, Bruder, alle schon verloren, da weeß ick selber, wie dit is.

Ingo spricht die Sätze in diesen frostigen Tag hinein, von dem man nicht weiß, ob am Ende doch noch die Welt untergeht. Aber was ist schon dieser lächerliche Weltuntergang?

Mein Grab is fertich. Da, wo meene Eltern und meen Bruder liejen, is mein Lückchen noch frei. 'Ne Viererurnenstelle auf einem größeren Friedhof. Als meen Bruder damals jestorben is, habe ick dort jearbeitet. Da hab ick gleich 'ne Stelle erworben, falls ma mit meene Eltern irgendwat is, hab ick jesagt, denn bin ick vorbereitet. Den Grabstein hab ick noch mit meene Eltern zusammen ausjesucht, Jott sei Dank. Ein Stein für uns vier. Da steht nur der Familienname drauf, mehr nich. Weil ... ick weeß meinen Namen, und die, die da mal hinjehen, kenn meinen Namen ooch, denk ick mal.

Wenn ick 'n Kind beerdijen musste, das vors Auto jerannt is oder mit dem Fahrrad vor die Straßenbahn jerutscht is ... so wat krieg ick ja allet mit. Wo meen Sohn noch kleener war, hab ick immer besonders uffjepasst. Wenn der abends rauswollte, hab ick jesagt: Wo willste denn hin? Ick fahr dich. Der hat dit natürlich jemerkt. Denn hat er jefragt: Na, wieder wat Schlechtet erlebt uff Arbeit? Jetz is der älter und hilft seinem alten Herrn hier manchmal, dass dit hier immer jut aussieht. Früher sah der Friedhof janz anders aus. Jetz is der in 'nem taco Zustand.

Alte und zerbrochene Grabsteine liegen auf einem Schuttberg hinter einem Sichtschutz, der Stein obenauf trägt die Inschrift: *Erich Hahn. Friede sei mit Dir.*

Dir roten Aufkleber auf den Grabsteinen bedeuten, dass dit Nutzungsrecht abjelaufen is. Entweder verlängern die Leute die Stelle, oder die wird jeräumt, wenn sich nichts tut. Die alten Steine holt denn 'ne Firma ab. Naturstein wird meistens jeschreddert, und denn kommt dit auf unsere Autobahnen ruff. Die Steinmetze sagen, neu bestellen is billijer, als die alten wieder aufzuarbeiten. Dit wär zu DDR-Zeiten natürlich nich so jegangen, da hätte man die noch mal verwendet.

Ingo läuft zur Kapelle, vorbei an der Kirche, die gerade renoviert wird. Eine Steinplatte sagt, dass sie 1464 fertig wurde, der spitze Turm kam später drauf. Drinnen finden die Hochzeiten statt und Taufen. Auch Ingo hat sich hier 2006 taufen lassen, an seinem Arbeitsplatz, irgendwie gehörte das für ihn dazu.

Wenn man für die Kirche arbeitet, is dit ja ... wie meen Garten hier, sag ick ma so (schließt die Kapelle auf, tritt ein, macht Licht). Als Kind bin ick nich jetauft worden, ick bin Bauernsohn (der hohe Raum macht Ingos Stimme voluminös und dunkel), jeboren in Nauen bei Berlin. Da war dit nich so, da musste man bei Zeiten ran und arbeiten, meen Vater war Melker, na ja ...

Die Kapelle ist klein, links und rechts aufgereihte alte Holzstühle, von der Wand blättert Farbe in postkartengroßen Schollen. Direkt neben dem Eingang steht ein einzelner Stuhl und ein CD-Player, hier sitzt Ingo während der Trauerfeiern und macht die Musik.

Manche wollen dit lieber 'n bisschen lustig haben, andere natürlich nich. Ick hab schon erlebt, dass se hier in der Kapelle jetanzt haben. Und eenmal ham se 'ne Urne inne Stretchlimousine vorjefahren, weil dit eben sein Traum jewesen war. Kam ooch vor, dass se noch mal mit de Harley vorjetuckert sind und 'n Spalier jebildet haben.

Man muss dit im Vorjespräch klären, dass man jenau weeß, wie allet sein soll. Weil dit is wie 'ne Jeburt, man kann dit nich wiederholen. Beerdicht is beerdicht. Dit muss passen, da dürfen keene Fehler passieren. Ick sach zwar ooch, Fehler passieren da, wo Menschen arbeiten, aber dit darf hier einfach nich sein ... Man muss da wirklich den Überblick behalten. Ick versuch immer, dit pinglichst jenau zu machen, wat die Leute sich wünschen.

Ick seh ja ooch, dass viele Dankschreiben einjehen. Die Leute schreiben, dass se in dieser schweren Stunde noch Glück hatten, dass ick hier war. Dass se Jeborgenheit hatten. Dit jeht nich so schnell nullachtfuffzehn, man muss sich Zeit nehmen. Wenn einen dit nich mehr berühren würde, denn könnte man ooch die Arbeit nich mehr richtig ausführen, oder?

Ingo drückt ein zweites Mal auf den Lichtschalter und tritt vor die Tür. Aus dem Abstellraum kommt eine Brise Benzin rübergeweht, mit dem Ingo Rasenmäher und Laubbläser betankt. Er geht zurück zum Häuschen, der Steinmetz wartet mit Formularen.

Ingo: Warum haste denn so rote Ohren? (lacht) Ja, heute is bissig (schließt die Tür auf, geht rein). Dit is wie Weihnachten, wenn de hier rinkommst, wa?

Steinmetz: Wenn man früher bei solchen Temperaturen ein Loch buddeln musste, denn wurde erst mal ein Eisenrahmen jemacht, glühende Kohlen rinn, und denn wurde die Erde durchjewärmt.

Ingo: Richtich! Dit is jetz verboten! Wegen de Umwelt.

Steinmetz: CO_2-Emission.

Ingo: Früher hat man ooch die Urnenlöcher so jemacht: Metalleimer, unten 'n Loch rinnjehauen, wie so'n kleenen Schornstein, bisschen Holz rinn, zwee Kohlen ruff, zack war dit uffjetaut. Jetz steht man da und pickert mit Hammer und Meißel, furchtbar.

Steinmetz: Auf größeren Friedhöfen jehen se mit 'nem Pressluftbagger da ran. Also, is das Pietät? Da find ich die Aufwärmvariante schöner, wenn Frost im Boden is.

Ingo: Ick ooch, dit stirbt sich nämlich jenauso im Sommer wie im Winter.

Tim

Weihnachten. Acht Grad. Ein paar Schneeflecken sind in der Stadt kleben geblieben, was keinesfalls festlich aussieht, eher wie eine Krankheit. Fünfzehn Uhr ist vorbei, demnächst müsste der trübe Nachmittag in den Heiligen Abend übergehen. In der Nähe vom Bahnhof Südkreuz sollen noch ein paar hundert Weihnachtsbäume rumstehen, im *Tannenparadies*, einem matschigen Areal hinter grünem Drahtzaun. Sieht aus wie ein Tannenwäldchen, nur dass kein Baum hier Wurzeln hat, sie stehen, weil sie auf Metalldorne gespießt sind. Unter einer gelben Zeltplane ist die Kasse aufgebaut, zwischen allerlei Weihnachtsschmuck wartet Tim auf die letzten Kunden, er ist der Sohn des Chefs.

Dieses Jahr haben viele ihren Baum erst heute geholt. Weil gestern so schlechtes Wetter war, Eisregen und so, ham sie gesagt: Ach, ma gucken, fahr ich morgen früh los. Fünfhundert oder sechshundert haben wir immer noch. Normalerweise kalkulieren wir so, dass am 24. um diese Zeit nur noch etwa einhundert übrig sind. Diesmal sind's halt mehr. Aber dadurch haben auch die Letzten eine schöne Auswahl gehabt. Jetzt räumen wir alles noch ein bisschen ein … und dann feiern wir auch Weihnachten. Sechzehn Uhr sind hier alle weg, dann gibt's noch den Nachtwächter, der macht auch den Notfallservice bis zwanzig Uhr – wenn da noch jemand ankommt, kriegt der auch noch 'n Baum.

Tim ist achtundzwanzig, er hat hellbraune Haare, die ihm in die Stirn fallen, und einen Bart im selben Farbton. Über seinen Augen sitzen spitze Brauen, die an Spok erinnern. Er trägt eine grüne Gummihose gegen die Nässe auf dem Boden und in den Zweigen. Auf der Jacke, zwischen seinen Schulterblättern, sitzt ein gelbes Tannenlogo.

Mein Vater ist aus Berlin, später sind wir nach Freiburg runtergezogen. In der Saison sind wir immer hier, September bis Januar. In Freiburg verkaufen wir keine

Bäume, wir haben hier investiert, meine Eltern haben das Geschäft nach dem Studium angefangen. Mein Onkel macht noch zwei Stände Richtung Mariendorf und Lichtenrade unten, wir haben das so aufgeteilt in der Familie. Ich kenne das mit den Bäumen, seit ich klein bin, bin da so reingewachsen. Ich habe immer in den Schulferien mitgearbeitet, das gehörte dazu. Für meinen Bruder auch, der steht jetzt hinten an der Kasse.

Tim lächelt viel, er spricht in einem sanften Tonfall, der seinen Ursprung irgendwo auf der Strecke zwischen Berlin und Freiburg haben muss. Kann auch sein, die Satzmelodie ist saisonbedingt, reine Kundenfreundlichkeit.

Früher waren wir immer da drüben, wo jetzt das große Möbelhaus steht, da war ein großer Parkplatz (Tim zeigt Richtung Westen, auf einen riesigen weißen Quader mit einem riesigen roten *K* an der Fassade). Seit ein paar Jahren sind wir hier neben der S-Bahn. Die Berliner, die herkommen, haben schon eine Vorstellung, wie ihr Baum sein sollte. Die sagen: Ich hätte gerne was um die zwei Meter, soll unten nicht zu breit sein, damit der in die Ecke passt. Wichtig ist, dass die Bäume für die Ständer fertig gemacht werden, da haben wir verschiedene Maschinen, nicht dass die sich mit dem Küchenmesser einen abwürgen müssen. Unsere Bäume werden alle angebohrt, die stehen ja hier auf so Metalldornen drauf.

Mit der Motorsäge, die man von weiter weg hört, werden gerade ein paar unverkäufliche Krücken zerlegt.

Weihnachten selbst ist wieder ruhig für uns, dann ist ja alles vorbei, und deshalb freuen wir uns immer sehr auf den 24. Der eigene Baum ist schon zu Hause, eine Coloradotanne, die hält die Nadeln lange. Den suchen wir immer gemeinsam aus, dass den auch alle sehen aus der Familie.

Im *Tannenparadies* gibt es Straßenschilder für eine bessere Übersicht: Nordmannallee, Topfbaumfeld, Kiefernhain, Blautannenzeile, Nobilischaussee. Wie viel ein Baum kostet, zeigen verschiedenfarbige Fähnchen am Wipfel. Den Easyfix-Baumständer kann man natürlich auch kaufen, damit, heißt es,

steht der Baum in drei Sekunden. Praktisch das Ding, sieht aber aus wie ein tannengrüner Hundenapf.

Wir bedienen mehr das hochklassige Segment, viele große Bäume, im Schnitt verkaufen wir Zwei-Meter-Bäume, was für Altbauwohnungen. Wir haben aber auch kleinere, bei vierzehn Euro geht's los – dafür kriegt man schon eine 1,80-Meter-Fichte. Am meisten verkaufen wir die Nordmanntanne, das ist der Klassiker. Wie das in Freiburg ist, weiß ich nicht. Einen Freiburger Weihnachtsbaum habe ich noch nie gesehen, weil wir zu der Zeit ja immer hier sind.

Aus dem Wald, der keiner ist, taucht ein Mann auf in weißen Tennisschuhen und Winterjacke mit Neunziger-Jahre-Muster. Er ist vielleicht Ende fünfzig, Jogginghose, randlose Brille, die grauen Haare sind blauschwarz überfärbt.

Mann: Hallo, ich möchte 'n Baum von euch.
Tim: Ham se noch wat Schönes jefunden, ja?
Mann: Ja, ja.

Der Mann führt Tim über den aufgeweichten Rindenmulch zum Baum seiner Wahl. Dort wartet seine Frau, blonder Zopf, hohe Stiefel, vom Akzent her Osteuropäerin.

Frau: Hier! (zeigt auf einen Baum, der ungefähr so groß ist wie sie selbst)
Tim: Ah, 'ne Fichte, die duftet janz schön … (greift den Stamm und zieht die Fichte mit einem Ruck gen Himmel vom Metalldorn).
Frau: Wie lange noch hält Baum?
Tim: Äh, weiß man immer nich so jenau. Kommt drauf an, ob Sie Wasser einfüllen. Ham Sie 'n Ständer mit Wasser?
Frau: Ja.
Tim: Ja? Dann würde ich die Rinde hier unten noch mal frisch anschneiden … und, ja … ich denk, der dürfte noch … bis Januar? Auf jeden Fall …
Frau: Mindestens bis siebte Januar!
Tim: Ja.

Frau: Dann kommt Baum raus! Und können Sie das auch so abschneiden (nimmt die Baumspitze zwischen die Finger)?

Tim: (trägt den Baum Richtung Kasse) Na ja, die Nordmann hält bisschen länger ... aber am Siebten kommt der ja auch raus bei Ihnen, ne?

Mann: Jaja, wie bei Ikea, schmeißen wir ausm Fenster (lacht nicht).

Tim: Passt dit so von der Stärke her? Oder müssen wa da noch wat dünner machen am Stamm?

Mann: Weiß nicht ...

Frau: Weiß auch nicht ...

Mann: Hmm ...

Tim verjüngt den Stamm an einer Maschine, die wie ein großer Bleistiftanspitzer funktioniert.

Frau: (zum Mann) Er muss nur diese Ding noch abschneiden, Spitze, da muss Stern drauf.

Tim: Hier so? Mitte?

Frau: Ja.

Tim: Kommt ein Stern drauf, ja?

Frau: Ja, Stern.

Tim kappt die Baumspitze.

Frau: Von wo kommen Bäume?

Tim: Die kommen aus Norddeutschland, aus der Nähe von Hamburg.

Frau: Aha!

Mann: Hamburger!

Tim schiebt die Fichte durch ein breites Rohr und stülpt ihr so das Netz über. Dann geht er zur Kasse, tippt den Preis ein und bekommt das Geld.

Mann: Danke (nimmt den Baum). Bis die Tage.

Tim: Ja, frohes Fest.

Rauchend, die Fichte im Arm, schlappt der Mann zu seinem dunkelblauen BMW-Kombi. Unter seinen Tennisschuhen patscht der aufgeweichte Boden. Acht Grad. Weihnachten.

WIR
ALLE

Alter Fuchs

Der Görlitzer Park sieht aus wie durch Butterbrotpapier, in Absprache mit dem Nebel hat der Tag die Nacht verdrängt. Es ist sehr früh, nicht mal die Drogendealer sind da, nur der Fuchs, der auch schon mal röter war. Und, auf einmal, dieser Mann ohne Alter, er guckt den Fuchs an, lächelt und sagt in den Nebel:

Eigentlich sind wir doch alle wilde Tiere.

Buch und E-Book sind jetzt Freunde!

Der Kauf dieses Buches berechtigt Sie zum einmaligen
Download des Textes als E-Book.
Damit Sie lesen können, wie und wo Sie wollen.

Dies ist Ihr Code für den Download des E-Books:

AK3B3UVRTRB

Gehen Sie auf www.hardcover-plus.de
und geben Sie den Code dort ein.

Bitte beachten Sie, dass die Weitergabe des E-Books an Dritte
nicht gestattet ist.